國家社科基金重大項目（10&ZD104）

上海師範大學古籍整理研究所編
項目首席專家、主編　戴建國
主編　朱易安　傅璇琮　周常林

全宋筆記

第九編　九

国家出版基金项目
NATIONAL PUBLICATION FOUNDATION

大象出版社

目録

⊙葉適撰

習學記言（上）

王廷洽 整理

點校説明

《習學記言》五十卷，又名《習學記言序目》，葉適撰。葉適（一一五〇—一二二三）字正則，自號水心居士，人稱水心先生。永嘉（今浙江温州）人。孝宗淳熙五年（一一七八）進士，列第二。初仕武昌軍節度判官，經少保史浩、參知政事龔茂良的推薦，爲太學博士，後歷仕工部侍郎、吏部侍郎、建康知府，並兼任沿江制置使等。參與抗金鬥爭，主張以長江爲守，其守在江北，建議沿江每三五鄉築一塢堡，敵來時，村民進入塢堡以自保，平時則分散耕作，並練習射箭之術。因遭劾爲慶元黨人，奪職返鄉，其守江主張寢而不行，遂收徒講學，是南宋理學家。其事蹟見《宋史·儒林傳四》。

除《習學記言》外，尚有《葉氏文集》和別集行世。南宋人黄震評論葉適之學謂：「乾淳間正國家一昌明之會，諸儒彬彬輩出，而説各不同。晦翁本《大學》，致知格物以極於治國平天下，工夫細密。而象山斥其支離，直謂即心是道。陳同甫修皇帝王霸之學，欲前承後續，力拄乾坤，成事業而不問純駁。至陳傅良則又精史學，欲專修漢唐制度吏治之功，其餘亦各紛紛，而大要不出此四者，不歸朱則歸陸，不陸則又二陳之歸。雖精粗高下難一律齊，而皆能自白其説，皆足以使人易知。獨水心混然於四者之間，總言統緒，病學者之言。」（《黄氏日抄》卷六十九）《習學記言》

初爲葉氏的讀書劄記，較爲零亂，後應時人之需，對於儒家經典、史著、諸子多加評述，編次成籍。《習學記言》初刊於宋寧宗嘉定十六年（一二二三），即葉適去世之年。然經元、明，卻未重刊，宋刊本已殘缺不齊，直至光緒時由浙人黄體芳收集舊本，重加校定付梓，印數有限，不久版毁。至民國，又由黄群據黄體芳刊本，參校手抄善本和殘缺的宋本，進行排印發行。中華書局曾兩次出版《習學記言序目》，所用底本爲黄體芳本（以下簡稱黄本）。

瞿氏藏本是現存最早的明抄本，比較齊全、完整。此次整理，以常熟瞿氏藏明抄本爲底本，以文淵閣《四庫全書》本爲主校本，並參校黄本及民國排印本，即黄群敬鄉樓叢書刊本（簡稱敬鄉本），並參考了中華書局點校本成果。瞿氏藏本抄寫時以簡化字和本字並用，其簡化字絶大多數爲今標準簡化字。少數無礙於文義的字句則不改不補，以保持抄本的特點。

目録【一】

【一】此目録原闕，據文淵閣四庫全書本補。

校勘記

卷一

易

乾☰乾下乾上　**坤**☷坤下坤上【一】

其爲三，陽也，天也。此《易》之始畫。本一而三者，非三則無以爲八也。其有陰則地也，理未有不對立者也。陽之一雷二水三山；陰之一風二火三澤。此卦也。其爲六也，陽則乾、震、坎、艮；陰則坤、兑、离、巽。此義也。以卦則三足矣，以義必六，而交錯往來，所以行於事物也。學者觀其一不觀其二，此《易》道所以難明也。乾，《文言》詳矣，學者玩《文言》而忘《彖》、《象》，且《文言》與上下《繫》、《説卦》、《序卦》之説，嘐嘐焉皆非《易》之正也。能「自强不息」、「厚德載物」而天地之道在我矣。知「用九，天德不可爲首」而知始矣；知「用六，利永貞」而知終矣。道之示人，未有切乎此者也。違而他求，則遠矣。

坤六爻，陰之正也。自履霜而至堅冰，所以爲陰也。「直方大，不習，無不利」，所以明坤也；「龍戰於野」，所以變陰也；「臣弑其君，子弑其父」，駭矣，反矣，非所以戒坤

校勘記

【一】卦號原闕，下文《需》、《訟》、《師》、《比》等皆有卦號，《四庫全書》文淵閣本《習學記言序目》（以下簡稱文淵閣本）亦皆有卦號，爲方便讀者，補卦號。下文所補，不注。

也。且六十四卦皆無弑父與君之象，而獨以戒坤，何哉？

卦之次序，無繫乎《易》之損益。然以《序卦》考之，則《易》之先後如此久矣。乾坤剛柔之未交者也【一】。及其始交也，則陽在下而非其應，在五而無其應，是以難生而爲屯，屯者不能進而不能不進之時也。其反是也，則剛雖得中而無其君；柔雖得位而不足以任其臣。是以捨位而論卦，則險而止者爲蒙【二】，蒙者，不能進而不能退之時也。而《序卦》乃以屯者爲「物之始生」，「物生必蒙」者爲「物之穉」。且觀諸天地，物何時生，亦何時而蒙乎？君子觀《屯》之《象》以「經綸」，夫爲屯者五也【四】，濟屯者，初也。有初之才，經其離散，綸其艱厄，卒以建侯而定業焉，大人之事也。觀《蒙》之《象》「以果行育德」，夫以其義險而止【五】，則果行可也。以其卦「山下出泉」，則育德可也。山之爲水也，必達於海，即蒙而治，蒙則養正者，聖人之功也。

屯䷂震下坎上　蒙䷃坎下艮上

「初九，磐桓，利居貞，利建侯」。草昧之世，民無定居，置磐立桓【六】，底止於是而衆陰從之矣，故曰「利居貞，利建侯」。然民猶未以爲可止也，則又爲之彌綸委曲，以盡其周旋闔闢之道，然後昔之未可止者終於止，而不能居者安其居矣。故《象》以爲雖磐桓而以志行爲正，而以貴下賤，則無所不用其極而後大待民也。嗚呼！觀始交之難生，而知君子之濟屯矣。

【一】未交者也　「未」原作「木」，據文淵閣本、黄本改。
【二】險而止者爲蒙　「險」原作「陰」，據《周易·蒙》、文淵閣四庫本改。下同。
【四】夫爲屯者　「夫」原作「大」，據文淵閣本、黄本改。
【五】夫以其義　「夫」原作「天」，據文淵閣本、黄本改。
【六】置磐立桓　「置」原作「直」，據文淵閣本、黄本改。

剛柔未交，健者爲乾【七】，順者爲坤，循於常德而已。剛柔既交，明者爲屯，昏者爲蒙，德雖有常而不可常矣。聖人之於《易》也，不以一德御衆變。《書》、《詩》異指者，自此以往，諸卦皆然也。此德之應於物者也。若其有諸己也，則一而已矣。《傳》曰：「《易》之爲書也不可遠，其爲道也屢遷，變動不居，周流六虚，上下無常，剛柔相易，不可爲典要，惟變所適，其出入以度，外内使知懼【八】，又明於憂患與故，無有師保，如臨父母。」嗚呼！使其於卦必有稽也，吾何間焉！以其泛於言也，則變動周流，微者爲象，粗者爲數，而君子之實德隱矣。

需䷄乾下坎上　訟䷅坎下乾上

《序卦》「物穉不可以不養也」，物之穉者養，而壯者不養乎？「飲食必有訟」，飲食則曷爲必有訟？

乾，物之主也，其進無不遂者，故於坤爲泰，於离爲大有，大以畜德，小以懿文，而夬以決陰，皆道之亨者也。而獨於坎也則不然，待之以險而已，故爲需。夫乾之遇坎也，雖不足以成功，然剛而不陷，義不困窮，則可須以待而無所失之謂也。而其《象》曰：「君子以飲食宴樂。」孔子稱「禹菲飲食」，《書》稱「文王自朝至于日中昃【九】，不遑暇食」，夫飲食宴樂，非聖人之所許也。孔子曰：「飯蔬食飲水，曲肱而枕之，樂亦在其中矣。」又曰：「賢哉回也！一簞食，一瓢飲，在陋巷，人不堪其憂，回也不改其樂，賢哉回也！」夫進不

【七】健者爲乾　「健」原作「徤」，諸本皆作健，《易》作健，故改。

【八】使知懼　「知」原作「之」，據文淵閣本、黄本改。

【九】日中昃　「昃」原作「吴」，據文淵閣本、黄本改。

過於富貴，苟不足以行其道，成其功，則剛消而爲柔，陽靡而爲陰，失其所以乾矣。不然，則進而未遂，需而未至，雖飯蔬飲水，簞瓢陋巷，皆足樂也，故曰「飲食宴樂」。使爲泰、爲大有、爲夬、爲姤，莫急於救時，莫勤於成民，則禹、文王之食有不暇矣。

乾，宜上者也，然物爲之下，則乾受其功，未有得志者也，故於坤爲否，於艮爲遯，同人于野，履虎尾，姤女壯，無妄不利有攸往。而於坎則爲訟矣，其《彖》曰：「上剛下險，險而健訟。」嗚呼！以乾居下，無往而不利，遇險猶爲需；以乾居上，無往而不難，遇險則爲訟。夫君子以乾爲德而用乾之難如此。學《易》者之所宜盡心也。其《象》曰「君子以作事謀始」，乾道之行也。首出庶物，物咸賴之，受事聽謀，惟乾所命而已。及其外在而無權，違行而爲訟，□□窒惕終凶，自咎於始，深致其戒焉，故其爻曰「不永所事」，「不克訟，歸而逋」，「復即命渝，安貞」，鞶帶三褫之，惟聽訟者爲得吉焉。夫豈以我直而物曲哉？然則所謂「明於憂患與故者」，將非若此類也歟？

師䷆坎下坤上　比䷇坤下坎上

《序卦》「訟必有衆起，故受之以《師》」。訟而有衆起乎？衆起而後訟乎？師必有所比，師者，不比之謂也，比則安能師？

一陽而爲衆陰所宗，莫盛於二五，故五爲比，而二爲師，師者，自古爾之矣。事在前而卦在後，故其辭曰「貞，丈人吉，無咎」【一〇】，所以戒之，明非二不可以師也。六五爲用師

【一〇】無咎　「咎」原作「外」，據文淵閣本、黄本及《易》原文改。

之主，雖應於二而其質非剛。故又戒之曰「長子帥師，弟子輿尸」，而於其成也，又深致其戒曰「小人勿用」。然則師雖不始於《易》，而非《易》不足以言師也。衆群而必争，當是時也，伏尸流血，苟赴其欲，豈知有所謂丈人者哉！誠知之，則一舉而可以靖民，舞干而可以卻敵矣。《象》變其義，不曰「用師」，而曰「君子以容民畜衆」，益贊于禹曰「惟德動天，無遠弗届」，而禹拜昌言曰「俞，班師振旅」。嗚呼！必若是者而後可以爲師歟！

「初六，師出以律，否臧凶」，雖盜奪暴强，其出未有不以律者。然則何爲而律也？孟子蓋知之，其稱湯曰「爲其殺是童子而征之」，稱武王曰「一人横行於天下，武王恥之」，又曰「不教民而用之，謂之殃民，殃民者不容於堯舜之世【一一】。一戰勝齊，遂有南陽，然且不可【一二】」。夫貞丈人而出以律，惟堯、舜、湯、武之師爲然，而後世不復見矣，未可以易言也。總群陰而宗五之一陽，於君子固無此義，而雖君道亦難之，故其《象》曰「先王以建萬國，親諸侯」，言先王則有是矣。《書》曰「協和萬邦，黎民於變時雍」，又曰「帝光天之下【一三】，至於海隅蒼生，萬邦黎獻，共惟帝臣，惟帝時舉」，此庶幾當之【一四】，雖湯武不得預焉。若夫狎所近，昵所從，各私其私而以比爲貴者，世之邪德而君子之所禁也。

「原筮，元永貞，無咎」，當比輔順從之時，非五之剛中，則散而爲朋，植而爲黨，私情勝而大公滅矣，是以不貴其位而貴其德也。

【一一】殃民者　「殃民」原脱，據文淵閣本、黄本補。

【一二】然且不可　「且」原作「宜」，據文淵閣本、黄本改。

【一三】帝光天之下　「光」原作「先」，據文淵閣本、黄本改。

【一四】庶幾當之　「幾」原脱，據文淵閣本、黄本補。

小畜☰乾下巽上　履☰兑下乾上

乾進而遇巽之柔，其位在四，雖順以納陽，不爲己害，而不足以行其道也。雖然，優緩而不迫，於乾之自養有餘矣。故其卦爲畜，非巽之畜乾，而乾之自畜，此其所以懿於文德而不施制斷之剛，布爲密雲而無解物之雨也。

夫功之在我也，以一陽而攝衆陰；勢之在人也，以一陰而畜衆陽。觀象不明，則居受畜之地而猶自許以有行者，君子之深戒也。故初爲復自道，而二以牽復爲不自失。至於三逼畜之主，則以説輻反目爲大厲，以明乾之不可畜而未嘗忘夫復也。嗟夫！主猶若此，況於爲客！以兑之三，上行不忌，聽其蹈藉，無所避之，則安得不爲虎尾而咥人哉！雖無聖人，不許也。秉乾之德，明上之分，剛中正，履帝位而不疚光明者也。故其《象》曰「上天下澤，履，以辨上下，以定民志」，則虎尾咥人之患不足憂，而初之素履，二之幽人，上之視履，安行徐步，上下有序，物我判然，彼眇而能視，固不足爲之明；跛而能履，固不足为之行也【一五】。孟子所謂「不得志獨行其道」者也。且夫不安於受而以乾自畜，不與其行而以乾自居者，過巽、兑之時故也，其視坎有間矣。

「比必有所畜，故受之以小畜」。按師卦爲容民畜衆之義，不以比爲畜也。「物畜然後有禮」，按「雷在天上【一六】，大壯」，其物散而不畜，則非畜而後有禮也。

【一五】爲之明跛而不能履固不足为之　以上十三字原脱，據黄本、文淵閣本補。

【一六】雷在天上　「上」原作「下」，據文淵閣本、黄本改。

泰䷊坤上乾下　否䷋坤下乾上

以天而交地，下地而上天，剛柔之際，陰陽之數，内外均等，未有如泰否之明者也【一七】。觀象指事，雷動風行，蟄反凍結，敷榮潤條，摇落糞本，亦未有如泰否之著者也。然而君子玩否之象至於「儉德避難，不可榮以禄」，其六爻逆順興廢之間，憂世扶國之義，蓋專指君子小人消長以辨之矣。而於泰也則曰「后以財成天地之道，輔相天地之宜，以左右民」，是春生而夏長，南訛而東作，隄防溝洫，播種稼穡，三事六府，皆歸於氣化消息之運，而君子小人進退治亂之機，特不以參焉。何也？學者之言治道，至否泰而止，而謂其説於《易》爲最詳。按泰之初，「拔茅茹，以其彙【一八】，征吉」，使有志於進者不以己而以人，二「包荒，用馮河」，使居中得位者善惡並容而不吾害；至於三也，則又或懼夫平者陂矣，往者復矣，若是乎君子盼盼焉求容於小人之不暇，而何暇以治哉！元凱之用，舜自舉之；亂臣十人，武王有焉。故舜謂「朕堲讒説殄行【一九】，震驚朕師」，禹以驩兜、有苗爲堯未哲之病也。然則以六五之君，當交泰之日小人革面以避君子，君子降心以納小人，懷失身之懼，而猶無善治之益也。若夫乾之二爲見龍，三爲夕惕【二〇】，四爲躍淵，五爲飛龍，其君以是道，其臣亦以是道，所别者位而已矣，此唐虞三代之所爲盛也。以泰否亂，以君子小人消長爲盛衰者，後世之言《易》者也【二一】，此否所以致君子之戒，而泰獨以民爲治也。

【一七】未有如泰　「如泰」原脱，據文淵閣本、黄本補。

【一八】以其彙　「以」原脱，據文淵閣本、黄本補。

【一九】朕堲讒説殄行　「堲」原作「即土」，據文淵閣本、黄本改。

【二〇】夕惕　「惕」原作「陽」，據文淵閣本改。

【二一】後世之言　「世之」原顛倒，據黄本、文淵閣本乙正。

「履而泰，然後安」，成履之道在於虎尾而咥人，不得言泰。「泰者，通也。物不可以終通」。物之不能終通，勢也，若易之特泰則固欲其終通。

同人☰☲離下乾上　**大有**☲☰乾下离上

乾居上而離下，進二爲主而應於五，不能自固其剛而離之，明足以配乎乾，此其所以能合衆異而同之，雖未至於成功，而大同無私，實有爲之基本，非若遯姤之消蝕，否訟之結伏，欲施而不可者也。比者，親而比也；同人者，疏而同也。陰親而陽疏也。當大同之時，非有號召，不待紹介，翕令響應，不約而自同者也。不然則何以在郊野之遠，而宗黨爲吝哉！

類族者，異而同也；辨物者，同而異也。君子不以苟同於我者爲悦也，故族之異者類而同之，物之同者辨而異之，深察於同異之故，而後得其所謂誠同者【二二】，由是而有行焉，乃所以貴於同也。天下之求同於君子者多矣，君子之有所同於天下者亦多矣，及其用之，則以異而敗者衆【二三】，以同而成者寡，何也？不類其族，不辨其物，平居樂乎人之苟同，而不知其遇事之終以異也。甚矣同人之難也！何以知之？由其爻而知之，初無咎，二吝，三凶，四弗克攻，五號咷，大師克，六志未得，彼泛焉同乎一世而茫焉莫知其所謂誠同，皆以乾之居外故也。若其在内也，則異是矣，委心歸計而應於五，五知其爲至剛之德，俯以下之，安其爲用而不疑也。凡乾之爲世用，未有盛於大有者。乾不以離之有己爲忌，

【二二】所謂誠同者　「誠同」原作「同誠」，據文淵閣本、黄本乙正。
【二三】而敗者衆　「衆」原脱，據文淵閣本、黄本補。

離不以乾之進己爲逼，故二爲大車以載，三爲公用享于天子，四匪其彭，五以交如之孚獲【二四】，威如之吉，至於自天祐之，而無不利者，凡以乾之在内也。嗚呼！遏惡揚善，順天休命，乾之材也，亦君子之志也，夫豈易而得哉！

「物不可以終否，故受之以同人」，物不可以終否，是也；受之以同人，非也。與人同者，物必歸焉，不歸其善而歸其同，亦非也。

謙䷎艮下坤上　**豫**䷏坤下震上

舜命於禹曰：「汝惟不矜，天下莫與汝爭能；汝惟不伐，天下莫與汝爭功。」益贊於禹曰：「滿招損，謙受益，時乃天道。」謙之爲義古矣。而卦以坤、艮之九三當之，世之所謂謙者，以位而言也。夫謙雖無所不用，用雖無所不利，而惟位不足以言謙。三者，位之不當而内卦之終也。於是而明謙焉，無其位而任其勞，以此終其身而不敢怠也。謙者不足於中也【二五】，豫者有餘於外也，此震坤之九四所以爲豫也。處己必以謙，無豫可也；處物必以豫，豫之自處而忘其謙，則凶之甚矣。此二卦所以相因而立，謙吉而豫凶也。推其義曰「裒多益寡，稱物平施」，非謙也。以謙處衆，衆之所服也；以豫自處，無時而可也。故推其義曰「先王以作樂崇德，殷薦之上帝以配祖考」，言惟此時爲可也。

豫之義難明，故獨明其順以動者，雖天地之大，聖人之崇高，未有逆理而能動者也。

【二四】五以交　「五」原脱，據黄本及《易·同人》補。

【二五】謙者不足於中也　「謙者」原作「於是」，據文淵閣本、黄本改。

隨☱☳震下兑上　蠱☶☴巽下艮上

剛下柔，動乎險則爲屯，屯者，我欲進而物不從也【二六】；剛下柔，動而説則爲隨，隨者，物既行而我從之也。剛下而柔上，險而止則爲蒙，蒙者不可與有爲也；剛上而柔下，巽而止則爲蠱，蠱者，不可與無事也。是故隨、蠱者，屯、蒙之反。何也？以其有順説之道焉。君子於其險也，則經紀而彌綸之，不困於屯，屯於其説也，嚮晦以全其明，入宴息養其力，不詭於隨也。於其險也，則果行而育德，成己也；於其順也，則振民而育德，成物也。夫是以隨者不隨而蠱者不蠱，此其義之所以爲大而不可小用之也。若夫淪溺敗壞，安其自然，何取於易哉！

山下有風，振撼紛剥，爲蠱之象。君子之治之也，先甲三日，後甲三日，申重黽勉，如子治其父母之事，惕厲勤苦，不得寧居，亦以其順而可爲爾。如使動輒乖忤，苟安卑陋，不我能畜，覆爲敵讎，則振民育德之功無與共之矣，宜不事王侯而高尚其事也哉！

「豫必有隨」，豫、隨不相待也。信如《序卦》之言，則隨爲豫之餘，何以立卦義？且隨者，豫之靡，故卦謂「隨時」，時可隨也，豫其可隨乎？隨於豫則陷矣。

【二六】物不從也　「從」原作「徙」，據文淵閣本、黄本改。

卷二

臨☱☷兑下坤上　觀☷☴坤下巽上

按一陽在内爲復，復者，我有之也，有其剛則陰柔，雖衆而不能勝。及二陽之在内也，豈惟陰不能勝而足以制陰，故其象爲臨，臨者，自内而制外者也。「八月有凶」，或以爲預戒陰長，非也。夫剛浸而長，衆陰有聽命之勢，然其類猶盛，是以拒陽，及其進而成乾，又進而益壯，剛德大而後消陰之道成焉。今夫臨以未全之陽而操制物之柄，進而不量，曾不知陰之爲吾害也，則將自消於陰而其功卒以不立。是故聖人惜夫臨之遽用其剛，而凶且及之矣。故曰「消不久也」。嗚呼！剛之欲臨柔也，内之欲制外也，豈徒私其柄於我而示其威於物哉！其教思也無窮，其容保民也無疆，然後知剛之志不在於勝陰也。故臨爲「容保民」，而師爲「容民畜衆」。

乾之在外也，其一爲姤，其二爲遯，其三爲否，皆陽之不利者也。及其化而爲風，與地同德，陽爲陰長，順以巽升，居中得正，衆陰所仰。故臨雖自内而制外，而觀則自下而觀上矣。臨雖以己與民【一】，而觀則以民求己矣。聖人之於觀也，非設於耳目以耀之，盛於物采以夸之也。若是則爲觀之道淺矣。是宜淳壹内守，極誠盡敬，禮樂文爲皆所未及，聲氣

校勘記

【一】臨雖以己與民　「雖」原作「顧」，據文淵閣本改。

色容無得而參，其上顒然以孚，而其下肅然以化者也。嗟夫！聖人之言觀也若此，《傳》所謂神之「不疾而速，不行而至」者，使其信然，則豈可以他求哉！觀不爲君子觀德之象，而爲先王省方觀民之象；乾不爲聖人出治之象，而爲君子自强不息之象。然則知德者之於乾宜勉而至，而于觀則不强而求可也。

「有事而後可大，故受之以臨，臨者，大也」。按卦義無大義，大觀、豐大、大畜、大過乃大義也。

噬嗑䷔震下离上　賁䷕离下艮上

按畫，以剛下柔而柔不容，故爲噬嗑，噬嗑者【二】，鬬於内也。以柔納剛而剛聽命，故爲賁，賁者，和於外也。其爲噬嗑也，剛柔分，柔上行；其爲賁也，柔文剛【三】，剛文柔。嗚呼！事至於噬，其不文甚矣。聖人惡之，故取其不噬者以反之，明文之不可廢也。夫天與水違行爲訟，剛柔分爲噬嗑，然則各徇一物之偏而交錯往來之，文何由施焉！宜乎明罰勑法而無敢折獄者爲之繼也。且皆以爲明，而明之於獄，孰與自有其明而明之於政乎？故刑法雖先王之所用，而君子則必去彼而取此矣。

「日中爲市，致天下之民，聚天下之貨，交易而退，各得其所，蓋取諸噬嗑。」觀噬嗑之奪攘如此，聖人奚取也？市者，天下之利也，貿遷有無化居，所以相之也，不得以噬嗑言。天文，謂卦也；人文，謂義也。剛柔相文，上下往來，所以察時之變也。尊卑衰序，

【二】噬嗑者　「噬嗑」原脱，據文淵閣本、黄本補。
【三】柔文剛　「文」原作「貴」，據文淵閣本、黄本改。

粲然文明，各有所止，天下所由以成化。

剥䷖坤下艮上　**復**䷗震下坤上

五陰之卦，爲復，爲師，爲謙，爲豫，爲比，爲剥。世言陽不可無陰，德陰必配陽者，卜史之論也。陰何功於物？殺其已生，壞其已成者，性情使之爾。然其得一陽而宗之，交臂騈首，愛戴順承，雖未至於二五之正位，而保惠收卹之力苟有見焉，皆足以扶群陰而就其功也。惟夫陽自棄而旅於外，群陰寅升，無所統一，其爭爲剥落以害成功者，非能變陽，乃所以自變也。按地中有山爲謙，其反之也，山附於地而爲剥，謙者其道而剥者其勢也。嗟夫！君子之於《易》也，不以道而以勢，則何取於剛哉！

剥者漸剥，復者頓復也。卦之反此爲彼【四】，無不然者，而莫盛於復。方其衆陰類進，幾於無陽，窮秋大冬，摧折皆盡，而孰知其復哉？世謂復特陽之萌芽，此尤爲不知復者，使其果待於萌芽而漸長，則何名於復？故曰「出入無疾，朋來無咎，反復其道，七日來復」，又曰「剛反動而以順行」，又曰「先王以至日閉關【五】，商旅不行，后不省方」，皆以明乎陽之頓復，非萌芽而漸長所能當也。本諸人心，其爲不善以消其善如剥之消陽者，曰漸可也。及其一念揵疾，克己復禮，亦猶陽之頓復也。然則漸而迷者，人之過也；頓而復者，人之心也。故剥者，天地之過也；而復者，天地之心也【六】。嗚呼！獨陽無陰，豈獨聖人以義禮尊之哉？乃天地之正性也。

【四】反此爲彼　「彼」原作「後」，據文淵閣本、黄本改。

【五】以至日閉關　「至」原脱，據文淵閣本、黄本補。

【六】天地之心也　「天地」原脱，據文淵閣本、黄本補。

無妄䷘震下乾上　大畜䷙乾下艮上

乾居外而其内爲坤，爲離，爲艮，爲兑，爲巽，無有吉者，獨爲震也。以剛居内而消陰，妄者陰也。無妄者，剛居内而消去之也。聖人欲教天下之不爲妄，則必自其剛之居内者始。近世之學謂動以天爲無妄，動以人則有妄。夫卦之畫，孰非天者？偶震與乾合，而遂謂動以天爲無妄，則他卦者妄之多矣，豈足以教人哉！且人之動，則固人而已矣，又孰從而天之？不見其天而强名焉，是將自掩而爲妄，不可止也。孔子曰「吾未見剛者」。或對曰「申根」。子曰「根也慾，焉得剛！」然則以剛居内而消陰，卦之正義，孔氏之本學也。

震之一剛居内而消陰，則信矣；艮之二柔居外，則曷爲其畜陽也？夫畜陽者陰也，所以畜陽者非陰也。艮之一陽也【七】。巽二陽而柔，故爲小畜；艮一陽而剛，故爲大畜。先王於無妄之義，「茂對時育萬物」，而君子不用者，君子無其位，能自教而不敢教人也。「大畜剛健篤實輝光，日新其德」，而其《象》曰「君子以多識前言往行，以畜其德」，夫德未有無據而能新者，故必多識前言往行以大畜之【八】，然後其德日新而不可禦矣。

頤䷚震下艮上　大過䷛巽下兑上

按畫，四陰在内，初上爲陽。按諸陽惟坎居中【九】，既能拒陽，復能陷陰，陽之不善者也，若他陽則無不善。己雖無位，未能援陰以成功，然以其德，則養之有餘矣。古人以頤爲養義【一〇】，而説者因以取象於口爲頤。按諸卦以形言者，如「艮其背」、「咸其股」、「剥

【七】「夫畜陽者陰也」至「艮之一陽也」十九字原脱，據文淵閣本、黄本補。

【八】前言往行　「行」原脱，據文淵閣本、黄本補。

【九】惟坎居中　「坎居」原爲「居坎」，據文淵閣本、黄本乙正。

【一〇】以頤爲養義　「養義」原作「義養」，據文淵閣本、黄本乙正。

床以足」，皆始終象之。若「頤中有物曰噬嗑」，「觀頤自求口實」，宜若取象於口者，而諸爻則不然。「觀我朶頤」，謂將偏養於四爾，然則古人固以頤爲養，而非謂口之爲頤也。初者，我不求養於物；上者，物待我而養。苟兼知於二義，則所謂君子之頤也。或顛頤，或拂經，諸陰之勢則然，而我之爲養畢矣。

慎言語，所以養心也；節飲食，所以養形也。明乎此，然後初爲靈龜，在上爲由頤矣。

陽非難也，而難於遇陰。今夫五陽在下爲夬，有決裂乎號之厲，以其志在於勝陰也；在初爲姤，有女壯勿取之戒，以其志在於畏陰也。若夫四陽居内，上不能乘，下不能消，自以爲盛矣。然處偏重之勢，本末皆弱，徒自固於中，而不知其橈折乎外也。故陽爲陰累者養，而陰不足以累陽也，則失其所以養而滅矣。此澤所以滅木，而二與五所以皆爲枯楊也。君子知陰之乘也，陽之無用，獨立不懼，遯世無悶，不以剛爲過，而非過於剛者不能，然後知大過之象矣。

坎☵坎下坎上　離☲离上离下

水必坎而後行，無適而非坎也。人之行於世亦然，然而四肢百骸，人不知其坎也，而況於身之外乎！是以動則必躓，行則必陷，而莫之救也。故坎之行也以水，而人之行也以心，心剛也，柔非心也；水剛也，坎非水也。故曰「常德行，習教事」，所以行於世也。

火麗而焚，日月星辰麗而明，其不麗者，殞墜薄蝕矣。人見其明而不知其麗也。百穀草木種之則生，揠之則死，人見其生而不知其麗也。大人象之，重明麗乎正以化成天下。人之目能視，耳能聽，手能持，足能履，趨利避害，了然於中，所謂明也。其爲君也，紀綱號令，生殺予奪，曉然於外，亦謂所明也。雖然，明有形也，正無形也。人君未有不用其明者，其卒至於蔽蒙昏塞而不足以明【一一】，何也？知其明而不知其明之所麗也。聖人以天地爲日月百穀草木之麗，而以正爲明之麗，此微言篤論也。知其正而後重明麗焉，於是照乎四方，堯舜禹湯之道也。

《易》舉一以見二，指二以明一，諸卦無不然也，而莫著乎坎、離。坎實而離虛，非獨其理也，其物也。

咸䷞艮下兑上　恒䷟巽下震上

按《易》言「取女吉」，「勿用取女」，家人歸妹。「二女同居不同行」，「不喪匕鬯」，若此者皆以爲男女之象也【一二】。《易》之於物，無所不取，其以位之剛柔氣之通塞而取於男女可也。而以乾、坤爲父母，坎、離、震、艮、巽、兑爲男女，真若生育然【一三】，則吾不知其説也。《易》之有《上下經》，其簡帙繁重，分之然也。《序》既錯舉以附合之，又爲之説曰「有男女然後有夫婦，有夫婦然後有父子」，學者因是又以爲《上經》首乾、坤，《下經》首咸、恒者，父母夫婦之象也。夫《關雎》、《鵲巢》，明指義類，自家形國，以是爲后妃夫人

【一一】蔽蒙昏塞　「蒙」原脱，據文淵閣本、黄本補。

【一二】男女之象　「之」原作「文」，據黄本、文淵閣本改。

【一三】生育　「育」原作「有」，據文淵閣本、黄本改。

者【一四】，蓋以其事言也。若天地陰陽，則象之而已，其父母夫婦男女安在也？今也神明之則以不可見爲見，褻鄙之則以必可見爲見，學《易》未有不出乎二者，相高於不測，相深於無窮，而其實則與卜筮同歸於淺末而已。

山上有澤，柔上而剛下，二氣感應以相與者，本無而忽爲有也；雷風相與，剛上而柔下，剛柔皆應者，本有而不可無也。非本無而忽有，不足以言變；非本有而不無【一五】，不足以言恒。凡變化萬物，調和異心，俄頃而應，咸也；至於日月照明，四序迭行，終古而在，恒也。君子之象是也，於人之有，雜然而來，則虛己以授之，於己之有，凝然而止，則自立而不可易也。今夫學者之言《易》也，虛受於人則失己，自立於己則失人，偏勝而不足以成德者，咸、恒不並觀之過也。

遯䷠艮下乾上　大壯䷡乾下震上

一陰在內，古人已畏之，故其象爲柔遇剛，況二陰乎！故其象爲剛遯柔。當是之時，非遯不亨，五不以位，二不以應，皆必於退者也。使其遲疑係吝，猶冀萬一，則否之匪人，君臣義定，坐受消殞，雖欲全退，尚可得哉！故「九四好遯」，「九五嘉遯【一六】」，皆不顧其媾，而否之六二亦曰「大人否亨」也。「君子以遠小人」，謂平居待遇小人，常當體遯之義也。且夫君子之於小人也，豈欲近而與之鬬哉？惟欲遠而與之遯爾。詞令之交，卑而不親；笑貌之接，順而不同；權勢之爭，遜而不厲【一七】；言論之辨，和而不黨。所謂

【一四】后妃夫人　「后」原作「加」，據文淵閣本、黄本改。加似亦可作嘉。

【一五】非本有而不無　「不」下，黄本、文淵閣本有「可」字。

【一六】嘉遯　「嘉」原作「加」，據文淵閣本、黄本及《易·遁》改。

【一七】遜而不厲　「厲」原作「利」，據文淵閣本、黄本改。

「不惡而嚴」也，皆遯也。其遯若此【一八】，而其壯也則不然。陽雖有進陰之勢，而君子無自進之法，反觀於己，至剛至大，内消陰柔，非禮弗行，盡去私欲，惟此可以當大壯剛動之象，爲四陽朋長之祥，而區區進退之際，勝負通塞之間，不足言也。嗟乎！天地之情豈遠乎哉！

《序卦》謂「夫婦之道不可以不久，故受之以恒」，又謂「物不可以久居其所故受之以遯」。此物指夫婦乎，抑他物也？物亦未有不可以久居其所者【一九】，日月久照，四時久成，東西定方，上下常位，無非物也，奚朝菌蟪蛄之云乎！

晉䷢坤下离上　**明夷**䷣离下坤上

明出地上，明爲君，順爲臣；明入地中，其君暗，其臣揜。故晉以康侯錫馬藩庶，晝日三接，君臣之遇莫加焉。而明夷必至於文王、箕子之難而後止也。然而君子之於晉也，不希其合，不賴其容，乃取而爲「自昭明德」之象；其於明夷也，則以之「蒞衆用晦而明」，而後知明之不可息也。卦之所從，象之所去；象之所得，因卦而反之者也。然則聖人之所以教天下後世也，豈徒象於易而已乎！

家人䷤离下巽上　**睽**䷥兑下离上

言《易》者指男女爲卦，宜莫如家人之審。按巽與離，皆女也，而《彖》爲「女正位乎内【二〇】，男正位乎外，男女正天地之大義」，何也？至若蒙以坎遇艮，而其爻曰「見金

【一八】其遯若此　「其」原脱，據文淵閣本、黄本補。

【一九】「故受」至「其所」二十五字原脱，據文淵閣本、黄本補。

【二〇】而彖爲　「彖」原作「象」，據文淵閣本、黄本及《易·彖》改。

夫【二二】」，睽之九四亦曰「睽孤，遇元夫」，然則卦爻適因其剛柔，故爲男女夫婦之象。而《説卦》乃以爲天父地母，至有一索再索、男女長少之殊，學者不詳考【二三】，因敝精神於無用，自是以往，又將有不可勝窮者【二三】，皆《易》之蠹也。和則有家，睽則無家，《家人》一卦無非和也【二四】，睽六爻無非睽也，原其始，在外内不失序而已。人不知分限，故不能立家，以睽孤之私志，滅和順之公心，雖有家猶無家也。必合而觀之，捨彼取此，則風自火出而家道盛矣。

聖人於睽，極言其義，如天地萬物男女之睽，特以其勢位不同爾，非有忿鬩疑忌存於其間也。人能體此，則雖睽而未嘗不合者，乃天地萬物【二五】之常理也，所謂同而異也，非異而不同也。

蹇䷦艮下坎上　解䷧坎下震上

山下出泉，其卦蒙；山上有水，其卦蹇。蒙者，德之穉；蹇者，德之壯也。雲在雷上，其卦屯；雷在雨上，其卦解。屯者，難之生；解者，難之平也。故蒙爲「險而止」，蹇爲「見險而能止」。屯爲「動乎險中」，解爲「動而免乎險」，故屯、蒙其始，蹇解其終也。屯之九五爲「屯其膏」，雖有位而德不足；蹇之九五爲「大蹇朋來」，不以其位而德有餘。然則屯以經綸而蹇以修德者。屯之初九與其類往，而蹇之九五受其類而爲之節故也。夫其蹇也，修德攻闕以反於己，及其解也，赦過宥罪以恕乎人，君子之道可知矣。「六三負

【二二】見金夫　「夫」原脱，據文淵閣本、黄本補。
【二三】不詳考　「考」原作「者」，據文淵閣本、黄本改。
【二三】不可勝窮者　「者」原脱，據文淵閣本、黄本補。
【二四】家人一卦　「家」原脱，據文淵閣本、黄本補。
【二五】天地萬物　「地」原脱，據文淵閣本、黄本補。

且乘，致寇至」，按爻，負四而乘二，以其下也而乘之，以其上也而負之，不知其皆剛也。難之不解，由此故也。故上六射之而獲之，謂之「解悖」。凡《易》所謂寇者，謂其非己之媾也。今曰「盜思奪之」，「盜思伐之」，而又曰「慢藏誨盜，冶容誨淫」，則是上六之公而爲盜淫之事，非所以解悖也。

損䷨兑下艮上　益䷩震下巽上

損益，古之成詞也，而未有成理，二卦象之，所以明損益之成理也。按畫，剛柔皆等，敵應皆均，何以爲辨？蓋以内之剛分於外之剛，則爲自下而益上，上之勢雖可以受益而義不可受益也，故曰損；以外之剛分於内之剛，則爲自上而益下，上不惟其義當益下，而勢亦當益下也，故曰益。於此可以定損益之理，而世之紛紛乎損人以益己，剥下以豐上。而謂之損益者，可以知安危存亡之所由出矣。二簋，謂二陽也。以損之道言之，惟在我者可自損以益人，故雖損其一而二簋猶可用享；以益之道言之，必在上者自損而後可以益下，故民説無疆，而雖天施地生亦無不然也。

君子之當自損者，莫如懲忿而窒欲；當自益者，莫如改過而遷善。故亦以二卦象之，蓋皆非剛陽不能，而柔無預乎其間也。若使内爲純剛，而忿不待懲，慾不待窒，剛道自足，而無善可遷，無過可改，則堯、舜、禹、湯之所以修己者廢也。然後知近世之論學，謂動以天爲無妄，而以天理人欲爲聖狂之分者，其擇義未精也。

夬䷪乾下兑上　姤䷫巽下乾上

世謂能斷爲決，果敢爲決，又謂多疑少決，遲疑猶豫不決【二六】。又謂決者成，不決者敗。決者，智愚之分，利害禍福之塗也。觀《易》以五陽並進，一陰乘之，乃有決去之義，猶曰「孚號有厲，告自邑不，利即戎」，然則非如是者不決，而猶有懼焉。蓋德以畜言，不以決言也。武王散鹿臺之財，發鉅橋之粟，其辭曰「周有大賚，善人是富」，此夬之象也，故「居德則忌」。孔子曰：「暴虎馮河，死而無悔者，吾不與也。必也臨事而懼，好謀而成者也。」然則剛貴長而不貴決，決者，長之極而勢之不得已也。善養剛者，不使之至於極也。

姤雖有「勿用取女」之戒，然自夬言之，決柔在我，而懼其無陰者，畏剛之不可與立也。若夫姤，則雖已在物矣，當居位之權，及未衰之勢，撫一陰而使之，猶足以有爲也。故其《彖》曰：「天地相遇，品物咸章也；剛遇中正，天下大行也。」而其《象》曰「后以施命誥四方」。言於君子雖無所用之，而以人主之尊，體柔行巽以頒命令於天下，則姤之象也。由是而推，則《盤庚》、《大誥》之作，已漸失古人之意，而況於後世乎！

萃䷬坤下兑上　升䷭巽下坤上

衆陰宗五爲比，明一尊也。今有四分之，故聚而已。民志未專，上德未一，故「王假有廟」，「用大牲，吉」，所示民敬，定民極也。

【二六】猶豫不決　「豫」原作「象」，據文淵閣本、黄本改。

九四「大吉，無咎」，而九五爲「萃有位，無咎」，有位者，挈民從己之辭，言其與四較也。比之九五曰「顯比」，特示所應，猶失前禽，而況以位取必於民乎！是以「除戎器，戒不虞」，畏其爭也。嗚呼！始之以廟，終之以兵，亦有以驗其德之不足矣。然其若此者，蓋天地萬物之情而我應之，猶於屯之無膏也。夫剛之在外，不若在内，畜陰而聚之，不若順陰而升之，此升之多吉所以過於萃之多憂，立廟以繫民，用牲以求民，不若順事於岐山，使民不吾捨而後亨之爲德也。是故湯、武之事，《易》難言之，何也？四五之爭【二七】，君臣易位，非天地萬物之常理故也。君子體升之象，達民所欲而助其往，順德積小，不爲物的，而高大著焉，然後知使其聚於己，不若聽其升於彼也，其義微矣。而序卦者乃以爲「物相遇而後聚，故受之以萃」，「萃而上者謂之升，故受之以升」。如遇，則物適自聚而不爲我聚，聚不宜下而宜上也，亂孰甚焉！且彼聚於我而有貳也，至於「假有廟，用大牲」，猶惡其薄於德也，如使不爲我聚，而又欲上，將固執之而後可，則不足以爲《易》，而鄙詐奪攘之習熾矣。

【二七】四五之爭　「爭」原作「事」，據文淵閣本、黄本改。

卷三

困䷮坎下兌上　井䷯巽下坎上

按諸卦，未有有其物而言無者。澤奚爲而無水也？澤亦水也，澤之水【一】，以浸灌潤澤爲用，坎之水，以流行通達爲用。當澤上之時，坎爲所包，而行通達之用失矣，故《彖》言「剛揜」而《象》言「無水困」也。坎之正卦「惟心亨」，其揜於剛也，「有言不信」。夫君子未嘗不以心亨，及其揜於物而不自達，憤不能平，則有時而言矣，故戒之曰「尚口乃窮」，然則必反於心而後可也。剛者，我也；命者，天之所以命我也；志者，我之所以爲我也。見揜於物【二】，坐而受困，致命遂志，所以全我也。困之於人大矣，必若是而後亨，不然，則濟困者皆所以重困也。反而爲井，所以明水之必通也。水行於地而上於井，雖十仞之深未有不上者也。人實求水，水非求人，故邑可改以就井，井不可改以就人也。汲有喪德，井無喪得，「汔至未繘井」，人之無功，而非水之無功也。「羸其瓶」者，物之凶而非水之凶也。《易》極言井之義，至於「勿幕有孚，吉」，不在水而在物者，皆心之亨餘功也。蓋水不求人，人求水而用之，其勤勞至此。夫豈惟水，天下之物，未有人不極其勤而可以致其用者也。目之色，耳之聲，口之味，四肢之安佚，皆非一日之勤所能爲也。

校勘記

【一】澤之水　「之」原脱，據文淵閣本、黃本補。

【二】見揜於物　「揜」原作「言」，據文淵閣本、黃本改。

智者知之積，一粒之萌芽，一縷之滋長，以教天下，天下由之而不自知也，皆勞民勸相之道也。「困乎上者必反下，故受之以井」。按井，上也，非下也。

革䷰離下兑上　鼎䷱巽下離上

詳《易》諸卦，自乾坤開義，皆因其事之所當有而治之，至於蠱，幾變矣，至於剥又幾變矣。聖人以爲物之自變者不足言也，故其於革也，非其事之所當有，而示我之所以變，以明乎《易》之不窮也。其辭曰「已日乃孚」，物之安於常者，不知其爲變，而未有利之者也，故其革也，皆物之所不悦，已革而後信之。且天下之情，固未有信於其未革者，故《彖》以「天地革而四時成不言「四時革」而言「天地革」，四時之革，人所易信，天地難信。湯武革命，順乎天而應乎人」。又以治曆明時象之，而爻又雜取變革之象以當之，此《易》外新意，非諸卦所得擬倫也。《序卦》至未濟乃言「物不可窮【三】」。夫《易》已窮於此，則所謂「不可窮」者，果孰從而求之？《雜卦》又言「革，去故；鼎，取新」。夫謂革爲去故則宜，若其理然者，而鼎無取新之義。當革之時，物情世故，無不變易而有不可變者，如鼎之烹飪有實，人所資以生養，蓋猶故也。故以「正位凝命」繫於革之後，以爲知其有不可革者，而正位凝命以待之，則始終終始相爲無窮，而《易》之道常流通矣。而傳《易》者方摘十三卦論《易》變通之利，疏矣。

【三】物不可窮　「物」原作「易」，據《易·未濟序》改。

震䷲震下震上　艮䷳艮下艮上

按畫，陽在内爲震，其義曰「震驚百里，不喪匕鬯」。所以震驚百里者，陽也；所以不喪匕鬯者，剛也。陽所以爲震也，剛所以治震也，恐懼修省，治震之業也；不喪匕鬯，治震之德也。學者知爲震，又當知治震也。陽在外爲艮，其義曰「不獲其身，行其庭，不見其人」。夫不喪匕鬯者，不有其心也；不獲其身者，不有其身也。内能不有其心，外能不有其身，皆是剛爲之也。學者於艮知止而已。古人以震艮兼明内外，内存則無外矣，外遺則無内矣。思不出其位，非無思也，位難知也。不出其位，無邪思也，所以養思也。

漸䷴艮下巽上　歸妹䷵兑下震上

晉爲進，漸亦爲進，漸者，進之序也。晉、漸、升皆君子體而進其德之象也。至於歸妹，余有疑焉。其《彖》曰「歸妹，天地之大義也，天地不交而萬物不興。歸妹，人之終始也」。其《象》曰「君子以永終知敝」。夫以歸妹爲「人之終始」，則人道之訖於此也，審矣。「永終知敝」，則其當戒慎也，明矣。按屯在《序卦》爲乾坤之次，而其《彖》爲「剛柔始交」。至歸妹則曰「天地不交而萬物不興」。以畫考之，乾始變而爲兑，居内；坤始變而爲震，居外。在天則爲天地交也，在人則爲所歸妹也。然則艮、巽合陰陽俱長者，人之序；震、兑合少陰交陽長者，人之敝也。（隨亦震兑合，乾變不居内故也。）是其爲卦，義亦次乾坤。蓋古之諸卦次第，如革、鼎、漸、歸妹，往往與今《序卦》不同，不然，則《象》安得獨以歸妹爲人之終始，而諸以取女爲義者，顧無此哉？ 夫乾坤交而爲震兑，真有男女之象，而過以相與者，亦敝之所由生，此其所以永終之爲難也。 然則家人曷爲亦以「天地之大義」言之？ 曰：家人無陽，所謂大義者，以位之外内爲别爾，非人之終始也。

豐䷶离下震上　旅䷷艮下离上

勿憂者，有憂也。 時之在豐，人情之所喜，而何憂爲？ 變而不流，虧而不益，常人之所玩，而君子之所畏也。「王假之，宜日中」，言非常人所能當也，故又曰「日中則昃，月盈則食，天地盈虛，與時消息，而況於人乎！ 況於鬼神乎！」言雖王亦不能當也。 聖人之戒豐如此，而於旅則曰「旅之時義大矣哉！」然則屯、蹇、困者，君子之所用，而豐、豫、大有者，君子之所去也。 豐則噬嗑也，旅則賁也，皆施之於行而不施之於德也。

巽䷸巽下巽上　兑䷹兑下兑上

巽於人無所用，獨用之於命令，以其順也。 命已順矣，而又申之，順至之也。 九五「無初有終，先庚三日，後庚三日」，申命之主也。 命自我順，而後下順之。 然惟聖人爲能，非聖人則皆以命令軋天下，失巽道而用武人者也。 孔子曰：「君子之德風也，小人之德草也，草尚之風必偃。」而「天下有風，姤，后以施命誥四方」，蓋居尊用柔，而以巽出之，申命之道也。 又曰「不教而殺謂之虐，不戒視成謂之暴，慢令致期謂之賊」。 此所謂不以巽道而用武人者，末世之事皆然也。 故管仲之傳猶謂「下令如流水之源」，而況聖人乎！

學者方以暴虐之意助指麾之威，逆人以順己，甚者至謂勑命一出，違則有刑，爲得古人重命之義，豈知其以巽出之哉！

兑以說先民，而尤貴於朋友講習之用，故謂「學時習」而說，乃古道也。理本無形，因潤澤浹洽而後見，其始若可越，其久乃不可測，其大乃至於無能名，皆自說來也。

渙䷺坎下巽上　節䷻兑下坎上

《序卦》「說而後散之，故受之以渙，渙者，離也」，又《雜卦》「渙，離也」。王弼因之，遂以爲乖散之象。學者於渙，無不以散爲稱。按剥稱落，明夷稱傷，其本故在也。民散則國亡，氣散則形離，本則不存，何以卦爲？《詩》稱「繼猶判渙」，又曰「泮渙爾遊矣」，又曰「溱與洧，方渙渙兮」，蓋渙者，融釋通達之義。如以爲散，則萃以聚有廟，渙可以散立廟乎？「渙汗其大號」，謂通達之盛者，安得「散汗其大號」而又曰「散，王居無咎」哉？當是時，剛來而柔得位乎外，陰陽合和，郁滯者解，凝止者通，渙然發越，王道之所會也，故可以享帝立廟，猶豫以作樂崇德也。渙之反，自當爲節。水流之行無息，澤上有水，所行者止於澤而已。數度制而德不可議。

子貢問：「何如斯可謂之士矣？」子曰：「行己有恥，使於四方，不辱君命，可謂士矣。」「敢問其次」，曰：「宗族稱孝焉，鄉黨稱悌焉。」又問其次，曰「言必信，行必果，硜硜然小人哉！抑亦可以爲次矣。」夫議德而後能進德，學者不考，以小德加於大德，終無自進之地矣。

中孚䷼兑下巽上　**小過**䷽艮下震上

二剛之初爲巽，末爲兑，剛在中而説巽合，不以令而行，不待令而從者也。捨中剛而言守孚者，此剛之用而信之所由出也。夫剛外旅而柔據其中，其卦爲噬嗑，而至於用獄；柔在外而剛在中，其卦爲中孚，而至於及豚魚。剛柔内外之間，治物之功相去遠矣。然則何以知其能及豚魚而言之？卦之「利牝馬」、「畜牝牛」、「飛鳥遺之音」，皆以其材立象，尚有難知者。若其中信於物，如天地四時無所差忒，則雖昆蟲之微，草木之無情，皆取節焉，非難知也，所以知其及於豚魚而後爲信之至，而人倫交際之道猶其精者爾【四】。

小者過，謂柔過乎剛。君子體其象，「以行過乎恭，喪過乎哀，用過乎儉」，凡在吾身，若此類者可以過也，所以變柔成爲剛也。苟以爲不可過而棄之，則是恣陰而剥陽也。

既濟䷾离下坎上　**未濟**䷿坎下离上

水欲下而火欲上，人之情有所欲而不獲，冒患出險，求必遂而後已，此人欲也，非天也【五】。咸之感，比之輔，萃之聚，以人而得其天者也。凡卦惟大亨，而既濟舉小以明之，言其志在於欲而不必於理也。欲之未遂也，無不用其極，既遂則舉而棄之，猶芻狗然，是以「止而亂」也。故君子之戒既濟，以爲無寧。未濟之患，而所欲既得則患之始，而亂之所由生，所當思而豫防也。然則火已上，水已下，已濟矣。猶曰未濟，未濟者，欲濟而未

【四】精者　「精」，黄本、文淵閣本作「粗」。

【五】非天也　「非」原脱，據文淵閣本、黄本補。

能，人情於其本然者，不自安而猶以爲未也。故君子之戒也，慎辨其物而居其方，宜上者毋下也，宜下者毋上也。不然則物交錯而方亂矣。

卦論

日與人接，最著而察者八物，因八物之交錯而象之者，卦也。此君子之所用，非小人之所知也。故乾以「自强不息」，坤以「厚德載物」，屯以「經綸」，蒙以「果行育德」，需以「飲食宴樂」，訟以「作事謀始」，師以「容民畜衆」，小畜以「懿文德」，履以「辨上下，定民志」，否以「儉德避難」，同人以「類族辨物」，大有以「遏惡揚善，順天休命」，謙以「裒多益寡，稱物平施」，隨以「嚮晦入宴息」，蠱以「振民育德」，臨以「教思無窮，容保民無疆」，賁以「明庶政，無敢折獄」，大畜以「多識前言往行，以畜其德」，頤以「慎言語，節飲食」，大過以「獨立不懼，遯世無悶」，坎以「常德行，習教事」，咸以「虛受人」，恒以「立不易方」，遯以「遠小人，不惡而嚴」，大壯以「非禮弗履」，晉以「自昭明德」，明夷以「涖衆用晦而明」，家人以「言有物而行有恒」，睽以「同而異」，蹇以「反身德修」，解以「赦過宥罪」，損以「懲忿窒慾」，益以「見善則遷，有過則改」，夬以「施禄及下」，萃以「除戎器，戒不虞」，升以「順德積小以高大」，困以「致命遂志【六】」，井以「勞民勸相」，革以「治曆明時」，鼎以「正位凝命」，震以「恐懼修省」，艮以「思不出位」，漸以「居賢德善俗」，歸妹以「永終知敝」，豐以「折獄致刑」，旅以「明慎用刑而不留獄」，巽以「申命行事」，兑以「朋友講習，節

【六】致命遂志　「志」原作「致」，據文淵閣本、黄本改。

以制數度，議德行」，中孚以「議獄緩死」，小過以「行過乎恭，喪過乎哀，用過乎儉」，既濟以「思患豫防」，未濟以「慎辨物居方」，皆因是象，用是德，修身應事，致治消患之正條目也。觀孔子與群弟子分别君子小人甚詳，而正條目於《易》乃明著之，又當於其間擇其尤簡直切近者，孟子所謂左右逢其原，而近世亦有求端用力之説。夫力則當用，而端無事於他求也，求諸此足矣。此學者參前倚衡之要道也，與夫意測聲隨而宛轉於枝葉之外者殊絶矣。

按易之初一畫，卦分而爲十二，二卦對立而爲六十四，畫之始終具焉。聖人非罔民以自神者，而學者多異説，不知之過也。按班固用劉歆《七略》記《易》所起，伏羲、文王作卦重爻，與《周官》不合，蓋出於相傳浮説，不可信。言「孔氏爲之，《彖》、《象》、《繫辭》、《文言》、《序卦》之屬」，亦無明據，《論語》但言「加我數年，五十以學《易》而已【七】」，《易》學之成與其講論問答，乃無所見，所謂《彖》、《象》、《繫辭》作於孔氏者，亦未敢從也。然《論語》既爲群弟子分别君子小人無所不盡【八】，而《易》之《象》爲君子設者五十有四焉。其詞意勁厲，截然著明，正與《論語》相出入，然後信《彖》、《象》、《繫辭》爲孔氏作無疑。至所謂《上下繫》、《文言》、《序卦》文義複重，淺深失中，與《彖》、《象》、《繫辭》異，而亦附之孔氏者，妄也。自顔、曾而下，訖於子思、孟子，所名義理，萬端千緒，然皆不若《易》、《象》之示人簡而切，確而易行。學者誠有志於道，以是爲經而他書特緯之焉可也。

【七】學易而已　「而」原脱，據文淵閣本、黄本補。

【八】然論語　「論」原脱，據文淵閣本、黄本及《論語》補。

書文訓故莫知所起之時，蓋義理由此而出。以《易》考之，有即其所稱不待解釋而明者，如屯、泰、否、謙、臨、觀、賁、復、遯、家人、睽、損、益、震、歸妹、旅、巽、渙、節、既濟、未濟，如此類者，必當時人所通知，故不復解釋，止於核卦象而已。有雖其所稱義不隨見，必待訓釋而通者，如「山下有險，險而止蒙【九】」、「上剛下險【一〇】，險而健訟」、「柔得位而上下應之曰小畜」、「柔得位，得中而應乎乾曰同人」、「柔得尊位，大中而上下應之曰大有」、「剛應而志行，順以動，豫」、「剛來而下，柔動而説，隨」、「剛上而柔下，巽而止，蠱」、「頤中有物曰噬嗑」、「無妄剛自外來而爲主於内」、「大畜剛健篤實輝光，日新其德」、「明入地中，明夷」、「解險而動，動而免乎險，解」、「巽乎水而上水，井」、「水火相息，二女同居，其志不相得曰革」、「柔在内而剛德中，説而巽，孚」，需之爲須，師之爲衆，比之爲輔，履爲柔履剛，剥，頤之爲養【一一】，大過爲大者過，小過爲小者過，坎之爲險，離之爲麗，恒之爲久，大壯爲大者壯，晉之爲進，蹇之爲難，夬之爲決，姤之爲遇，萃之爲聚【一二】，困爲剛揜，鼎之爲象，艮之爲止，漸之爲進，豐之爲大，兑之爲説。必非其當時所通知，或雖通知，而字與義不偶，故必以後字明前字，轉相之而後著也。又有義不止於卦名者，如天爲乾而象乃爲健，隨不止於隨而爲天下隨時。有雖卦所取名，《象》所訓義，而後世猶不能從者，如坤、小畜、大畜、噬嗑、坎、離、夬、姤、艮、兑。有雖卦所取名，《象》所訓義，而義理終微小不與卦並行者，如屯、需、漸是也。夫人之一身，自仁、義、禮【一三】、智、信之外無餘理，形

【九】險而止蒙　「險」原脱，據文淵閣本、黄本補。

【一〇】上剛下險　「險」原作「陰」，據文淵閣本、黄本改。

【一一】頤之爲養　「爲養」原作「養爲」，據文淵閣本、黄本乙正。

【一二】萃之爲聚　「爲」原脱，據文淵閣本、黄本補。

【一三】自仁義禮　「禮」原作「理」，據文淵閣本、黄本改。

於世故，自六十四卦之外無餘義【一四】，學者遡源而後循流，則庶幾得之，若沿流以求源，則不勝其失。故余諄諄焉以卦象定入德之條目而略於爻，又以卦名通世故之義訓而略於卦者，懼沿流不足以求源也。

【一四】自六十四卦「四」原脱，據文淵閣本、黄本補。

卷四

易

自有《易》以來，説者不勝其多，而淫誣怪幻亦不勝其衆。孔子之學，無所作也，而於《易》獨有成書，蓋其憂患之者至矣。不幸而與《大傳》以下並行，學者於孔氏無所得，惟《大傳》以下之爲信。雖非昔之所謂淫誣怪幼者，然而依於神以夸其表，耀於文以逞其流，於《易》之道猶曰出入焉而已。余既條其大指，稍釐析之，誠涣然於此，則孔氏之成書翳而復明，《易》之道其庶幾乎！

《周官》太卜掌《三易》之灋，一曰《連山》，二曰《歸藏》，三曰《周易》。其經卦皆八，其別皆六十有四。《連山》、《歸藏》雖不可得而見矣，以其義推之，非變則無以爲易，非經非別則無以盡變。古人之所同者不知其安所從始也，而後世之言易者，乃曰「伏義始畫八卦」，又曰「以代結繩之政」，神於野而誕於樸，非學者所宜述也。

讀繫辭上

「六爻之動，三極之道也」。又曰：「有天道焉，有人道焉，有地道焉，兼三材而兩之故六，六者非他也，三材之道也。」又曰：「兼三材而兩之，故易六畫而成卦。分陰分陽，迭用柔剛，故《易》六位而成章。」謂「六爻之動」則信有三極之道矣；謂兼三材而兩之故六，則非也。六畫成卦，畫之所自有；六位成章，亦畫之所自成；謂陰陽、剛柔、天地所由立於此，亦非也。《易》之作也，自畫而始，不三之則無以爲八也，不六之則無以爲六十四也。故一以爲天也，六之以爲乾。二以爲地也，六之以爲坤。有一者無二也，有二者無一也，安得預計其爲三哉？且《易》之既成，則固備乎天地與人矣，而其始之所以作，則不必備也，原其始者莫著乎畫，傳者徒雜而言之，宜其悔而不明歟！

「天尊地卑，乾坤定矣；卑高以陳，貴賤位矣【二】；動靜有常，剛柔斷矣；方以類聚，物以群分，吉凶生矣；在天成象，在地成形，變化見矣。是故剛柔相摩，八卦相盪，鼓之以雷霆，潤之以風雨，日月運行，一寒一暑。乾道成男，坤道成女；乾知大始，坤作成物；乾以易知，坤以簡能」。此所以釋夫《彖》也。按《彖》言「大哉乾元，萬物資始，乃統天。雲行雨施，品物流行，大明終始，六位時成，時乘六龍以御天，乾道變化，各正性命，保合太和，乃利貞，首出庶物，萬國咸寧」，則皆乾德也，而天從之。《傳》之所稱，則皆天

【二】貴賤位矣　「貴賤」原作「賤貴」，據文淵閣本、黄本及《易·系辭上》乙正。

德也，而乾從之爾。且《易》之始畫也，獨乾而非坤，故《象》之贊乾也；有乾而無坤，及其贊坤也，順承乎天而已。然則「乾道成男，坤道成女，乾知大始，坤作成物，乾以易知，坤以簡能」，是非坤不足以配乾，非乾坤不足以成《易》，而獨乾非坤，有乾無坤之義隱矣。「乾道變化，各正性命」，充滿覆載，無非乾也。「乾道成男，坤道成女」，則陰爲無預乎陽，陽必有待於陰，而乾之功用徧矣。震雖有「不喪匕鬯」，咸雖有「取女吉」，姤雖有「勿用取女」，然而以乾坤爲父母，六卦爲男女，皆卜筮牽合之虚文，非孔氏之書所道也。故其《象》曰「出可以守宗廟社稷，以爲祭主」，又曰「柔上而剛下，二氣感應以相與」，又曰「勿用取女，不可與長也」，豈有瀆乎其間哉！乾終始主乎健，其《象》曰「自强」【一】，曰「不息」。坤德終始乎順，其《象》曰「厚德」曰「載物」，今變而曰「易」曰「簡」，然則健順，固所以爲易簡乎？抑健順不足以盡乾坤乎？易不必强，簡不必厚乎？此皆與《彖》、《象》之義異，不可得而從也。

「君子所居而安者，《易》之序也」，不知指何序？謂《易》有成序，君子之所當居，則泛濫而無擇，謂君子於《易》有所當居之序，則移徙而難常。若朝困而暮升，則俄約而忽泰，非所以爲安也。夫卦無常，君子之德有常，孔氏之教也。以有常之德居無常之卦，彼逆而我順，不取必於《易》也。

「《易》與天地準，故能彌綸天地之道。」《傳》之爲是言也，將以大夫《易》也。其意若

【一】自强　「自」原脱，據文淵閣本、黄本補。

曰「天地至大也，而《易》能準之，又彌綸之」爾。按乾稱「統天」，泰稱「財成天地之道」，豫稱「順以動，故天地如之」，大壯稱「正大而天地之情可見矣」，《書》、《詩》之稱道，未嘗不先天。惟易不然，蓋其因變以明理，而後知天地之不能違也。然則天地固準《易》，而《易》非準天地也，且既已準而從之矣，又安能彌綸之乎？

「一陰一陽之謂道，繼之者善也，成之者性也，仁者見之謂之仁，智者見之謂之智，百姓日用不知，故君子之道鮮矣。」後世以爲是微言之極也。一陰一陽，氤氳眇微，至難明也。善爲之繼，而綜統之機難執，性所以成，而歸全之本易離，仁智皆道之偏也。雖然，聖人之於道，蓋難乎言，其言之者有矣，曰「天道下濟而光明」，「天道虧盈而益謙」，曰「剛浸而長，説而順，剛中而應，大亨以正，天道也」，又曰「觀天之神道而四時不忒」，又曰「天地之道，恒久而不已也」。夫天與人不相接，而其好惡消長，如影響符契之相答然，此其所以有貴於聖人之言道也。道者，陽而不陰之謂也。一陰一陽，非所以謂道也。仁者不憂，智者不惑，於見道莫察焉。如使謂仁而非仁，謂智而非智，則豪芒之眇，何止於尋丈之迷，而君子不貴也。

「夫乾，其靜也專，其動也直，是以大生焉；夫坤，其靜也翕，其動也闢，是以廣生焉。廣大配天地」。《易》於乾、坤不並言，蓋因乾而後有坤也，天地則並言之矣，蓋有天則必有地也。《象》稱坤「厚載物，德合無疆，先迷失道，後順德常，西南得朋，乃與類行；

東北喪朋，乃終有慶」。先後德喪之間，作《易》者戒之，則坤之廣宜若配地者。至乾以元統天，以六御天【三】，正性命，合太和，皆有待於乾而後能。則乾之爲大，非配天者也。考德者不明乎此，則陰陽錯行，剛柔雜施，何以出首萬物而用九乎？

「鳴鶴在陰，其子和之，我有好爵，吾與爾縻之。子曰：『君子居其室【四】，出其言善【五】，則千里之外應之，況其邇者乎！出其言不善，則千里之外違之，況其邇者乎！言出乎身，加乎民；行發乎邇，見乎遠。言行，君子之樞機，樞機之發，榮辱之主也。言行，君子之所以動天地也，可不慎乎！』」按中孚「柔在内而剛得中」至於「豚魚吉」，而《象》「以議獄緩死」，則其信乎己而恕乎人也至矣。故「鳴鶴在陰，其子和之」，《象》曰「中心願也」。夫苟中心之所願，則其化服而感應者，豈以必以子言哉！今特於言行而表之，皇皇乎所以動物者而致慎焉，此上九之「翰音登于天」，而不可長者也。

「同人先號咷而後笑。子曰：『君子之道，或出或處，或默或語，二人同心，其利斷金，同心之言，其臭如蘭。』」按同人以門爲無咎，以郊爲無悔，而以宗爲吝，則二人同心者，乃同人之狹者也。雖其利斷金，以己師克之，天下之志不能通矣。

「初六，藉用白茅，無咎。子曰：『苟錯諸地而可矣，藉之用茅，何咎之有？慎之至也。夫茅之爲物薄，而用可重也。慎斯術也以往，其無所失矣。』」按大過所以爲棟撓者，以初、上皆陰也，及揲卦而論爻，則以柔在下，適當其位，何咎之有？而棟撓之責，九三反

【三】以六御天　「六」原脱，據文淵閣本、黄本及《易・系辭上》補。
【四】居其室　「其室」原作「室其」，據文淵閣本、黄本及《易・系辭上》乙正。
【五】出其言善　「出其」原脱，據文淵閣本、黄本及《易・系辭上》補。

任之，以其繫應於六也。至九四棟隆獲吉而以應初爲吝，夫應猶吝之，而用何重焉？且敬其物者必貴其籍，籍之用茅【六】，死麕之包，庶人之禮也。「苟免於地」而已，其薄如此，非所以爲慎也。

「勞謙，君子有終，吉。子曰：『勞而不伐，有功而不德，厚之至也，語以其功下人者也。德言盛，禮言恭，謙也者，致恭以存其位者也。』」按謙卦，地體卑居上，而艮以九三爲衆陰所宗，如地有山，以高而藴於卑，其終爲地而已。非成功之位而有成功之勞，此萬民之所以服也。若存位而爲，謙之道寡矣。

「亢龍有悔。子曰：『貴而無位，高而無民，賢人在下位無輔，是以動而有悔也。』」乾爲《易》之主，非他卦爻錯相成之比，故其爲初也潛而隱，而非不可用也。其爲四也，躍而進，而非必求用也。至於上則道成且革矣，故爻以爲「亢而有悔」，而《象》以爲「盈不可久」，明其將變而之陰爾，非若《傳》之所謂也。且始終皆道，奚位之擇？獨乾御世，奚民之求？功則由己，奚輔之待？後世不知乾所以成《易》，而指成《易》以論乾，是以其言若此也。

「不出户庭，無咎。子曰：『亂之所生也，則言語以爲階，君不密則失臣，臣不密則失身，幾事不密則害成，是以君子慎密而不出也。』」按節「君子以制數度，議德行」，非可密之事。初九居節之始，不出户庭，惟始可節，故《象》以爲知通塞，固宜明示節限，安有密

【六】籍之用茅　「籍」原脱，據文淵閣本、黄本補。

絶閉也？歷考《書》、《詩》正文，自堯、舜至文、武，君臣相與，造治成德，雖不爲疏以致敗，亦無依密以成功者【七】。此論雜霸戰國之時事可也，去帝王遠矣。

「大衍之數五十，其用四十有九，分而爲二以象兩，掛一以象三，揲之以四以象四時，歸奇于扐以象閏，五歲再閏，故再扐而後掛。天數五，地數五，五位相得而各有合。天數二十有五，地數三十，凡天地之數五十有五，此所以成變化而行鬼神也。乾之策二百一十有六，坤之策百四十有四，凡三百有六十，當期之日，二篇之策萬有一千五百二十，當萬物之數也。是故四營而成易，十有八變而成卦，八卦而小成，引而伸之，觸類而長之，天下之能事畢矣。顯道神德行，是故可與酬酢，可與祐神矣。」按《易》之始，有三而已，自然而成八；有六而已，自然而成六十四。一成一反，象類曉然而名義出焉。非四十九所能用，非掛非歸非再扐所能通也。然則自乾而至未濟，皆已具矣。已具則必有起數，故筮人爲是以起之，云「得某爻，爻成當某卦，某爻當變，變當之某掛」而已，此《易》之淺事也。《易》成在先，卦起在後，今《傳》之言若是，是不知《易》之所以成【八】，而即以筮人之所起者爲《易》，無惑乎《易》道之不章也。又謂《象》三材四時，一閏再閏，愈淺末矣。

子曰：「知變化之道者，其知神之所爲乎！《易》有聖人之道四焉：以言者尚其辭；以動者尚其變；以制器者尚其象；以卜筮者尚其占。是以君子將有行也，問焉而以言，其受命也如響，無有遠近幽深，遂知來物，非天下之至精，其孰能與於此！參伍

【七】以成功者　「者」原脱，據文淵閣本、黄本補。

【八】是不知易　「是」原作「匕」，據文淵閣本、黄本改。

以變，錯綜其數，通其變，遂成天地之文；極其數，遂定天下之象。非天下之至變，其孰能與於此！《易》，無思也，無爲也，寂然不動【九】，感而遂通天下之故，非天下之至神，其孰能與如此！夫《易》，聖人之所以極深而研幾也。唯深也，故能通天下之志；唯幾也，故能成天下之務；唯神也，故不疾而速，不行而至。」子曰：「《易》有聖人之道四焉者，此之謂也。」按《易》以《象》釋卦，皆即因其畫之剛柔逆順往來之情，以明其吉凶得失之故，無所謂「無思無爲」、「寂然不動」、「不疾而速、不行而至」者。余嘗患浮屠氏之學至於中國，而中國之人皆以其意立言【一〇】，非其學能與中國相亂，而中國之人實自亂之也。今《傳》之言《易》如此，則何以責夫異端者乎？至於「問焉而以言，其受命也如響，無有遠近幽深，遂知來物」，真卜筮之所爲，而聖人之所黜爾，反以爲有聖人之道，可乎？

「天一，地二，天三，地四，天五，地六，天七，地八，天九，地十」，此言陰陽奇耦可也，以爲五行生成，非也。按《洪範》以凡舉五行，鯀之所以汩陳者，謂其以土捍水爾。五行無所不在，其曰天生而地成之，是又《傳》之無所有，而學者喜以異説佐之也。且使其果信，則於《易》之道曷損益乎！以其求卦，蓍非圓也，吉凶在卦，蓍非神也。六十四卦皆因其象以成理，非洗心也。聖賢皆不殺，獨謂爲《易》者不殺，亦非也。

「易有太極」，近世學者以爲宗論秘義【一一】。按卦所象惟八物，推八物之義爲乾、坤、艮、巽、坎、離、震、兑，孔子以爲未足也，又因《象》以明之，其微兆往往卦義所未及。

【九】寂然不動　「然」原脱，據文淵閣本、黄本補。

【一〇】而中國之人皆以其意立言　「之」上原脱「而中國」，「意」下脱「立」，據黄本補。

【一一】宗論秘義　「論」原脱，據文淵閣本、黄本補。

故謂乾各正性命，謂復見天地之心，言神於觀，言情於大壯，言感於咸，言久於恒，言大義於歸妹，無所不備矣。獨無所謂「太極」者，不知《傳》何以稱之也？自老聃爲虚無之祖，然猶不敢放言，曰「無名天地之始，有名萬物之母」而已。至莊、列始妄爲名字，不勝其多，故有「太始」、「太素」、「未始有夫未始有無」【一二】，茫昧廣遠之説，傳《易》者將以本原聖人，扶立世教，而亦爲太極以駭異後學，鼓而從之，失其會歸，而道日以離矣。又言「太極生兩儀，兩儀生四象」，則文淺而義陋矣。

「崇高莫大乎富貴」，是以富貴爲主，至權與道德並稱，《書》、《詩》何嘗有此義！學者可不從也。從之，則富貴不足以成道德，而終至於滅道德矣。按卦比以五陰宗一陽，大有以五陽宗一陰，其《象》比曰「先王以建萬國，親諸侯」，《象》大有曰「君子以遏惡揚善，順天休命」。然則崇高富貴必如是而後可，故顯比則失前禽，交如則信以發志【一三】，不然，則以富貴高天下而其敝致於秦漢矣。「形而上者謂之道」。按「一陰一陽之謂道」，兼陰雖差，猶可也。若夫言形上則無下，而道愈隱矣。

讀繫辭下

十三卦亦近世學者所標指，而其説尤爲不通。包犧氏始爲罔罟，神農氏始爲耒耨、交易，黄帝、堯、舜始爲衣裳，其後乃有舟楫、馬牛、臼杵、弧矢、宫室、棟宇，甚矣其不考於

【一二】未始有無　「有無」原脱，據文淵閣本、黄本補。

【一三】信以發志　「志」原脱，據文淵閣本、黄本補。

《易》也【一四】！《易》十三卦義詳矣，乃無毫厘形以之相近者。學者誠能準義於《易》，則凡本象所稱，義類炳然，誠得一二如此，足以經世紀民，律身而成德矣。不是之求而震於異説，欲大而反小之，其卒無所底止而已矣。

「天下同歸而殊塗，一致而百慮」，以爲不足思不足慮也。然言「日月相推而明生」者，是不知明之所由生【一五】；「寒暑相推而歲成」者，是不知歲之所由成也；因其往來之已然，而遂欲利用安身於其間者，是不知德之所由崇也。然則曾「憧憧往來，朋從爾思」之未及，而尚何以窮神而知化乎！故《傳》之義多似於深而其實淺者，亦學者之所不可不知也。故《象》以爲未光大，而不以爲不當思，使其感人心而天下和平，則雖憧憧而不爲己私，然烏有安其固然而不知所由來者哉！

「困于石，據於蒺藜，入于其宫，不見其妻，凶。子曰：『非所困而困焉，名必辱，非所據而據焉，身必危。』」按卦以剛見揜於柔爲困，其爲爻也，則以柔乘剛爲凶，困於石，謂四也；據於蒺藜，謂二也。皆剛也。當困之時，非大人不亨，三爲致困之主，將施其不利於我，而進退皆剛，卒與禍會，非大人實爲之，而理有不得不然者矣。君子而變於小人，危之辱之可也。小人而乘君子，其不勝天也，其辱與危非不幸也，不祥之招，揜剛之報也，又何戒哉！

「君子藏器於身，待時而動，何不利之有！」當解之時，痿者欲起，瞑者欲視，有小人焉，諂上凌下，身爲戎首以捍通塗，物情之所同惡也。故以公射隼，既獲而解，解則無事

【一四】其不考於易　「其不」原作「不其」，據文淵閣本、黄本乙正。

【一五】所由生　「生」原脱，據文淵閣本、黄本補。

矣。如使過而用射，反以致寇，何利之有！夫用之則行，非待時也，舍之則藏，非藏器也，安得有藏器待時之説？而學者方沾沾焉抱其所有，如賈之售物，適以爲悖，而不足以解悖矣。

「其亡其亡，繫于苞桑」。按否以九五爲大人吉，有「其亡其亡」之戒，必深固根本以爲衆陽之主，言朋來之陰未易當之，所恃者在正而已。此豈常道居尊之時，而《傳》謂「安不忘危，存不忘亡，治不亡亂，故身安而國家可保」。嗚呼！吾未見處危亂之世而自謂治安者也。

《傳》既謂包犧氏始作八卦，神農、黄帝、堯、舜纘而成之。又謂《易》興於中古，「當殷末之世，周之盛德」，「於稽其類其衰世之意」，是《易》之或遠或近，不能自必其時也，皆以意言之而已。韓宣子聘魯，見《易》、《象》與《魯春秋》，然則當時國各爲繇，而《周易》之不見者多矣，無怪乎學士諸生之紛紛也。

讀序卦

按《上下繫》、《説卦》浮稱泛指，去道雖遠，猶時有所明，惟《序卦》最淺鄙，於《易》有害。按諸卦之名，以象取之，與文字錯行於世者少，聖人重復殷勤其詞以訓釋之，多至數十百言而未已，蓋其難明如此。今《序卦》不然，以是爲天地萬物之所常有也，鱗次櫛比而言之，以是爲鉛槧篆籀之常文也。嗟乎！使其果若是，則束而聯之，一讀而盡矣，奚以《易》爲學者尺寸之不辨，而謂有見於無窮，吾不知也。

卷五

書序孔安國序堯典舜典

按以《書》爲孔氏之書，《序》亦孔子作，其説本出班固。固因司馬遷，遷因孔安國，安國無先世的傳，止據前後浮稱，兼《左氏》楚靈王言倚相事爾。固引「雒出《書》」而謂字文爲書，既已甚陋，安國初言《典》、《墳》，至夏、商、周，語義奥雅；歷代以爲大訓【一】，旋復言討論《墳》、《典》，芟煩翦浮，則是孔子並大訓亦去取也，豈有是哉！文字章，義理著，自《典》、《謨》始。此古聖賢所擇以爲法言，非史家繫日月之泛文也。自是以後，代有詮敘，尊於朝廷，藏於史官，孔氏得之，知其爲統紀之宗，致道成德之要者也【二】，何所不足而加損於其間，以爲孔氏之書歟？《書序》亦舊史所述，明記當時之事以見其書之意，非孔子作也。不然，則「昇自陑」、「放太甲」、「殺受」，皆其《書》所無有，孔子胡斷然録之哉？春秋以後，遊士浸盛，雖然，不因孔氏而獲見《書》之全者寡矣，又況後世屋壁之中乎！其盡歸之孔氏不足怪也。至於跡上古已定不刊之訓，推孔氏有述無作之心，則蓋有不然者【三】。後有君子，當更考詳。或疑非安國文，無證。堯舜之前，非無聖人，神靈而不常

校勘記

【一】歷代以爲 「以」原脱，據文淵閣本、黄本補。

【二】致道成德之要者也 原作「致道德之成者也要」，據文淵閣本、黄本乙正。

【三】有不然者 「不」字原脱，據文淵閣本、黄本補。

者，非人道之始故也。「安安」者言人倫之常也，「允恭克讓」，所以下之也，此所以爲人道之始也。

大禹謨、皐陶謨、益稷

禹、益言爲治道之首。其言至后臣克艱而止，不可以有進矣。曰「勤儉」，曰「不滿假」，曰「不矜伐」，皆艱類也。世稍降而德衰，艱逸之論始參，至孔子乃復正之，曰「爲君難，爲臣不易」。規矩準繩必先立，而以身奉之，故法度不可失也。

人心，衆人之同心也，所以就利遠害，能成養生送死之事也。是心也，可以成而不可以安，能使之安者，道心也，利害生死不膠於中者也。

舜、禹之德不稱其兵也，必反兵而有苗服也。

知人無法而知德有法，豈惟知德有法，而教德有方也。天德雖偏，必以人德補之。天德非異能，補之以人，則皆異能也。合而聽之，天下之材不可勝盡也。故教德而多材，禹、湯、文王皆用之。若後世治偏盡性，必至於聖而後用者，非皐陶法也，枉其材，棄其德者也。

丹朱傲虐之戒，元首股肱之歌，君臣克艱之驗也。

禹貢、五子之歌、甘誓

「三江既入，震澤底定」。吴人之習於水事者，謂吴松江、青龍江、揚子江也。水自震澤入吴松江而入于海最近，自諸湖泖而入青龍江入于海次之，自諸涇浦港而入江陰揚子江入于海又次之。江得其入，則澤得其豬，故言「底定」也。所謂「導漾爲北江」、「導江爲中江」者，亦揚州境，然是二而非三，不可以意足之也。

「愚夫愚婦，一能勝予」，禹以民爲可畏若是。申不害、李斯所謂「命之曰桎梏若堯、禹然」者也。

舜、臯陶之歌，歌也；《五子之歌》，亦歌也。風雅騷人之義具焉。其正與變，未之敢論。

《甘誓》以自治爲命而已。《胤征》則言克愛，是勸殺也。《師》之繇曰：「師出以律。」

湯誓、仲虺之誥、湯誥、伊訓、太甲、咸有一德

强其國人以伐共主，功成而有慙德，湯何爲而然也。舜、禹貴民之甚，以君爲輕，湯不敢違故也，雖然，世道一變矣。

古者君人無威，桀始作威，威作而德滅矣。湯用玄牡請命，爲滅德也；伊尹弗狎于弗順，爲不德也。德之爲言，伊尹曰一也。得其所以一，事雖無常，必協必主，而堯舜不難至也。失其所以一，事雖有常，必二必三，而桀紂不難至也。

《孟子》「有伊尹之志則可，無伊尹之志則篡也」。問者徒以君不可放，孟子曷爲而遽篡之？伊尹知復其君於德而已，奚顧其他！惜乎孟子之答粗也，是絶天下以無伊尹也。

盤庚、説命、高宗肜日、西伯戡黎、微子

盤庚五遷，民咨胥怨，話而告之，前後諄復【四】，其辭切近，皆酬對臣庶之常語，衆人所可識，非有文采義理以震耀之也，周誥亦同。而韓愈乃以爲「詰屈聱牙」，若難知難解，何也？當更熟考。

湯以有夏昏德，民墜塗炭，故聿求元聖。高宗恐德弗類，不足正四方，故夢賚良弼。古者君求臣，非臣求君也。

「木從繩則正」，繩所不可者，削之而已。然則后之從諫，不曰委曲諷之，先從而後弼也【五】。

「樹后王君公，承以大夫師長，不惟逸豫，惟以亂民」。傅説亦知位不在逸，禹、益之論於時未息也。高宗使説「交修予，罔予棄，予惟克邁乃訓」，舜之遺意蓋猶存焉。

【四】前後諄復　「復」原脱，據文淵閣本、黄本補。

【五】先從而後弼　「後」原作「從」，據文淵閣本、黄本改。

「微子去之，箕子爲之奴，比干諫而死」，各正其義，所以自獻于先王也。不曰我必能存商，我必不事周者，紂得罪於民，先王所不赦也。

泰誓、牧誓、武成

《泰誓序》【六】：「惟十有一年，武王伐殷，戊午，師渡孟津。」《書》「惟十有三年春，大會于孟津」，「惟戊午，王次于河朔」，「時厥明，王乃大巡六師」。《牧誓》「甲子昧爽，王朝至于商郊牧野」，《武成》「厥四月哉生明，王來自商」。五篇始末最爲明備，《序》所謂「十一年伐殷」者，《書》所謂「以庶邦冢君觀政于商受罔有悛心，犧牲粢盛，既於凶盜」【七】，與《微子》相應。三仁之自靖，在觀政于商之後，大會孟津之前，此《書》之可信者也。或言文王受命稱元年，九年而崩，武王不稱元年【八】，通數爲十一年。雖云九年，大統未集，而稱元不稱元，《書》所不載，不可信也。《武成序》稱「往伐歸獸，識其政事」，不專謂命諸侯【九】。細觀編簡無錯亂，不可移易。

洪範、旅獒、金縢、大誥

箕子言天不以洪範九疇畀鯀而以錫禹，其詞甚敬而嚴，後世之傳固妄矣。然古人之

【六】泰誓序 「序」原作「字」，據文淵閣本、黄本改。

【七】既於凶盜 「盜」原作「益」，據文淵閣本、黄本改。

【八】九年而崩武王不稱元年 此十字原脱，據文淵閣本、黄本補。

【九】不專謂命諸侯 「專」原作「傳」，據文淵閣本、黄本改。

所崇畏者必有故也，文武起小國，爲天下所歸，夏商之世傳先聖之治法，宜未能盡知，此武王之所爲訪，箕子之所爲告也。

余於皇極而歎古人之道至是散矣。五子述禹所傳之訓曰：「予臨兆民，懍乎若朽索之馭六馬。」而皇極言淫朋比德則民有罪焉，下無好德，而上之福則不錫焉。王義、王路以我爲正，而民之情不敢自任焉，豈待於民者已狹，而出於君者已不可忤矣。猶曰未至於虐而已。然則，夏商之季，俗壞民薄，而堯、舜、禹、湯之道已不可復反乎？皋陶曰「天聰明自我民聰明，天畏自我民明威」【一〇】，箕子之言無乃異是歟？蓋亦有不得已者歟？然則成、康之後遂爲霸雜，雖不復古人之萬一者，其兆見矣！

九疇於古無見也，禹稱九功，或庶幾近之。《虞》、《夏》、《商書》之言德，必自厚而民服【一一】，箕子敘三德，乃視世厚薄而稱吾德以乂之【一二】，非古人意也。

古者戒人君自作福威玉食，必也克己以惠下，敬身以敦俗，況於人臣，尚安有作福威玉食者！箕子謂「惟辟作」，戒臣無作，得非商之末世權强陵上之俗已成，紂雖肆其暴而威柄已失矣，故其言如此！然而武王、周公亦未果用也，其後周衰，秦漢乃卒用之。

箕子言皇極三德，即堯、舜、禹、皋陶言知人官人也。舜嘗論股肱耳目將一委於臣，而庶頑讒説既先爲法以待之，蓋近於箕子之論，故禹以爲疑，而丹朱之戒進焉。禹以知人官人爲難，皋陶獨言「九德咸事」，則人材無非可用者，而孔任殄行不治自銷矣。蓋人君敬

【一〇】天聰明自我民聰明天畏自我民　「明天」原作「天明」，據文淵閣本、黄本互乙。

【一一】自厚而民服　「厚」原作「後」，據文淵閣本、黄本改。

【一二】吾德以乂　「乂」原脱，據文淵閣本、黄本補。

己之德教，多材而官使之，百世不變之道也。皇極雖多立善意以待其臣，然黨偏已扇，虛僞已張，廉恥已喪，欲救於末流甚難。至於臣自爲威福玉食，則非大刑弗治，非峻防必逾，君德日衰，臣節日壞，是使帝王之道非降爲刑名法術弗止矣，悲夫！

武王即以商封武庚，不私其地，德欲過於湯矣，而武庚不服，管、蔡和之，乃爲家禍，故周公居東，《大誥》作於外，《鴟鴞》賦於中也。

康誥、酒誥、梓材、召誥

紂以力征諸侯，斥大王土，幾爲秦矣。武王誅紂，復立武庚，與之盡其故地，武庚弗從而滅，周公然後以次分封，而同姓多焉。後世謂犬牙相制爲盤石宗，若自守其天下者，非本旨也。

明德，反之言無逸也；慎罰，反之言惡殺也。自人道言之，其性分也；自君道言之，其職業也。

酣歌恒舞，禹、湯有訓矣，蓋國亡而其民以爲戒也。紂之庶群自酒，嗟乎甚哉！國亡而其民猶以爲俗也。

商之貴家舊族終頑不率，周公方爲之營洛，遷以自近而化誨之，召公因是又戒成王疾敬德，蓋與禹、益同意矣。不隨世變而遷，惟聖賢能之。

洛誥、多士、無逸

「惟周公誕保文武受命，惟七年」。蓋特紀其攝也。自歸保相成王後又别紀。

禹言克艱爲聖君也；周公言無逸爲中君也。艱非逸之對也，以艱先之，以逸戒之，以壽誘之，以天懼之，多門禁之，多塗誘之，矻矻乎治道之艱進也！

君奭、蔡仲之命、多方、立政

召公不説無異故，不欲爲相而已周公留之無私説，使後世知成王之時爲有臣如古人之時也。無是臣則無是治，周公之所畏也。

武庚弗順可也，四國多方，胡爲而迪屢不靜乎？以是知紂之存亡爲世道之大變矣。周公雖盡心力以行王道，而自是以後聖人之治終不復作，乃世變之當然，不可不知也。

有夏既迪知九德之行，而周公戒立政，則必用吉士，又曰常人，又專以庶獄爲重，中罰爲宜，豈皋陶之法至是而有所改歟？雖然皋陶之法不可改也，吉士常人失其用，則鄉原出矣。

周官、君陳、顧命、康王之誥

周官官制與《堯典》略同，而命官之意與《立政》異，恐是時治道已成，易於訓飭，若淺者然。當考。

君薨，世子諒陰不言，委政冢宰，免喪而後即阼，古人之達禮也。成王當彌留之際，被冕憑几以其子托諸臣。召公及群公渝恤致文而奉之康王，又使康王報誥之，何忽以位爲重而爲是衰末之舉歟？嗚呼！紂、武庚之時，變故煩矣，管、蔡流言，成王疑慮，道將喪矣，周、召恐懼，師保協心，卒能復成王於德。於是疾病矣，洮頮自力，大延群臣，還以周、召訓己者而訓之，是可謂難矣。是故召、畢變禮傳命於康，儀物粲然，四方風動，爲斯道之在也，位何足言哉！天下，大器也；聖賢，厚積也。所以富是道而出之也，刑政權勢威力，皆道德之棄餘也。如其不然，而曰「文武之道，未墜於地」，則仲尼之徒何述焉！

「無依勢作威，無倚法以削」，成王知所以命君陳矣。然而人材日陋也，世變日下也，皆依勢倚法之類也。

畢命、君牙、冏命、吕刑

成、康再世，皆以商民爲畏，非畏其頑，畏吾不能化也。越三紀而後能化者，待之以道【一三】，而不以刑故也。觀《畢命》而成康之道備矣。後世責道化於旦暮【一四】，孟子謂「惟此時爲然」，恐更當考。

祁寒暑雨，小民之所痛也，文、武、周公所以盡其心而保之也。穆王雖以爲艱，然厭薄形矣，信是道衰也。

按《吕刑》言苗民始爲劓、刵、椓、黥之刑，皇帝報虐以威。疑肉刑非治世所爲，五帝皆聖人，安得因亂國之淫刑而不改也？舜以「流宥五刑」，皐陶「天討有罪，五刑五用」，然則五刑之名古矣。非始於苗也。

《吕刑》爲贖而作，雖大辟皆赦。後世但有官蔭減之法，唐有加役流。當議。

文侯之命、費誓、秦誓

東周命誥，間見於《左氏》，自幽厲治道缺，王命達於諸侯，大抵禮錫之常文也，若詹桓伯之辭，一二而已，王子朝則又甚矣。

魯初封有難，伯禽本以武競。謂後世浸微，殆非周公語。

陳悔過之意，誓於其臣，而以「受責如流」爲群言之首，雖在亂世，是心足以王矣。

天有常道，地有常事【一五】，人有常心，於《書》見之，孔氏索焉，不可不考。《書》稱「若稽古」四人，言「大哉堯之爲君也」，「舜有天下而不與焉」，「禹吾無間然矣」，子夏曰

【一三】待之以道　「待」原作「侯」，據文淵閣本、黄本改。

【一四】責道化於旦暮　「化」原作「也」，據文淵閣本、黄本改。

【一五】地有常事　「地」原作「事」，據文淵閣本、黄本改。

「舜舉皋陶，不仁者遠矣」。故考德者必先四人，其次湯、伊尹，又次文、武、周公，世有差降，德有出入，時有難易，道有屈伸，孔氏以是爲學之統緒，孟子所謂「聞而知」、「見而知」者也【一六】。近世之學，雖曰知見而一出於經，然而泛雜無統，泂洑失次，以今疑古，以後準前，尊舜、文王而不知堯、禹，以曾子、子思斷制衆理，而皋陶、伊尹所造，忽而不思，意悟難守，力踐非實。凡此類當於《書》求之。

【一六】聞而知見而知 「見而知」三字原脱，據文淵閣本、黄本補。

卷六

詩序、周南、召南至豳

作詩者必有所指，故集詩者必有所繫，無所繫【一】，無以《詩》爲也。其餘隨文發明，或記本事，或釋詩意，皆在秦漢之前，雖淺深不能盡當。讀《詩》者以其時考之，以其義斷之，惟是之從可也【二】。專溺舊文，因而推衍，固不能得《詩》意，欲盡去本序，自爲之説，失詩意愈多矣。

《大序》所發明，既爲決定之詞，學者據依。然以《詩》考之，精粗表裏失條流矣。論《風》、《雅》者必明正變，尚矣。夫自上正下爲正，固也；上失其道，則自下而正上矣。自下正上，雖變，正也。《小序》謂「政教失而變風發乎情」，審如其言，則是不足以自正，豈能正人哉！今之所存者，取其感激陳義而能正人，非謂怨懟妄發而不能自正也。舜、皋陶賡歌，風之正也，五子述禹戒而作歌，得爲變乎？

《史記》「古詩三千餘篇，孔子取三百篇【三】」，孔安國亦言「删詩爲三百篇」。按《詩》，周及諸侯用爲樂章，今載於《左氏》者，皆史官先所採定，就有逸詩，殊少矣，疑不待

校勘記

【一】無所繫　三字原脱，據文淵閣本、黄本補。

【二】惟是之從可也　「之」原作「以」，據文淵閣本、黄本改。

【三】三百篇　「百」原作「五」，據文淵閣本、黄本改。

孔子而後删十取一也。又《論語》稱「詩三百」【四】，本謂古人已具之《詩》，不應指其自删者言之也。余於《尚書》，既辨百篇非出於孔氏，復疑《詩》不因孔氏而後删，非故異於諸儒也，蓋將推孔氏之學於古聖賢者求之，視後世之學自孔氏而始者則爲有間，亦次第之義當然爾。

詩序、小雅、大雅、頌、魯頌、商頌

《雅》爲朝廷禮樂政事而作，今考《南陔》、《白華》、《何人斯》、《蓼莪》、《無將》、《大車》、《都人士》、《采緑》、《緜》、《蠻》，往往其人自言一身及一家之事，不必關朝廷。蓋《雅》者，周人所爲詩，亦下兼風土，如豳人之風固上兼朝廷也。

自有生民，則有詩矣，而周詩獨傳者，周人以爲教也。詩一也，周之所傳者可得而言也，上世之所不傳者，不可得言而也。

詩周南關雎以下，召南、鵲巢以下

逑匹，性也，必求其匹是德者以逑之。未得則輾轉反側而不已，既得則鐘鼓琴瑟以友樂之，非欲也，以爲人道之始，非得是人則不可也。

地物之所産，取之則知時，己力之所成，服之則不厭也。非其地物也，非其己力也，後

【四】詩三百　「詩」原脱，據文淵閣本、黄本補。

之有貴於后妃者也。

后妃有德，有本有志，有《樛木》之樂，有《芣苢》之美，故其效爲《螽斯》，爲《桃夭》，爲《兔罝》之武夫，則胡爲亦歸之后妃也？治世必始於家道正【五】，而終於人材多也。

漢之遊女，潔而不求。是詩也，刈蔞秣馬以待之而不敢迫也，猶《關雎》之意也。

《汝墳》之婦人知以夫婦父母爲樂，上雖虐使，而猶無棄本之心意者，道化之力也。

趾，所以踶也；定，所以抵也；角，所以觸也；麟有是三者而非所以爲害也。蓋上以道化調和風俗，王公之子皆以禮義自安，雖貴而不爲暴，若麟然也。此《關雎》之應也。

鵲巢而鳩居之，非鵲所欲也。諸侯則不然，方且百兩以御之，非得是有德者不可以正家故也，亦猶《關雎》之意也。

大夫之家狹，能以禮自防則可矣。

《行露》，獄詞也。

二《南》以家道爲風，自后妃、王女、夫人、大夫妻、士庶妾媵，皆備著之，以明其若是者，《風》之正也。其妻能若是，則其夫子可知也已。

葭蓬方茁，無所蔽隱，弓矢命中，豝豵五獲，而騶虞獨不能害焉。何爲而不能也？獸無害物之心，則身無受害之地故也。蓋謂美之俗既成，民民物物並遊於至和之中，我不害

【五】家道正　「正」原脱，據文淵閣本、黄本補。

物，而物亦莫吾害者，若騶虞之不見獲於田也，此《鵲巢》之應也。夫《麟趾》之不害物，《騶虞》之物不能害【六】，合二者而觀之，王道可得而言矣。

邶鄘

言《詩》者自《邶》【七】、《鄘》而下皆爲變風，其正者二《南》而已。二《南》，王者所以正天下，教則當然，未必其風之然也。《行露》之不從，《野有死麕》之惡，雖正於此而變於彼矣。若是，則《詩》無非變，將何以存？季札聽《詩》，論其得失，未嘗及變。孔子教小子以可群可怨，亦未嘗及變。夫爲言之旨，其發也殊，要以歸於正爾。美而非諂，刺而非訐，怨而非憤，哀而非私，何不正之有！後之學《詩》者，不順其義之所出，而於情性輕別之不極，其志之所至，而於正變强分之，守虛會而迷實得，以薄意而疑雅言，則有蔽而無獲矣。

「仁者不憂」，孔子之言也；「爲最善樂」，東平王蒼之對也。以《詩》、《書》考之，古人固少樂而多憂【八】。蓋聲色遊畋，小人之樂也；仁義道德，君子之憂也。自堯、禹而降，皆然。《栢舟》之仁人，修己既至，道不得行，内無兄弟之據，外有群小之愠，以國兼身，宜其永憂而不樂也。世益以衰，道益以墜，孔子以是爲仁人禍而道將亡也，故常自求其所以爲樂者，而教學者以可樂之地，於是而有孔、顔之樂焉。既以義而憂其君，復以道

【六】「不見」至「騶虞之」二十二字原脱，據文淵閣本、黄本補。

【七】言詩者自邶　「言詩」原作「詩言」，據文淵閣本、黄本乙正。

【八】固少樂而多憂　「固」原作「同」，據文淵閣本、黄本改。

而樂其身，庶幾是道之常存矣，此憂樂之異，考德者所當知也。

《序》：「《雄雉》，衛宣公淫亂不恤國事，大夫久役，男女怨曠，國人患之。」「《匏有苦葉》，公與夫人並爲淫亂【九】。」按衛宣公及夫人淫亂【一〇】，史家具之矣。然歷考諸詩，凡刺怨曠，刺淫亂，必直指事實，未有泛爲微詞以示其意者也。今繫之以刺而已，而繼之者必曰淫亂，是徒以宣公之事實之爾，非是詩之本然也。二篇風寄深遠，指意正平，惜乎以淫亂没之也，故别爲解。

初章言雉飛揚自適，而我懷抱不舒，曾是雉之不若也。言「自詒」者，詩人自歎其不遇而不以怨其君也。次不特自歎，又爲衆君子之不遇者惜之也。又次思是君子而不可得也。卒章厲之以自安於靖退而無所忮，自甘於窮約而無所求，則何爲而不可也。可謂能知義且知命矣。孔子羨「山梁雌雉，時哉時哉！」而以是詩爲男女怨曠歟？

「匏有苦葉」，不可食也；「濟有深涉」，不可不渡也；深則當厲，淺則當揭，各惟其宜也。濟雖盈，不可使濡軌；雉之鳴，自求其牡也；鴈之鳴，日始旦也；士歸妻，及冰未泮也【一一】；舟之招招，豈以人涉而我亦涉乎？我之不涉，蓋有故也。物情之不齊，事會之有由，不可以一律求，不可以一端盡。泛而觀之，反而推之，是詩也，可謂明理而達變矣。立乎亂世而事昏主，應物不倫，揆事失當，上爲國患【一二】，下爲民病，從何刺而不可諫也。

【九】並爲淫亂　「並爲」原脱，據文淵閣本、黄本及《匏有苦葉》序補。

【一〇】按衛宣公及夫人淫亂　此句原脱，據文淵閣本、黄本補。

【一一】冰未泮也　「冰」原作「水」，據文淵閣本及《詩益》卷一改。

【一二】上爲國患　「爲」原作「謂」，據文淵閣本、黄本改。

《谷風》所陳，異乎黄允之妻也。追記嫁時如昨日事，衛之風物宛然在目，女其善於詩者也。

《北風》之怨至矣，然而所怨者天，孔子不怨天。

國之將興必有象，《定之方中》、《緜》、《公劉》雖大小，固皆可見也。

《桑中》、《鶉之奔奔》、《有狐》【一三】、《敝笱》、《溱洧》、《東門之枌》諸篇，正言不隱，播於當時，傳於無窮，其恥大矣，非勸也。

蝃蝀異氣，莫敢指也。懷春之爲正，以其禮言也；懷昏姻之爲刺，以其情言也。

衛、王、鄭

《五子之歌》以弟而怨，《黍離》以臣而閔也。然周自成、康之後，雖王者不興，而諸侯亦無代德，奉其舊典，號召糾合，猶有可爲也。觀周人之詞衰弱如此，德既不足，材又不能，要必資諸侯夾輔而後存，日陵月墜，坐聽風俗之壞而不反，宜其遂爲戰國。

秦汉也【一四】，隱於賤官，《簡兮》、《君子陽陽》也；隱於農圃，《丘中有麻》也；隱於山巖，《考槃》也。苟給衣食，可以樂也。至顔子，養生之具缺然矣，猶樂而不改，故孔子重賢之也。

叔段二詩，美其于田于狩，勸其釋掤鬯兮，智者知其入於死亡之地矣，非爲莊公憂也。

【一三】有狐　「有」原作「雄」，據文淵閣本及《詩序》卷上改。

【一四】秦汉也　三字原脱，據文淵閣本補。

鄭忽再辭齊昏，惡高渠彌，不可謂非賢也。罪在於無君國之材，而又無遯國之節，爲鄭之臣子所扳援而不能去，與突亹等，卒以見殺，致鄭之亂，故詩人賤而刺之【一五】。不然，鄭無靖難之臣，與《黍離》諸詩異，特昭公不知用耳。

《野有蔓草》，思遇賢者也。

齊、魏、唐、秦

《著》壻初揖婦，婦之應也宜緩，故曰「乎而」，非謂齊俗舒緩之體當然也。

殺食取具於國，人之常情，以是爲足矣，於是而憂之，常人之所不能喻也。狃其所易足，忽其所難知，所以爲刺也。

伐彼難伐之木，寘於可載之地，其勞且艱甚矣。君子以爲必如是而後可食也。

貪淫重斂，肆爲威虐，四者天下之巨惡也，敗國喪家亡人者也。故詩人無諱焉。

君子言憂不言樂，然而樂在其中也【一六】；小人知樂不知憂，故憂常及之。若夫《蟋蟀》之詩，知憂而不知樂，則其患亦大矣。故戒之曰「好樂無荒」，猶古人之意也。

衣裳車馬，廷内鐘鼓，所以樂也，知憂，所以節樂也。且積其憂而不知所以樂，禮文政事皆廢矣，將焉用之！孟子所謂爲貉之道者歟！不然，其徵死歟！故詩人以爲「何不日鼓瑟，且以喜樂，且以永日」，甚之也。

【一五】人賤而刺之　「賤」原作「刺」，據文淵閣本、黄本改。

【一六】然而樂在其中　「然而樂」原脱，據文淵閣本、黄本補。

「嗟行之人，胡不比焉？人無兄弟，胡不佽焉？」以是而責行之人，憐其無人也。

武公之衣雖安【一七】，而周之權日去矣。奮其武力而取其所不當得，既而以禮樂藩飾之，此《車鄰》之所以爲樂也。

秦即宗周故地，周自古公至成、康，世有仁義之德，潤澤其民，化成俗定垂千年矣。雖其後德衰，而宣王既已中興，然幽王十餘年，遂爲戎與申侯所滅，宗周遂亡。按序《詩》，晉謂之唐，本其風俗，憂深思遠，儉而用禮，乃有堯之遺風。賈誼亦言「秦轉而爲漢，至於借父耰鉏，慮有德色，母取箕箒，立而誶語，抱哺其子，與公併倨，婦姑不相説，則反脣而相稽」，禽獸之俗猶尚如故。信如序《詩》之言，治國之道，仁義者美成，暴强者惡熟，積習漸靡，民之好尚久而猶存，後人雖欲轉移，未易爲力。然則秦人之詩乃無周之流風遺俗，何也？以《詩》、《傳》考之，周東諸侯之國，尚爲王化所流，德聲仁澤見於歌詠，藹然不絶，安有宗周本根之地，千三百年教化之久，其去而爲秦，未數十年而勇鷙勁强，輕鬭喜殺，乃不復文、武、成、康之髣髴歟？蓋民心無常，惟上所命，從古而然，聖賢所以兢兢業業，日慎一日，未嘗以既成之治、有餘之澤爲可恃也。經師相傳之論，出於想象，失其實矣。

陳、檜、曹、豳

《澤陂》之美人，謂賢者也。《詩》言淫亂，必指其人與事，非人與事，則所謂美人靜女

【一七】武公之衣雖安　「雖安」二字原脱，據文淵閣本、黄本補。

者，皆以賢有德言之也。

逍遥翱翔，大夫自謂也。以道而去，雖其身安，其服不改，然不敢忘其君也。冠其重也，衣次之，韠又次之，若曰「庶見其冠乎，又或庶見其衣乎，又或庶見其韠乎」！

壹，純一也，不二也，有一德者，古難之。伊尹以爲天之所眷求也，而況於人乎！必有是一也，而後可以正四國也。祝之萬年，言其甚難而願其人也。雖然儀與服其外也，詩人以爲可以占其内也。霍光至無識也，猶曰「郎僕射竊識視，不失尺寸」，所以能任漢事也。

亂世非曰無政，然猶洌泉之浸叢草也，其能熟而食乎？故曰「芃芃黍苗，陰雨膏之」，若是者，治世之政也。

繫《七月》者，但曰「陳王業」，而下文云「周公」，詳味其詩，實周公也。君者，衆民之總；國者，衆家之總。是詩也，以家計通國服，以民力爲君奉，自後世言之不過日用之粗事，非人紀之大倫也，而周公直以爲王業，此論治道者所當深體也。武王訪箕子曰「惟天陰隲下民，相協厥居」，《無逸》曰「先知稼穡之艱難乃逸」，古人未有不先知稼穡而能君其民，君其民未有不能協其居者。此詩乃《無逸》之義疏，協居之條目，成王童孺，未有所知，故詳以告之也。《顧命》曰「昔文王、武王宣重光，奠麗陳教則肄，肄不違，用克達殷集大命」，成王蓋守此以命召、畢相康王也。後世棄而不講，其講之者亦自笑其迂淺而無用，乃以勢力威令爲君道，而以刑政末作爲治體。然則漢之文、宣，唐之太宗，雖號賢君，其實去桀、紂尚無幾也，可不懼哉！

孔孟論《鴟鴞》詩，蓋推言之也。正言之，則作室之難，當知所保耳。

《東山》無功名可歌，與《采薇》、《出車》稍異。

周大夫能刺朝廷，且自籩豆衣裳之外無他事，豈當時所謂危疑者，非後世危疑之比乎？然至於以《狼跋》而喻周公，則禍福難易之際，古今亦不相遠，但盛德履之不同耳。

小雅鹿鳴至無羊

自《鹿鳴》至《菁菁者莪》，文、武、成、康之盛備見矣。古人因詩度樂，後世因樂爲詩，蓋以事合政者，德以致之也，以政求事者具之爾。按《棠棣》、《采薇》、《出車》、《杕杜》、《魚麗》、《湛露》、《彤弓》皆詳載事本，餘則缺焉。得無因樂爲詩而以政求事乎？今考其義已明，而師傳未講者，「《南陔》孝子相戒以養」，「《白華》孝子之潔白」，指言孝子，當有其人與其事。「《華黍》時和歲豐宜黍稷」，當有豐年嘉禾之事。「《由庚》萬物得由其道」，「《崇丘》萬物得極其高大」，「《由儀》萬物之生各得其宜」，三篇各以「得」字言之，是其實順生長之理，實無夭閼之患，實遂土地之性，皆知其所以致之之由，非泛然以意言之也。雖其詞亡而繫詩者，既以明著之，不可得而没也。其義雖若未明，而以諸詩參比，則《鹿鳴》當是得此賢人與之燕樂；《四牡》、《皇皇者華》當是王事方急，特命使臣往來王所；《伐木》當感是鳥聲之求友，故於粲灑掃篹肥羜以速親戚；《天保》當是人臣實有爲此詩以祝其君者；《蓼蕭》當是天子巡狩遠方，諸侯群臣喜於德見。皆其時實有此事，詩實有此詞，故因被之樂歌也。若未必有是事而逆有是詩【一八】，出於上則爲具文，出於下則爲虚美【一九】，既非其實，豈能責治？雖後世固然，而成周盛時則不然矣，此尤師傳之所未講也。惟《南有嘉魚》言「樂與賢」，《南山有臺》言「樂得賢」，《菁菁者莪》言「樂育材」；賢材，國命之終始，雖未有是事，亦可以逆爲是詩，上可具文以待之而非豫，下可虚美以祈之而非諂也。今師傳以是義故，併歸一比，隨文解釋，使成周實美晻鬱不章，非所以開後人也【二〇】。然則二《南》不逆爲詩乎？曰：正家之道，始自后妃，終及士庶妾媵，以本先之，以效致之，以瑞應之，主義以教，非逆爲詩之比也。若《葛覃》、《卷耳》，則周之后妃固當有是人賦是詩，亦非逆爲者，嫌不明載耳。

「我有嘉賓，鼓瑟吹笙，吹笙鼓簧【二一】，承筐是將。人之好我，示我周行。」或者師尚父之時乎？何其相與之懿也。

自「周爰諮諏」以下變文，然皆諮訪之義也，而叔孫穆子乃以爲「臣獲五善」，蓋箋傳之學尚矣。

【一八】「有是事而逆」五字原脱，據文淵閣本、黄本補。

【一九】出於下則爲虚美　「於」原作「爲」，據文淵閣本、黄本改。

【二〇】開後人也　「開後」原作「後開」，據文淵閣本、黄本乙正。

【二一】吹笙鼓簧　「吹笙」原脱，據文淵閣本、黄本及《詩·鹿鳴》補。

召穆公思周德之不類，故糾合宗族於成周而作詩，然皆編户齊民兄弟之情也。《麟趾》之公子可以互見。

因伐木鳥鳴而感求友之義，其詞激切殷勤，此必於時事有所激發，今不可見得而見也。

「民之質矣，日用飲食。群黎百姓，徧爲爾德。」所謂「于汝極，錫汝保極」也。《魚麗》「萬物盛多」，孟子所謂「數罟不入洿池，斧斤以時入山林」之效，非自能然也。《南山有臺》言山之有木，凡五章，蔚乎山也。國之人材亦然，盛矣！

厲王流彘，共和行政，天子若家人然，天下不復知有號令矣。故二《雅》詠歌，皆封建、征伐、蒐狩、宫室之事，其一時作起，觀聽赫然，固臣子所喜。至於恩深澤厚，本根有托，敬保元子，綢繆室居，則未可謂知文、武、成、康之義也。故不幸一傳幽王，十餘年而壞千三百年之業，讀是詩者，徒樂其詞而不察其事，則於治道失之遠矣【一二】。「于彼新田，于此菑畝。」宣王急用之，未暇深長也。王安石所言當考，遂爲熙豐政事矣。

厲王久無會朝之禮，《庭燎》所以美宣王也。或未央，或未艾，或有輝，人臣來朝之次弟，蓋皆不失會期也。近世所講殊未然。

宣王力征諸侯，素率從者皆疑不自免，此真衰世之事，《沔水》所以規也。

【一二】失之遠矣 「之」原脱，據文淵閣本、黄本補。

文武之室家，周公賦以《鴟鴞》【二三】。宣王之考室與牧，美矣，未幾而爲《黍離》。豈其無周公之臣歟？不然，何其不思也！

小雅節南山至信南山

《雨無正》、《四月》二篇，西周既滅、東周未遷以前詩也。師傳不考其時，使與他刺同義，誤矣。

小雅甫田至何草不黄

《楚茨》、《信南山》言祭祀，《甫田》、《大田》言稼穡，《瞻彼洛矣》、《裳裳者華》言爵命，《桑扈》、《鴛鴦》、《采菽》言朝會燕饗，皆盛世美詞也。不曰美治世而曰「刺幽王」者，作於亂亡之時，義主怨刺不在追美也。《瓠葉》與《泂酌》同意。

大雅文王至文王有聲

「儀刑文王」所以敬天也，《中庸》謂【二四】「上天之載，無聲無臭，至矣！」斷章取之，歸天道於沖漠，何也？當考。

「肆不殄厥愠，亦不損厥問」，以好惡爲外物，知自修而已。

【二三】以鴟鴞　「鴞」原脱，據文淵閣本、黄本及《詩·鴟鴞》補。

【二四】中庸謂　「謂」原作「爲」，據文淵閣本、黄本改。

虞芮不自克而質其成於文王，文王蹶然動其生，自警也。不以人之歸我者爲己德，而以人之不自克者爲己懼也。

「鳶飛戾天，魚躍于淵」，一氣之動，不知其然而然，詩人以爲皆生意，與他比興不同【二五】。

《思齊》之言文王，人道盡也；《皇矣》之言文王，天德合也。書「若稽古」四人，《詩》則一文王也。其道非惟君之，又師之也。《雅》、《頌》之微言間見一二，通於天理，達於性命，惟於文王發之。《春秋》之名卿大夫士未知擇也，顏、曾始傳之，子思、孟子述焉，後世作聖之學蓋本於《文王》也。盡人道以事天者，聖人也；與天爲一，則學之者過也。

大雅生民至板

美刺規戒，皆實言之，無立義者。「《行葦》忠厚」，「《既醉》太平」【二六】，立義以美也。兄弟具爾，肆筵授几，獻酢賓射，乃燕好之事也，而必以忠厚名者，感盛治而防薄俗也。《角弓》、《頍弁》可謂薄矣，周以之亡；《常棣》、《伐木》，挈而歸之厚，周所以興也。然猶未也，至於《行葦》，則王道備，恩意洽矣，安得不以忠厚名乎？《書》曰「虞賓在位，群后德讓」，《孟子》曰「象憂亦憂，象喜亦喜」，無所感而然者，雖不以忠厚名可也。

【二五】比興不同　「比」原脱，據文淵閣本、黄本補。

【二六】行葦忠厚既醉太平　此八字原作「行葦太平既醉」，據《毛詩序》意當改。

以酒而醉，謂之富可也；以德而飽，則時之太平也。太平守成，可以燕樂矣，而必尸燕，則非縱飲也。聖人之於飲酒，當閉之，未嘗開之也。以德飲，以祀燕，所謂治世也。成王於是能不愆不忘，無怨無惡矣，宜《假樂》之嘉之也。好賢樂士，莫過於《卷阿》之詩矣。雖然「濟濟辟王，左右奉璋」者，文王之盛也。二《雅》之刺，斥言不避，讀之者既皆以爲當爾，而於《國風》乃有異説，是不知以類求詩也。

大雅雲漢至召旻

以《雲漢》之詩考之，厲王所以亡，宣王所以興，憂與不憂而已。憂在事先，致治之大本，古聖人皆出此一塗，憂在事後，雖曰晚矣，尚有及也。

仲山甫之德，曰「柔嘉」，曰「令儀」，曰「令色」，曰「小心」，曰「是若」，蓋德盛者不以剛柔示物也【二七】。然而「柔亦不茹，剛亦不吐，不侮鰥寡，不畏强禦」，則我固爲剛柔之節也。

「既明且哲，以保其身」，言照物之遠，不在危地也，然而必也死生禍福不入其心。自班固以「明哲保身」少司馬遷，而後世相傳，轉爲自安之術，殆於誣德矣。

「德輶如毛」，雖曰「民鮮克舉之，我儀圖之」，而曰「惟仲山甫舉之，愛莫助之」，此伊

【二七】剛柔示物也　「示」原脱，據文淵閣本、黄本補。

尹、周公之所難，而仲山甫能之，吉甫蓋易於言德矣。《中庸》曰「毛猶有倫」，猶以是德爲粗，將復有妙於此者焉，則其言之愈易，恐非聖賢家法也，當考。

自《文王》至《生民》、《篤公劉》諸篇，義則雅而美兼頌矣。

周頌

因詩度樂，《頌》則不然，有樂必有詩也。

「朱弦疏越，一唱三歎」，以《商頌》觀之，無復餘味，信乎其有遺音也。其詞簡，其旨緩，不矜功，不伐德，寅畏保民以對天命，諸頌體皆同秦漢以來告類歸美之詞，未有不誣且慢者【二八】，豈惟其君德薄，亦其臣之不知義也。

《閔予小子》、《訪落敬之》、《小毖》，以《伊訓》比之，是《詩》婉而深矣。

《臣工》、《載芟》、《良耜》，周人之於耕稼，何其遠也！自《七月》、《生民》陳之，至《甫田》、《大田》猶不忘焉。

《振鷺》、《有客》，觀乎周公之待商民也，可以告神明矣。

按《左氏》載逸詩，有事本者惟《祈招》。以《詩》考之，獨文、武、成王、幽、厲、宣王有詩，康王則已無詩，而美詩多作於成王之時。蓋集詩之凡例，專以治亂興亡兩節及中興爲斷【二九】，而義歸於一君之美刺及美刺兼焉者，故康、穆以下至夷王，雖有詩皆不録。疑此

【二八】不誣　「誣」原作「無」，據黄本、文淵閣本改。

【二九】中興爲斷　「爲」原脱，據文淵閣本、黄本補。

西周之後，東周之時所哀次也【三〇】。周以《詩》爲教，置學立師，比輯義類，必本朝廷，況《頌》者乃其宗廟之樂乎！諸侯之風，上及京師，列於學官，其所去取，亦皆當時朝廷之意，故《匪風》之思周道，《下泉》之思治，《簡兮》思西方之人，皆自周言之也。

孔子生遠數百年後，無位於王朝，而以一代所教之詩，删落高下，十不存一，爲皆出其手，豈非學者隨聲承誤，失於考訂而然乎？且又有甚不可者，孔子之先，非無達人，《六經》大義，源深流遠，取舍予奪，要有所承，使皆蕪廢訛雜【三一】，則仲尼將安取斯？今盡掩前聞，一歸孔氏，後世之所以尊孔子者，固已至矣。推孔子之所以承先聖者，則未爲得也。然則孔子言「自衛反魯，然後樂正【三二】，《雅》、《頌》各得其所」，何也？曰：孔子之時上距東遷二百餘年矣。王室愈微，諸侯益横，吴、楚肆暴，天下遂爲戰國。魯、衛舊家往往變壞，文物殘缺，而師摯襄之官淪潰散亡，《詩》、《書》殘亂，禮樂崩逸，孔子於時力足以正之，使復其舊而已，非謂盡取舊聞紛更之也。後世賴孔子一時是正之力，得以垂於無窮，而謂凡孔子以前者皆其所去取，蓋失之矣。然則若是則孔子亦不繫易歟？曰：古卜筮家皆用其所自爲繇，國各有占，人自立説，而象數之學勝，道益以茫昧難明。孔子將以義理黜之，故别爲《彖》《繫》，專本中正，不用象數，所以合文王、周公之本心，蓋一家之學而天下從之，固非删定《詩》、《書》之比也。

【三〇】東周之時　「東」原脱，據黄本補。
【三一】訛雜　「雜」原作「離」，據文淵閣本、黄本改。
【三二】然後樂正　「後」原脱，據文淵閣本、黄本及《論語》補。

魯頌商頌

以師傳考之，季孫行父請命于周而史克作是頌，使其可信，則以天子之命列於頌也。雖不敢盡信，此語必有所自來，不然，則不得爲頌矣。益知若此類者亦非孔子所能裁也。《魯頌》雖比之《雅》爲已薄，然頌而無諂，義歸於正，周之文章尚未失也。「思無邪」，孔子蓋有取焉。後世惟一韓愈號能追三代之文，其詞或髣髴似之，至於道之所在，豈能庶幾也！

師傳以爲微子之戴公禮樂廢壞，正考父得之於周太師。言微子之戴公，似宋人所爲也；言得於周太師，似商之樂章也。疑不敢信，以其詩考之，「帝命不違，至於湯齊，湯降不遲，聖敬日躋」；又曰「不競不絿，不剛不柔，敷政優優，百禄是遒」。使宋人而能爲此詞，則其文獻有傳矣，孔子不以爲不足徵也。

卷七

周禮、儀禮

《周官》獨藏於成周，孔子未之言，晚始出秦漢之際，故學者疑信不一。好之甚者以爲周公所自爲，此固妄耳。其極盡小大，天與人等，道與事等，教與法等，粗與細等，文與質等，無疏無密，無始無卒，其簡不失，其繁不溢，則雖不必周公所自爲，而非如周公者亦不能爲也。此書既成，參以成、康盛時董正治官及命君陳册畢公之詞【一】，猶若未足以盡行其道。又商之傲民亦介於其中，未知何以處之？《畢命》謂「既歷三紀，世變風移」，「旌别淑慝，表厥宅里」，「弗率訓典，殊厥井疆」，豈其初固使之觀治而已，不遽强以必從也？及昭、穆道衰，而君牙、伯冏之流愈不足以行其道，又可見矣。又上考《詩·七月》，周所以興，正家人作苦之事，又《緜》追稱太王，「乃召司空，乃召司徒」，意是時官未必備，官雖備而道未必備也。又《書·康誥》稱「文王明德慎罰，肇造區夏」，直以小心克己爲天命所歸，亦無如是之弘大。蓋周、召之徒因天下已定，集成其書，章明一代之典法，殆堯、舜、禹、湯所無有，而古今事理之粹精特聚見於此，如《詩》、《書》則尚有興壞是非之粗跡

校勘記

【一】册畢公之詞　「册」原脱，據文淵閣本、黄本補。

存焉故也。然余所疑者，周都豐、鎬，而其書專治洛邑，然則鄉遂郊野，興賢勸甿，凡國之政將一斷於是書，而舊都莫之用耶？或舊都國自有法【二】，而一畿之內可以兩治耶？《書》之所不言，不可得考，而周之所以致盛治，則猶有不盡具者，此其爲深可惜也。其後宗周亡滅，而東周之君臣世守此書，然諸侯夷狄方迭爲彊雄，冢官巨列所職【三】，不過行於一城，而微文縟典乃或準於天下，遂以是爲共主四百餘年。然則孔子豈以有其書而不能起其治，故不言耶？不然，則所謂「周監於二代，郁郁乎文哉！吾從周」者，豈即此書也？嗚呼！劉歆、蘇綽、王安石固此書之腥穢，而鄭玄已下又其糠粃爾。

按六卿分職，各以數字之微使歸統敘，一職之內各有條目，使就績用，充其所行，而三才之道無遺憾矣。雖舜、禹、皐陶未能如此詳盡也。其所以爲異者，《舜典》以人任官，而《周官》以官任人爾。余故謂自成、康盛時，其人已不足以盡行其道，然學者於此觀之，當知官有職業，則道可行；知人有職業，則材可成。愈於子思、孟子，猶未免以意言之，豈其亦未見此書也？

舜命司徒止數語，而《周官》諄悉至此，然亦無在數語之外者。堯、舜三代教治皆出於一，但記敘廣略不同耳。學者耽味《舜典》便厭《周官》之煩，及其於《周官》考驗，則井田任土，紛然百緒，窮年白首而不足以有明，視舜語始成胡越也。

《周官》言道則兼藝，貴自國子弟，賤及民庶皆教之。其言「儒以道得民」，「至德以爲

【二】都國　「國」文淵閣本、黄本作「固」。

【三】冢官　「冢」原作「家」，據黄本改。

道本」，最爲要切，而未嘗言其所以爲道者。雖《書》堯舜時亦已言道，及孔子言道尤著明，然終不的言道是何物。豈古人所謂道者，上下皆通知之，但患所行不至耶？老聃本周史官，而其書盡遺萬事而特言道，凡其形貌眹兆，眇忽微妙，無不悉具。余嘗疑其非聃所著，或隱者之詞也。而《易傳》及子思、孟子亦爭言道【四】，皆定爲某物，故後世之於道始有異説，而益以莊、列西方之學，愈乖離矣。今且當以「儒以道得民」、「至德以爲道本」二言爲證，庶學者無畔渙之患，而不失古人之統也。

市所以交易百貨，民生通塞之所由，司市爲之治教禁令甚詳。其言曰：「國君過市則刑人赦，夫人過市罰一幕，世子過市罰一帟，命夫過市罰一蓋，命婦過市罰一帷。」蓋財之所聚，非馳突之所加，利之所在，非觀視之所及也。

「司徒以五禮防萬民之僞而教之中，以六樂防萬民之情而教之和。」而「宗伯以天産作陰德，以中禮防之；以地産作陽德，以和樂防之」。是則民僞者天之屬，民情者地之屬也。僞者動作文爲辭讓度數之辨也【五】，情者耳目口鼻四肢之節也。子産言「人生始化曰魄，陽曰魂」，而儒者因謂體魄則降，知氣在上，又舉季子之言，謂「骨肉歸復於土【六】，命也，魂氣則無不之也」。《易傳》又謂「精氣爲物，遊魂爲變」。故後世皆以魂知爲陽，體魄爲陰。然以《宗伯》之言考之，則魂知者固陰德也，體魄者固陽德也。僞不可見而能匿情，故爲陰；情可見而能滅僞，故爲陽。禮樂兼防而中和兼得，則性正而身安，

【四】孟子亦爭言道　「子」原脱，據文淵閣本、黄本補。

【五】之辨也　「辨」原作「辯」，據文淵閣本、黄本改。

【六】骨肉歸　「骨」原脱，據文淵閣本、黄本補。

此古人之微言篤論也。若後世之師者，教人抑情以徇僞，禮不能中，樂不能和，則性枉而身病矣。

《舜典》言「擊石拊石，百獸率舞，簫韶九成，鳳凰來儀」。《大司樂》言：八變而天神降，六變而地示出。古人皆指其實，不想象而云也。人鬼不言出，鬼固依於人也。古人不以致神示爲難，而以天地神明得其所安爲難，後世反之。

太卜「掌三易之灋：一曰《連山》；二曰《歸藏》；三曰《周易》。其經卦皆八，其别皆六十有四。」古人以八卦占，簭人掌三易，以辨九簭之名。詳此則《周易》之爲三易，别卦之爲六十四，自舜、禹以來用之矣。而後世有伏羲始畫八卦，文王重爲六十四，又謂紂囚文王於羑里，始演《周易》，又謂河出圖，有自然文學者因之有伏羲先天、文王後天之論，不知所本始。按籥章之官掌土鼓、豳籥、歙豳詩，擊土鼓，以逆寒暑，以樂田畯，蓋周之舊樂也。《七月》敘以陳王業，而説者乃以爲周公所作。周公方制禮樂，陳雅頌，以昭先公先王之功德，而自作土風之詩使籥章掌之，可乎？然則《周易》果文王所改作，而後世臣子不以嚴宗廟，參《典》【七】、《謨》，顧乃藏之於太祝，等之於卜筮，何媟嫚其先君若是哉？凡卦之辭，爻之繇，筮史所測，推數極象，比物連類，不差毫髮。獨孔子以爲不然，故孔氏之繫《易》，以爲必如是而測之，由其中正而不以禍福利害亂其心者，此君子之爲《易》也。而學者既不能知，反援孔子之《易》同歸於卜筮，以爲人更三聖，世歷三古而後

【七】參典 「參」原作「叅」，據文淵閣本、黄本改。

成書。嗟夫！學者之自聾瞽，無足怪者，而吾悲其轉相聾瞽於人而未有已也。

掌固「造都邑，則治其固與其守法。國都之竟有溝樹之固，郊亦如之。民皆有職焉」。司險「設國之五溝五涂，而樹之林以爲阻固，皆有守禁而達其道路」。禹、湯以前不知何如？而周司馬之任如此，故雖小侯陋國，各有阻固，不得輕侵，而存者數百千年，孔子亦言「王公設險以守其國」，蓋不如是則無以國爲也。而孟子乃言「域民不以封疆之界，固國不以山谿之險」。此説既行，儒者世祖之。今長淮連漢荆襄，犬牙處綵數千里，無復阻隔，敵之至，我常蕩然，而我之於敵，尺寸不能至也。此今世大議論，有國者不知講以存亡爲戲，奈何？

職方「辯其邦國、都鄙、四夷、八蠻、七閩、九貉、五戎、六狄之人民，與其財用、九穀、六畜之數要，周知其利害」。余嘗疑召公在燕，太公在齊，唐叔在晉，皆爲邊遠，與戎狄鄰接，而江漢之間封建所不至，則周之所自治者固甚狹，而職方所辨乃若是之甚詳，雖漢唐盛時不能，何也？豈姑具之圖籍而實未能統屬耶？周、召之政其必不然。夫辨之詳而責之略，治之狹而服之廣，非德有餘於天下，何以致之！

司寇「以圜土聚教罷民，其能改者反於中國」，「以嘉石平罷民，使州里任之，則宥而舍之」。鄉、遂、縣士之有刑殺者，欲免則王與公卿會其期。司刺「以三法求民情，斷民中」。季康子曰：「如殺無道以就有道，何如？」孔子曰：「子爲政，焉用殺！子欲善而民善矣。」夫周召之用刑，罪有餘而法不足。孔子之論刑殺有窮而生無窮。子思、孟子未足以及此也，而欲以建三典，糾萬民，難矣【八】。

大小行人、司儀所以親待諸侯邦國之禮，學者徒謂其揖讓周旋之美都，不知周、召經紀天下，精神會聚於此。參之以《詩》、《書》所記，則唐虞三代之爲國家，豈有毫髮不盡於人心者哉！蓋其得之未嘗以智力，其守之未嘗不以禮義。此意至周衰惟管仲知之，故其言曰：「招攜以禮，懷遠以德，德禮不易，無人不懷。」齊侯修禮於諸侯，諸侯官受方物【九】。後世之學，專以《春秋》達王道，《詩》、《書》、《周官》取具而已，實自孟子始。又孔子謂管仲「身不由禮，則禮不能行於天下」，故謂之小器。而孟子考之不詳，因亦併廢管仲。然則《周禮》與《詩》、《書》並立，管仲識《周禮》尚存，此恐孟子未知也，學者承誤，不思其中所蔽塞多矣。

大宰「以九賦斂財賄：一曰邦中之賦；二曰四郊之賦；三曰邦甸之賦；四曰家削之賦；五曰邦縣之賦；六曰邦都之賦；七曰關市之賦；八曰山澤之賦；九曰幣餘之賦」。載師「以廛里任國中之地，以場圃任園地，以宅田、士田、賈田任近郊之地，以官田、牛田、賞田、牧田任遠郊之地，以公邑之田任甸地，以家邑之田任稍地，以小都之田任縣地，以大都之田任畺地」。太宰總其法，載師專其任，非二事也。而鄭玄以爲：「賦，口率出泉，今之算泉，民或謂之賦，此其舊名與？」堯、舜三代之治法，任民以地而不責其

【八】難矣　「矣」原脱，據文淵閣本、黄本補。

【九】官受方物　「方」原作「萬」，據文淵閣本、黄本改。

身，故用民之力，豐年無過三日，其愛惜之如此。且賦口率出泉，後世之暴斂，玄乃舉以爲比。玄雖博洽群書，訓釋經義，而不知帝王大意，隨文彼此，輒形箋傳以誤後世，其害甚矣。又載師言「任地國宅無征，園廛二十而一，近郊十一，遠郊二十而三，甸、稍、縣、都皆無過十二，惟其漆林之征二十而五」，蓋視其所任勞逸、獲利厚薄而爲之多少，亦無定法，此司徒之正文也。而儒者爭言古税法必出於十一，又有貢、助、徹之異，而其實皆不過十一。夫以司徒教養其民，起居飲食待官而具，吉凶生死無不與偕，則取之雖或不止於十一，固非爲過也。後世芻狗百姓，不教不養，貧富憂樂，茫然不知，因其自有而遂取之，則就能止於十一，而已不勝其過矣，亦豈得爲中正哉！況合天下以奉一君，地大税廣，上無前代封建之煩，下無近世養兵之衆，則雖二十而一也可，三十而一也可，豈得以孟子貉道之言爲斷耶？

司徒「建邦國，諸公之地，封疆方五百里，其食者半。諸侯之地，封疆方四百里，其食者三之一。諸伯之地，封疆方三百里，其食者三之一。諸子之地，封疆方二百里，其食者四之一。諸男之地，封疆方一里，其食者四之一」。又職方氏「邦國千里封公，以方五百里則四公，方四百里則六侯，方三百里則七伯，方二百里則二十五子【一〇】，方百里則百男」。兩言自五百里至百里，此成周分土之定制也。諸侯之國，三五相因，周之特封者可數，齊、晉、魯、衛、陳、蔡、宋、鄭往往皆自五百里以下，而諸家之論謂諸侯必百里者，妄説

【一〇】則七伯方二百里　六字原脱，據文淵閣本、黄本及《周禮·夏官·職方氏》補。

也。孟子言「周公封魯，地非不足，而儉於百里；太公封齊，地非不足，而儉於百里」。孟子何得不知齊、魯之始封而以百里限之乎！封疆多而食者少，地勢則然，而鄭衆謂「包以附庸」，鄭玄又謂「一易再易，必足其國之用而後貢其餘」者，尤妄説也。且雖王畿千里，亦不過舉封疆言【一一】，安得盡可食之地哉！

《儀禮》所記有司之事，以其所存逆其所不存，當時舉一禮必有儀【一二】，儀不勝記，則何止於此。《顧命》可見。叔孫通朝十月儀，後世有司亦皆如此，只爲不及古人，然亦不可不知也。文多而義少，事淺而防深，雖周、召立制，與後世共由之，而儒者爲學，固宜有煩要博約之異，故孔子謂子夏「無爲小人儒」，子貢「不幸言而中」【一三】，曾子亦言「君子所貴乎道者三」而已。學者之患在於不明統紀，翫此忘彼，守粗遺實，或荒陋不知，忽略不講，既已失之，其細碎太甚者，又以爲先王一微一小皆有精義，錯陳午割，必中法程。然則官司所傳，歷世所行，聖人亦何由盡以爲一己所紛更乎？韓愈又言「惜吾不及其時進退揖讓於其間」。以余觀《儀禮》所記，與《周官》、《禮記》、《左氏》相出入，《詩》、《書》亦互見，鄭玄最通博矣。蓋春秋時周及魯行之尤詳，而他諸侯國亦無不遵用，不知者以相病，不能者以相恥，下至戰國尚存。秦雖掃滅，漢有諸博士所記鄉射、鄉飲、雅歌、驪駒，猶時見一二。董卓敗，曹操興，始盡亡之矣。劉表亦頗欲收拾，而智計之士以爲笑，相率去之。諸葛亮尤懲艾，雖號名續漢統，而不復考尋矣【一四】。是愈之所欲進退揖讓者特衰周春秋諸侯事非文王、

【一一】過舉封疆言　「過舉」原作「舉過」，據文淵閣本、黄本乙正。

【一二】必有儀　「儀」原脱，據文淵閣本、黄本補。

【一三】言而中　「中」原脱，據文淵閣本、黄本補。

【一四】不復考尋　「考」原脱，據文淵閣本、黄本補。

周公盛時也。椒舉曰：「夏啓有鈞臺之饗，商湯有景亳之命，周武有孟津之誓，成有岐陽之蒐，康有酆宮之朝，齊桓有召陵之師，晉文有踐土之盟，君其何用？」楚子曰：「吾用齊桓。」如此等大朝會，殷國徧巡，天下記之，至戰國固在也。《儀禮》者，士之禮，通記大夫諸侯而天子無考焉，何能及三代之彌文縟典乎？

「爲人後者爲其父母報。」傳曰：「何以期也？不二斬也。何以不二斬也？特重於大宗者降其小宗也。」歐陽氏濮議據此，謂「一世之人，苟徇俚俗，諱稱其父母」。按此傳專明大宗，則固有昵比本親、疏薄正統之防矣。歐陽氏既以知禮自許，則當明降詔旨，言「濮安懿王，朕本生父，大宗至重，靡敢顧私，敬不並隆，義有由起。濮國子孫世世嗣王奉祀之禮，務極恭肅，無有慢遠，以稱朕念親報本之意」。然則士大夫豈有異論乎？司馬氏亦不肯自謂不知禮，欲救一時之失，則當建議，言「濮安懿王宜稱皇帝本生親，本生則降於爲後矣。爵命之隆，子不加父，宜於濮國建園立廟，王其子孫世一人主奉祭祀，極於嚴敬，所須並有司爲給」。如此則上無違背《禮經》之過，下無蹈襲衰漢之失，然則朝廷豈有不從乎？今各以末世之行相猜，互以鄙野之事相詆，激成大諍，貽譏百世，猶爲有君子乎？且王珪戒吏以光草議爲抵，是名從同列，而實畏宰相也。曾鞏語修「且無以其所議示人」，是内懼衆譁而外姑以諂修爾，嗟夫！苟且之弊如此，欲禮教之明可得哉！

卷八

禮記

《曲禮》中三百餘條，人情物理的然不違，餘篇如此要切言語【一】，可併集爲上下篇，使初學者由之而入。豈惟初入，固當終其身守而不畔。蓋一言行則有一事之益，如鑑覩像，不得相離也。古人治儀，因儀以知義，曾子所謂「籩豆之事」，今《儀禮》所遺與《周官》、戴氏《雜記》者是也。然孔子教顔淵「非禮勿視，非禮勿聽，非禮勿言，非禮勿動」，蓋必欲此身常行於度數折旋之中。而曾子告孟敬子，乃以爲所貴者「動容貌，出辭氣，正顔色」三事而已，是則度數折旋皆可忽略而不省，有司徒具其文，而禮因以廢矣。故余以爲一貫之語雖唯而不悟也。今世度數折旋既已無復可考，則曾子之告孟敬子者，宜若可以遵用，然必有致於中，有格於外，使人情物理不相逾越，而後其道庶幾可存【二】。若他無所用力，而惟三者之求【三】，則厚者以株守爲固，而薄者以挺出爲僞矣。

按臧孫紇爲季氏廢公鉏，坐以亡，仲尼謂「作不順，施不恕」。叔孫婼言婼有家禍，殺適立庶，誅豎牛，與季氏訟，仲尼稱其不勞不可能。皆有本末【四】，後世可以考信。《檀

校勘記

【一】餘篇如此　「篇」原脱，據文淵閣本、黄本補。

【二】可存　「可」原作「何」，據文淵閣本、黄本改。

【三】而惟三者　「惟」原脱，據文淵閣本、黄本補。

【四】皆有本末　「本末」原作「末本」，據文淵閣本、黄本乙正。

弓》記公儀仲子舍孫立子，乃不敘所由。又記子遊問孔子，孔子亦直云「立孫」而已。辭簡而事略，經傳體雜，義類不通，恐不足以詔後學也。

季武子夷人之墓以成寢，而許其葬，又許其哭。由前則不應有後，由後則不應有前，殆若狂者。使其妄聞，自不當記；就其果然，亦不足記。「合葬非古也」，以人墓爲宮，古乎？

徒欲記古不墳，而謂孔子自稱爲「東西南北之人」，將教人以捨其國而遊，豈聖人之言乎？「士而懷居，不足以爲士矣。」謂不懷居則可謂東西南北之人則不可。無有司而用門人可也，徒欲記古不修墓，甫窆而崩，門人之慢且不材至此乎？先反而虞，禮也。知墓崩而言其往視，可乎？疑此亦非也。《喪服》四制「苴壞不補，墳墓不培」，若雨甚，至漂流棺槨不問，豈通義哉？

《左氏》載子路之死甚詳，孔子聞衛亂，曰：「噫，柴也其來，由也其死矣！」如是足矣。言「醢之」無義，言「遂命覆醢」，尤無義。

申生之死，或以爲《檀弓》敘載簡嚴，非《左氏》可及，此余所不曉。只如《檀弓》之言，何足以周事情，立世教也！

「朝祥而慕歌」，野人之事也。子路何必笑？孔子何必辯？又謂「逾月則其善」，亦非也。

易簀一義，極當商量。據本曾子之學，堅定明篤，雖神已離形而不變異，死生若一致。然且改過甚勇，以正爲終，是後學鑒照準程處也。然君子所貴乎道者【五】，獨分審義，緝熙積實，雖不以此身爲諱過之地，亦不止一生爲改過之用。季氏之行於魯國，垂二百年【六】，自孔子事之，敢亡而不敢絶也。彼之有賜，未知應受與否，若童子以爲大夫之簀而曾子不能知，若童子以爲不宜居而曾子居之至死，曾子之智曾童子之不如，則奚取於學？若曾子疾不暇察，而曾元以非所當養者養其親，使歿不得其正，則奚取於子？然則師友分義之論未定，緝熙積實之功不加，而以隅坐過人之識爲足以斷曾子將亡是非，必有傳聞之誤，後學未可從也。

能執干戈衛社稷而不生，可以勿殤。畏厭溺而死，不可以勿弔。

曾子執親之喪，「水漿不入於口者七日」，自言之乎【七】？曾子方以朋友之義弔子夏之喪明，俄奮而名之，數其三罪，皆人理之所不容者，其暴至此乎？夢奠之言，是時孔子七十三歲，猶歎天下之莫己宗耶？《公羊》又以爲「反袂拭面，涕泣沾袍」，蓋陋儒多若是矣。

問喪亦大節目，曾子遽言「喪欲速貧」，有子又言「夫子失魯司寇將之荆，蓋先之以子夏，又申之以冉有」，鄙俚若此，蓋未嘗接聞魯人師友辯論也。孟子謂「三月無君則弔」，而以不待父母媒妁爲賤者之所爲，以此處喪，其庶幾！

【五】甚勇以正爲終是後學鑒照準程處也然君子所　此句原作「之地亦不止一生爲改過之用王子氏之行於魯國」，據文淵閣本、黄本改。

【六】垂二百年　「二」原作「三」，據文淵閣本、黄本改。

【七】自言之乎　「言」原脱，據文淵閣本、黄本補。

蟜固不知何如人，乃能以齊衰問疾於季氏，記者要當有警於後世。雖然，國有命役，非君賜則無以喪服得免，而士居喪則亦無以問疾於人。往歲與楊氏遇於執政私第，服大功服，坐客皆怪訝。楊問余此義，且言「執政私第又非公門比」。衰功雖於今法不廢從政，然若以公事召，服而往可也，非公事而爲謁，而曰不捨服以爲禮，無怪乎人之不已安也。

《左氏》於韓之戰載秦穆公多雅言，則「愛義遠利」之語宜若有之。然夷吾、重耳入國先後各有死黨，卒相殘戮而後快，則天下固皆知之。而此篇所記則似文公君臣真無意於得晉者，於事殊爲闊遠。或者以禹、益、伊尹皆簒弑，與今言重耳能遜國略同。蓋毀譽過實，常出於儒生之浮文，持是以入德【八】，難矣。

「惟祭祀之禮，主人自盡其敬焉爾，豈知神之所饗？」今世亦多有此論。虞練之主，其親猶在而未神也。其爲神矣，祭必尸以安之，尸之所饗，神之所饗也。詩曰「神具醉止，皇尸載起。鼓鐘送尸，神保聿歸」，焉有饗而不知者乎？使其果然，則主人有時而不敬矣。

按《書》稱「克明俊德，以親九族，九族既睦，平章百姓，百姓昭明，協和萬邦，黎民於變時雍」；「睿哲文明，温恭允塞，玄德升聞，乃命以位」；「后克艱厥后，臣克艱厥臣，政乃乂，黎民敏德」。皆先自身始而施之於民，然後其民以和報之。周豐乃言「墟墓之間，未施哀於民而民哀；社稷宗廟之中，未施敬於民而民敬」。夫墟墓則固已施哀，而

【八】持是以入德　「入」原作「議」，據文淵閣本、黄本改。

社稷宗廟則因已施敬，不啻諄諄然矣，豈爲末哉？《書》又稱「克寬克仁，彰信兆民」，而諸誥言文王之德爲尤詳。然則豐謂「無忠信誠慤之心以涖之」，可乎？聖人之道一也，謂虞、夏有餘而殷、周不足，俗儒之淺説也。余記陸氏兄弟從朱吕氏於鵝湖寺，爭此甚切。其詩云：「墟墓生哀宗廟欽，斯人千古最明心。大抵有基方作室，未聞無址可成岑。」噫！徇末以病本，而自謂知本，不明乎德而欲議德，誤後生深矣！

「虞人致百祀之木可以爲棺槨者斬之，不至者廢其祀，刎其人」，此語甚害理。既稱「即位而已爲椑」，安得既崩而方斬木？所斬不已多乎？不然，所廢幾祀，所刎幾人，其禍若是烈耶！

仲尼之畜狗死，使子貢埋以席。孔子雖貧，何至於無蓋？而師友所講，亦何必在狗馬之間？學者因是謂聖人之道微賤不遺，而傳襲訛謬【九】，至使人主近臣而以狗馬自比，乞憐惟蓋之餘，希恩簪履之敝。孟子所謂「妾婦之道」，又其下者，蓋從惜鄙夫皆若是也。

君在諸臣之家，非其所從而欲以客弔不辟，非禮也。「閽人爲君在，弗内」，禮也。入厩修容，以外飾求勝，非禮也。使「卿大夫皆辟位」，禮歟？使君降等揖己，非禮也。且容當何修？飾當何盡？進趨不當僞，衣冠不當改也。子貢方人，曾子三省，非如戰國之士卑屈其君以爲名者，其非二子所爲，決也。

【九】傳襲訛謬　「襲」原作「裂」，據文淵閣本、黄本改。

按《論語》原壤夷俟，孔子繩之甚嚴。使其喪母而歌，乃爲弗聞而過之，可乎？且壤何至逆人理若此，亦傳者過也。

曾子既以七日不入水漿自言，而樂正子春又以五日不食爲悔，師弟子之學，矯情而求名若此。使其果然，則禮之壞必自是始，其不然也。

世之學者於《檀弓》有三：好古明變，推三代有虞，一也；本其義理，與《中庸》、《大學》相出入，二也；習於文詞，謂他書筆墨皆不足進，三也。以余考之，則多妄意於古初【一〇】，膚率於義理，而謇縮於文詞，後有君子，必能辨之。

《王制》一篇，當時蓋欲施用，而博士諸生考論之所成，異於各以見聞記録者，故比諸篇頗爲斟酌，亦有次弟。然孔子時周衰而未亡，聖人之力尚能合一以接唐、虞、夏、殷之統，故其所述皆三代之舊。至孟子時，六國並雄，則周已亡，但未滅耳，其所欲行於當世，與孔子已稍異。不惟孟子，雖孔子復出亦不得同矣。秦滅漢興，酈食其請立六國後，而張良以爲非。及文帝初，賈誼所言者，正朔、官名、色上黄、數用五而已【一一】。中年誼已死，新垣平得用，始有作王制、封禪、巡狩之説。夫堯、舜三代以禮讓守天下，而類禋、封禪、巡狩皆爲實治。漢以兵取，以力守，而儒生學士欲以虚文追還帝王之道耶？然則治後世之天下，而求無失於古人之意，蓋必有説，非區區陳跡所能干也。

以五帝、五神、五行十日分配四時【一二】，不知何所起？蓋吕不韋之妄也。士無所見

【一〇】於古初　「初」原脱，據文淵閣本、黄本補。

【一一】用五而已　「已」原作「以」，據文淵閣本、黄本改。

【一二】分配四時　「時」原脱，據文淵閣本、黄本補。

而附於夏秋之中，尤無義。夫天地之功用見於五行，微而性命，粗而事物，無所不在，若四時各得其一，機緘不運，塊然窮獨，何名造化？其謬無足言者，而讖緯陰陽轉相資佐，異説滋章，道降政厖，因以不及矣。

以曾子問禮及《雜記》諸禮與《儀禮》考之【一三】，益知其所謂「籩豆之事則有司存」者，蓋曾子之所厭而不講也。雖然，籩豆，數也，數所以出義也。古稱孔子與其徒未嘗不習禮，雖逆旅茇舍猶不忘，是時禮文猶班班然行於上下，知者將棄之矣。貫而爲一，孔氏之所守也，執精略粗，得末失本，皆其所懼也。

又據《禮運》稱仲尼、言偃所論，與孔子在時言禮全不合。孔子之言甚簡，直下不立冒子，治亂只在目前，何嘗有道行道隱之別、大同小康之辨！蓋後學不能以身行禮，浮辭汎説而已。犂彌謂「孔丘知禮而無勇，請以兵劫之」，末俗之病禮者皆如此。又曰「魯人之皐，數年不覺，使我高蹈，唯其儒書以爲二國憂」，後世之病儒者皆如此。要是禮一日不行即一日壞，惟義數之在書冊者尚可傳，義禮之在人心者猶不泯，故顏、曾欲反而求之於心，子貢、遊、夏之徒欲求之於書，孔子皆指其偏失處，至明至切，然終以分散而不可復合者，禮已壞而不行，行之又無所因故也。

鄭玄解「經禮三百」謂「《周官》三百六十」，「曲禮三千」謂「今禮」【一四】，玄所謂「今禮」者，指言禮之時非漢時也。然則《周官》安得皆以「經禮」言？而著《禮器》者安得別

【一三】諸禮與儀禮考之　「禮」原作「理」，又考下脱「之」，據文淵閣本、黄本改；又補「之」。

【一四】曲禮三千謂　「曲」下脱「禮」，「千」下脱「謂」，據文淵閣本、黄本補。

稱「今禮」？經禮者，五禮之條目也。曲禮者，條目中之曲折也。孔子嘗言「誦《詩》三百，不足以一獻」，孔子告伯魚學《詩》與禮各有時，其學各有業，責專對於《詩》則可，責一獻於《詩》非所責也。後人失孔子之意，又以傳聞言之，在《禮記》中【一五】，如此類極多，學者不能察，誦説既深，自成障礙，於道難矣。

禮樂刑政其極一也，所以同民心而出治道也。按孔子言「安上治民莫善於禮，移風易俗莫善於樂」，初不及政刑。然言「道之以政，齊之以刑，民免而無恥」，則前於孔子固已純任政刑矣。今以禮樂刑政融會並稱，而謂其不二，則論治之淺，莫甚於此。其舍禮樂不用，而以刑政爲極功，儒者之過也。

「人生而靜，天之性也，感於物而動，性之欲也」。但不生耳，生即動，何有於靜？以性爲靜？以物爲欲，尊性而賤欲，相去幾何？

《大學》言「致知在格物，物格而後知至」，而此言「物至知知，然後好惡形焉，好惡無節於内，知誘於外，不能反躬，天理滅矣」，則是知與物均爲不善，此躬何自而反，天理烏得而存？甚矣儒者怵于言道，而不知道之所從也！

宰我曰：「吾聞鬼神之名，不知其所謂。」子曰：「氣也者，神之盛也；魄也者，鬼之盛也。合鬼與神，教之至也。衆生必死，死必歸土，此之謂鬼；骨肉斃于下陰爲野土，其

【一五】在禮記中　「禮記」原作「記禮」，據文淵閣本、黄本及《禮記》書名乙正。

氣發揚於上爲昭明，焄蒿悽愴，此百物之精也。神之著也。因物之精，制爲之極，明命鬼神以爲黔首，則百衆以治，萬民以服。聖人以是未足也，築爲宫室，設爲宗祧，以别親疏遠近，教民反古復始，不忘其所由生也。衆之服自此，故聽且速也。」按「子路問事鬼神」，子曰：「未能事人，焉能事鬼。」「敢問死」，曰：「未知生，焉知死！」學者之記，以爲孔子絶神怪而不言。然《周官》宗伯「掌建、天神、人鬼、地示之禮，以佐王建保邦國」。大司樂「以樂九變八變致神示而禮之」。蓋自有天地即有人與鬼神。人與鬼神異道，各不相知，而爲國家者必尊事之以自建保。子路欲以一己之智慮求鬼神死生之説，窮其所從，以爲辨而已，宜孔子之不告也。而此篇乃載宰我、孔子之問答，尤爲誕淺而不經。且生生而死死，人道相續；冥冥而昭昭，神道常存。焉有待人死之氣而後爲神，待人死之魄而後爲鬼者乎？骨肉爲土，氣爲昭明，使神道之狹果如此，豈足以流通於無窮乎？古之爲國家者，凡天地山川之神靈，崇祀嚴祭，罔敢怠忽。若祖禰宗廟，特以子孫相爲依憑，然其享之有數，立之有紀，近則死道未純，遠則恩所不及，固與世之神明有間矣，烏得雜而並稱哉？儒者見理不明，而好言其不可知者。季札稱「骨肉歸復于土，魂氣無不之」，謂不以反葬勞人也。子産稱用物精多則魂魄强，故有精爽以至於神明，不謂神明待魂魄而後爲也。《禮運》稱「體魄則降，知氣在上」，謂復在上，葬在下也，猶不直以魂魄爲神鬼。而《易傳》稱「精氣爲物，遊魂爲變，是故知鬼神之情狀」，則直以魂魄爲鬼神。而此篇「骨肉斃于下陰爲野土，其氣發揚於上爲之昭明，焄蒿悽愴，此百物之精，神之著也，因物之精，制爲之極，明命鬼神以爲黔首則」，又因前人之言而轉失之，則鬼神遂止於魂魄，而鬼神之常道隱矣。孔子既於《易》言「鬼神害盈而福謙」，明示天下以人神感通之理，而答子路以「未能事人，焉能事鬼」；「未知生，焉知死」，則人道立而鬼神可安，人職盡而生死爲一，非故絶而不言也。

觀《經解》所言，當時讀書之人甚陋已如此，固難以責後人也。然則周、召既亡，大道釐析，六藝之文惟孔子能盡得其意，使上世聖賢之統可合。自子思、孟子猶有所憾，則如《經解》所言，亦其常情，但後學緣此墮處不少爾。

「師爾過而商也不及」，「子産猶衆人之母【一六】，能食之，不能教」。語全没交涉，但令子産受抑爾。又言「敢問將何以爲此中」，愈疏闊矣。

按詩稱禮、樂，未嘗不兼玉帛、鐘、鼓，孔子言：「禮云禮云，玉帛云乎哉！樂云樂云，鐘鼓云乎哉！」未有後語，其意則嘆當時之禮樂，具文而實不至爾。然禮非玉帛所云，而終不可以離玉帛；樂非鐘鼓所云，而終不可以舍鐘鼓也。《仲尼燕居》乃以几筵、升降、酌獻、酧酢不必謂之禮，而以言而履之爲禮，是則離玉帛而言禮矣。以綴兆、羽籥、鐘鼓不必謂之樂，而以行而樂之爲樂。是則捨鐘鼓而言樂矣。按孔子稱「先行其言而從之」，則言而履之，未知其果能行也。言與行，如形影不可相違也，離言以爲履，離行以爲

【一六】猶衆人之母　「猶」原脱，據文淵閣本、黄本及《禮記·仲尼燕居》補。

樂，言與行不相待，而寄之以禮樂之虚名，不惟禮樂無所據，而言行先失其統。然後世之言禮樂者，未嘗不出於此，則天下遂無復禮樂矣。

《孔子間居》又有五至、三無、五起之論。按子張問士「何如斯可以從政矣」。子曰：「尊五美，屏四惡，斯可以從政矣。」論治立標目莫切於此矣【一七】。若五至、三無、五起，則浮立而無用。又以樂爲無聲，禮爲無體，喪爲無服，既不自明其所言，而所稱於《詩》亦非也。古人之於道，一二言而止。禮至《禮運》【一八】、《禮器》、《樂記》、《祭法》、《祭義》、《仲尼燕居》、《孔子間居》、《坊記》諸篇，鋪敘始末，多逾數百千言，然使言而無間，則讀之者易知，知者易行，行者不倍矣。如其有間而强牽合之，黑白易位，以無爲有，則所誤大矣。

「天命之謂性，率性之謂道，修道之謂教。道也者，不可須臾離也，可離，非道也。」此章爲近世言性命之總會。按《書》稱「惟皇上帝降衷於下民」，即「天命之謂性」也，然可以言降衷，而不可以言天命。蓋物與人生於天地之間，同謂之命【一九】，若降衷則人固獨得之矣。降命而人獨受則遺物，與物同受命，則物何以不能率而人能率之哉？蓋人之所受者衷，而非止於命也。《書》又稱「若有恒性」，即「率性之謂道」也，然可以言若有恒性，而不可以言率性。蓋已受其衷矣，故能得其當然者，若而有恒，則可以爲性。若止受於命，不可知其當然也。而以意之，所謂當然者率之，又加道焉，則道離於性而非率也。

【一七】莫切於此　「莫」原脱，據文淵閣本、黄本補。

【一八】禮至禮運　「禮」原脱，據文淵閣本、黄本及《禮運》篇名補。

【一九】同謂之命　「謂」原作「會」，據文淵閣本、黄本改。

《書》又稱「克綏厥猷惟后」，即「修道之謂教」也。然可以言綏，而不可以言修。蓋民若其恒性而君能綏之，無加損焉爾。修則有所損益，而道非其真，道非其真，則教者强民以從己矣。且古人言道，順而下之，「率性之謂道」，是逆而上之也。夫性與道合可也，率而謂之道，則以道合性，將各狥乎人之所安，而大公至正之路不得而共由矣。孔子曰：「誰能出不由户，何莫由斯道也！」夫由户而出，雖無目者亦知之，況有目乎！以此喻道，可謂明而切矣。而此章曰「道也者不可須臾離，可離非道也」。夫自户而出，則非其户有不出者矣。今曰不可須臾離，則是無往而非户也。無往而非户，則不可須臾離者有時而離之矣。將以明道而反蔽之，必自此言始。

「故君子戒慎乎其所不睹，恐懼乎其所不聞，莫見乎隱，莫顯乎微，故君子慎其獨也。」按子張問行，孔子曰：「立則見其參於前也，在輿則見其倚於衡也【二〇】，夫然後行。」夫以爲我之所必見，則參前倚衡，微孰甚焉！以爲人之所不見，則不睹不聞，著孰甚焉！其義互相發明。《記禮》中與聖人不牴牾如此類者甚少，雖《中庸》、《大學》亦不過三四爾。但繫於天命一章之後【二一】，功用牽綴，不能弘通。學者若專一致力於此，以慎獨爲入德之方，則雖未至於道，而忠信篤敬，所立堅定矣。

「喜怒哀樂之未發謂之中，發而皆中節謂之和。中也者，天下之大本也；和也者，天下之達道也。致中和，天地位焉，萬物育焉。」按《書》稱「人心惟危，道心惟微，惟精惟

【二〇】則見其倚　「其」原脱，據文淵閣本、黄本及《中庸》補。

【二一】但繫於天命一章　「但繫」原作「繫但」，據文淵閣本、黄本乙正。

一,允執厥中」,道之統紀體用卓然,百聖所同。而此章顯示開明尤爲精的。蓋於未發之際能見其未發【二二】,則道心可以常存而不微,於將發之際能使其發【二三】,而皆中節,則人心可以常行而不危,不微不危,則中和之道致於我,而天地萬物之理遂於彼矣。自舜、禹、孔、顔相授最切,其後惟此言能繼之。《中庸》之書,過是不外求矣。然患學者涵玩未熟,提持未審,自私其説,以近爲遠,而天下之人不得共由之,非其言之過,而不知言者之過也。此道常在,無階級之異,無聖狂、賢不肖之殊,皆具於此章,但不加察爾。

子曰:「道之不行也,我知之矣【二四】。知者過之,愚者不及也。道之不明也,我知之矣。賢過之,不肖者不及也。人莫不飲食也,鮮能知味也。」按孔子稱「師也過,商也不及」,「然則師愈歟」? 曰「過猶不及」。夫師之過,商之不及,皆知者、賢者也。其有過、不及者,質之偏,學之不能化也。若夫愚、不肖,則安取此道之不明與不行,豈愚、不肖者致之哉? 此害猶小,不過涉道寡淺而已。今將號於天下曰:「知者過,愚者不及,是以道不行。」「賢者過,不肖者不及,是以道不明」。然則欲道之行,必處智、愚之間矣。欲道之明,必處賢不肖之間矣。且任道者,賢與智之責,安其質而流於偏,故道廢;盡其性而歸於中,故道興。不肖者何爲哉? 合二者而並言,使賢、智聽役於愚、不肖,而其害大矣。「飲食知味」自爲一章,猶足以教世也。若繫此章之下,是以賢、智、愚、不肖同爲不知味者,害尤大矣。此中庸之賊,非所以訓也。

【二二】能見其未發　「見」原作「使」,又脱「未」,據文淵閣本、黄本改;又補「未」。

【二三】「則道心」至「使其發」十九字原脱,據文淵閣本、黄本補。

【二四】我知之矣　「我」原脱,據文淵閣本、黄本及《中庸》補。

仲尼曰：「君子中庸，小人反中庸。君子之中庸也，君子而時中；小人之中庸也，小人而無忌憚也。」子曰：「中庸其至矣乎！民鮮能久矣。」詳孔子稱中庸至德民鮮能之意，凡當時所謂君子，蓋不以中庸許之矣。而此章乃言「君子中庸，小人反中庸」，則是凡當時所謂君子者，舉皆以中庸許之，而非鮮能也。夫許君子以中庸而時中，濫於善猶可也。小人爲惡，何所不至，而必以反中庸言之，亦將濫於惡乎？且其言至於「天下可均，爵禄可辭，白刃可蹈，中庸不可能」，若是其嚴【二五】，則凡所謂君子者，固亦不以中庸許之矣。天下將輕棄難能之中庸，而樂從易能之無忌憚者，此言爲之也。雖然孔子不許其當時君子之中庸，何也？孔子於善惡是非之反，固皆以君子小人對稱之，中庸而獨無對者，其德至矣，聖人盡心焉爾。嗚呼！儒者失孔子之意，不擇而易言之，後世學者又過信之，輕重失倫，虚實無統，而中庸之道卒無所明矣。漢人雖稱《中庸》子思所著，今以書考之，疑不專出子思也。

「舜好問而好察邇言，隱惡而揚善，執其兩端，用其中於民。」按《書》稱舜告禹「人心惟危【二六】，道心惟微，惟精惟一，允執厥中，無稽之言勿聽【二七】，弗詢之謀勿庸」，此章因其言而失之，且使兩端執而後可用中，則《洪範》所謂建皇極者，豈其銖舉而寸量之哉？孔子於堯舜獨贊君道，至《禮記》及《孟子》始與學者同辭，疑亦非孔氏本指也。

「君子素其位而行，不願乎其外」，「素貧賤行乎貧賤」，可也【二八】；「素富貴行乎富

【二五】若是其嚴　「其」原脱，據文淵閣本、黄本補。

【二六】按書稱舜告禹人心惟危　「舜告禹」原作「禹告舜」，據文淵閣本、黄本及《書·大禹謨》乙正。

【二七】無稽之言勿聽　「聽」原作「用」，據文淵閣本、黄本及《書·大禹謨》改。

【二八】可也　原脱，據文淵閣本、黄本補。

貴」，不可也。「在下位不援上」，可也；「在上位」止於「不陵下」【二九】，未盡其義也。

《論語》稱「君子無所爭，必也射乎，揖讓而升，下而飲，其爭也君子」。孟子稱「仁者如射，射者正己而後發，發而不中不怨勝己者，反求諸己而已矣」。《中庸》乃言「射有似乎君子，失諸正鵠，反求諸其身」。雖若不異，然以人爲主，則有得乎於物，以物爲主，則無得於人。故君子可以似射，而射不可以似君子。若果子思之言，恐其義亦未精也。

九經雖與八統略同，然周、召知其所以一而用之於八，故爲平治。中庸未知其所以一而用之於九，則爲弱政矣。

孔子自言學不厭，教不倦，「發憤忘食，樂以忘憂」。《中庸》自「祖述堯舜」至「故曰配天」，其言宏大崇高，大抵贊頌之極辭也。後世贊頌聖人，自無所害。然近世乃以聖人之學爲當如此，却無下手處。孔子言「能近取譬」，最當商量。

孔子雖曰「中庸之爲德，其至矣乎！民鮮能久矣」，及其與顏、閔之徒問答講習，乃無所考。又庸字古稱「弗詢之謀勿庸」，「自我五禮有庸哉」，「生生自庸」，「庸庸祗祗」，「民功曰庸」，《左氏》「無辭有庸」，《孟子》「利之而弗庸」，《喪服四制》「此喪之中庸」，大抵爲用、爲利、爲實、爲常之義。《周官》「以樂教國子，中、和、祗、庸、孝、友」，然則中庸之爲德，豈其此類也歟？古人之教德，必先立其義，教成則德成矣，故曰「直而温，寬而栗，剛而無虐，簡而無傲」。教立於此而德成於彼，非以義理爲空言也。子思之疏釋曰「君子

【二九】止於　「止」原作「之」，據文淵閣本、黄本改。

之中庸也，君子而時中」，又曰「擇乎中庸而不能期月守也」，又曰「回之爲人也擇乎中庸」，又曰「中庸不可能也」，又曰「庸德之行，庸言之謹【三〇】」。夫以爲時中則不待庸也，以爲庸德庸行則不待中也。然則中庸之爲德，果一乎，果二乎？後世無所據執而以意言之，雖服膺拳拳，不敢失墜，而以義理爲空言之患未忘也，此亦學者之所當思也。

治天下國家，唐虞三代皆一體也。修身以致治，堯、舜、禹、湯、文、武皆一道。周豐《表記》所言，乃有高下，後世相因，遂爲忠、質、文之論，漢以後循環救敝之説盛行於世，譬如五穀絮帛，饑寒者不能衣食，方且坐而評量美惡之寧，其身之死亡而不悟，亦足悲也！按《堯典》已稱「協和萬邦」，《舜典》「萬邦黎獻」，傳説已稱「王人求多聞，時惟建事，學於古訓乃有獲」。然則堯、舜、禹、湯之前，道固常行而學固常明也。鴻荒太古，上德下德，老莊之徒始爲放言，而後世亦有風氣始開，先天後天，十三卦開物成務之論。夫所貴乎儒者，得古人之意，續統紀以貽後人。奈何效諸子隱士轉相增飾，重爲斯道蔽乎？雖孔子盡力補綴，由周以前尚多缺遺，然則堯、舜以前無孔子，其爲鴻荒太古，何足怪也！「天下有道則行有枝葉，天下無道則辭有枝葉」，對看雖甚好，然孔子稱「斯民也，三代之所以直道而行也」。春秋戰國以來，言之害道者固多，而行之害義者亦不少。枝葉之行，恐亦後學以意言之，更須細考。

按經傳諸書，往往因事該理，多前後斷絶，或彼此不相顧。而《大學》自心意及身，發

【三〇】庸德之行庸言之謹　原顛倒爲「庸言之謹庸德之行」，據文淵閣本、黄本及《中庸》改正。

明功用至於國家天下，貫穿通徹，本末全具，故程氏指爲學者趨詣簡捷之地，近世講習尤詳，其間極有當論者。《堯典》「克明俊德」，而此篇以爲自明其德，其修身、齊家、治國、平天下之條目，略皆依仿而云也。然此篇以致知、格物爲《大學》之要，在誠意、正心之先，最合審辨。《樂記》言「知誘於外，好惡無節於內，物至而人化物」，知與物皆天理之害也，余固以爲非。此篇言誠意必先致知，則知者心意之師，非害也。若是則物宜何從？以爲物欲而害道，宜格而絶之耶？以爲物備而助道，宜格而通之耶？然則物之是非固未可定，而雖爲《大學》之書者亦不能明也。程氏言「格物者，窮理也」，按此篇，心未正當正，意未誠當誠，知未至當致，而君臣父子之道各有所止，是亦入德之門爾，未能窮理也。若窮盡物理，矩矱不逾，天下國家之道已自無復遺藴，安得意未誠、心未正、知未至者而先能之？《詩》曰：「民之靡盈，誰夙知而莫成！」疑程氏之言亦非也。若以爲未能窮理，則未正之心，未誠之意，未致之知，安能求之？又非也。所以若是者，正謂爲《大學》之書者自不能明，故疑誤後學爾。以此知趍詣簡捷之地未求而徒易惑也。按舜「人心惟危，道心惟微」，孔子「非禮勿視，非禮勿聽，非禮勿言，非禮勿動」，皆不論有物無物。子思「喜怒哀樂之未發」，非無物，「發而皆中節」，非有物，三章真學者趍詣簡捷之地也，其他未有繼者也。今欲以《大學》之語繼之，當由致知爲始，更不論知以上有物無物，物爲是物爲非，格爲絶格爲通也，若是則所知靈悟，心意端一，雖未至於趍詣簡捷之地，而身與天下國家之理貫串通徹，於此諸書之言，前後斷絶，彼此不相顧者，功用之相去遠矣。坐一「物」字或絶或通，自知不審，意迷心誤【三一】，而身與國家天下之理滯窒而不閡，大爲學者之害，非余所敢從也。

「所謂誠其意者，毋自欺也，如惡惡臭，如好好色，此之謂自謙」，「自謙」字誤【三二】，不知本書當用何字。大學之端，莫先於致知，所知既審，則意之所形與心之所發直至於善，不待好惡爲佐使矣。正心亦然。「身有所忿懥」，「身」當作心字。《孟子》言：「君子所性，仁義禮智根於心，其生色也，睟然見於面，盎於背，施於四體，四體不言而喻【三三】。」不更開截分段。蓋根心生色，則本有源，枝葉自然無不備矣。若致知之道既已卓然，而猶懼意之有欺，心之有忘，顧步畏影，怵惕不暇，而天下國家之理孰從而明之？是必其知未致而然也。故知致而意誠者，不期誠而誠也，不曰某道能誠之也，意誠而心正者，不期正而正也，不曰某道能正之也。

「心誠求之，雖不中不遠矣，未有學養子而後嫁者也」，此言至切，施於當事者，對病之神藥，照形之明鏡也，自不以首尾次第論。如必待齊家、治國、平天下而後用之【三四】，則有所繫縛，效反不得專矣。所謂大學者，以其學而大成，異於小學，處可以修身、齊家，出可以治國、平天下也。然其書開截箋解，彼此不相顧，而貫穿通徹之義終以不明。學者逐逐焉章分句析，隨文爲説，名爲習大學而實未離於小學【三五】，此其可惜者也。

【三一】意迷心誤　「心」原脱，據文淵閣本、黄本補。

【三二】自謙字誤　「自謙」原脱，據文淵閣本、黄本補。

【三三】四體不言而喻　「四體」原脱，據文淵閣本、黄本補。

【三四】平天下而後用之　「平天下」原脱，據文淵閣本、黄本補。

【三五】實未離　「實」原脱，據文淵閣本、黄本補。

卷九

春秋隱至莊

孟子言《春秋》魯史記之名，孔子作以代天子誅賞，故曰「知我者其惟《春秋》乎！罪我者其惟《春秋》乎！」孟子去孔子纔百餘歲，見聞未遠，固學者所取信而不疑也。今以《春秋》未作以前諸書考詳，乃有不然者。古者載事之史，皆名「春秋」，載事必有書法，有書法必有是非。以功罪爲賞罰者人主也，以善惡爲是非者【一】，史官也。二者未嘗不並行，其來久矣。史有書法而未至乎道，書法有是非而不盡乎義，故孔子修而正之，所以示法戒，垂統紀，存舊章，録世變也。然則「春秋」非獨魯史記之名，孔子之於春秋，蓋修而不作。且善惡所在，無間貴尊，凡操義理之柄者，皆得以是非之，又況於聖人乎！乃其職業當然，非侵人主之權而代之也。然則《春秋》者，實孔子之事，非天子之事也，不知孟子何爲有此言也。意者以是書接禹、周公，有大功於世，其道卓越，欲揭而異之乎？雖然，考索必歸於至實，然後能使學者有守而不夸，後世之所以紛紛乎《春秋》而莫知底麗者，小則以《公》、《穀》浮妄之説，而大則以孟子卓越之論故也。

校勘記

【一】爲是非者　「者」原脱，據文淵閣本、黄本補。

《公》、《穀》，按漢人以爲「末世口説流行之學【二】」，見於其書者又有尸子、魯子、子文子之流。自經術講於師傅而訓故之説行，《書》以義，《詩》以物，《周官》以名數，《易》以象，《春秋》以事以例，大抵訓故之類也。口授指畫，以淺傳淺，而《春秋》必欲因事明義，故其浮妄尤甚，害義實大。然則所謂「口説流行」者，乃是書之蠹也。至漢爲學官，後世相師，空張虚義，雖有聰明之士，終不能髣髴，而以科舉腐餘之説爲聖人作經之極致矣，哀哉！

《左氏》未出之前，學者惟《公》、《穀》之聽，《春秋》蓋蕪塞矣。孟子雖曰「天子之事」，司馬遷聞之董生，雖曰「禮義之大宗」，然本末未究而設義以行【三】，吾懼褒貶之濫及也。既有《左氏》始有本末，而簡書具存，實事不没，雖學者或未之從，而大義有歸矣。故讀《春秋》者不可以無《左氏》，二百五十五年明若劃一，無訛缺者，捨而他求，焦心苦思，多見其好異也。若然則《春秋》非《左氏》不成書歟？曰非也。孔子謂夏、殷禮吾能言之，杞宋不足徵。夫《春秋》非《詩》、《書》比也，某日某月某事某人皆從其實，不可亂也。今將以實事詔後世，而學者無徵焉。顧使《公》《穀》浮妄之説宛轉於其間乎？故徵於《左氏》，所以言春秋也。始卒無舛，先後有據，而義在其中，如影響之不違也。嗟乎，不降其心，難矣哉！

周自昭穆之後，君德雖衰，紀綱法度故在，厲王大壞矣，猶曰釋位共和而間王政，未有

【二】口説流行　「口」原作「日」，據文淵閣本、黄本改。下文「口説流行」爲原文。

【三】然本末　「本」原脱，據文淵閣本、黄本補。

以霸統者也。及周亡東遷，平、桓欲自振不能，而齊莊、僖稍已鳩諸侯，荊亦始大，遂有桓、文之事，而吴、越起東南，天下之變故繁矣。故《春秋》因諸侯之史，録世變，述霸政，續《書》、《詩》之統緒，使東周有所係而未失。蓋世之治，道之行，而事之合乎道；世之亂，道之廢【四】，而事之悖乎道。皆其勢之固然，書其悖謬以示後世；皆森然具之，豈待察其所以而後知也？《太史公自序》「察其所以，皆失其本已」。此其大旨也。以孔子之言考之，「管仲相桓公，九合諸侯，不以兵車，一匡天下，民到於今受其賜，微管仲，吾其被髮左衽矣，如其仁，如其仁」。所謂「其事則齊桓、晉文」者，此《春秋》之楨幹也。又曰「天下有道，則禮樂征伐自天子出；天下無道，則禮樂征伐自諸侯出【五】。自諸侯出，蓋十世希不失矣；自大夫出，五世不失矣；陪臣執國命，三世希不失矣。天下有道，則政不在大夫；天下有道，則庶人不議」。《春秋》書法備此數者，因其出也，見其失也，反其在下，遏其横議，此《春秋》之繩墨也。至於凡例條章，或常或變，區區乎衆人之所爭者，乃史家之常，《春秋》之細爾，學者不可不知也。

古者一正朔，國自爲年，其月則天子之月也。三代各有正，《左氏》所謂「周正月」，釋非夏正也。

《左氏》之稱書、不書、不言、不稱之類，必其所疑也。《公》、《穀》所謂不言、不書之類，非其所疑也。

【四】世之亂道之廢　「亂道」原作「道亂」，據文淵閣本、黄本乙正。

【五】「天下無道」至「自諸侯出」十三字原脱，據文淵閣本、黄本及《論語·季氏》補。

按《左氏》所言書法，皆舊史文，其經孔子特修者，皆别異之。孔子自言「吾猶及史之缺文」，蓋是時學者已浮於古矣。所貴於孔子者，貴其存古，非貴其作古也。於其義有所不盡者發之，理有所害者更之，則亦不得而已，然不以此爲功也。既已修定，則舊史之書法即孔子之書法，故凡《左氏》所釋，悉本舊文而時見新義，後有君子，當以是考之，庶幾不以實事爲空文也。以空文爲實事，其害淺，易正也，質之以實則信矣。以實事爲空文，則其害深而難正，以爲雖實猶弗信也。

凡《左氏》、《公》、《穀》敍事本皆同者，皆當時之所謂大事，天下所通知者也。以隱公一書言之，隱公攝位、鄭伯克段是也。隱公不終其爲君，當時共信之，世獨疑其不然，故余以爲害深難正者此類也。

《左氏》釋「稱鄭伯，譏失教」，最得書法之意。段失弟之道，已無可言，如鄭莊公者，亦能知殺弟之不可，然志在於勝之，故不稱其所命將，而以親克爲文，蓋即所其不爲者責之，以爲猶可責也。若曰「知不可殺，豈不可教」云爾。《公》、《穀》皆言「殺段」，蓋當時相傳以爲死。

「君子以督爲有無君之心而後動於惡，故先書弑其君」。《左氏》釋先後之義精矣。《公》、《穀》亦自以爲精義，然皆不切事情之詞也，故余以爲浮妄多此類。此桓公書敍事本皆同者。

「蔡侯、鄭伯會於鄧」,《左氏》以爲「始懼楚」,《公》、《穀》弗知也。

文姜,齊襄公未殺以前爲齊而往者六,既弒如齊者一,如莒者再,蓋自桓公固與之如齊,以此見殺,莊公之立,生十四年矣。《春秋》於其所悖謬而書,未有如文姜之詳者也,於莊之初立以孫絶之者,父讎也。因其出,或饗或會,别而著之者,母恩也。異義所以兼明,子道也。《猗嗟》之詩曰「刺魯莊公」。嗚呼! 莊公可刺也,以爲失子之道,則非也。

紀侯見滅,《公羊》以爲百世可以復讎,此固妄也。就以其言,哀公雖紀侯所譖,而周所誅,是併讎周也。天子在上而讎之,曰「無明天子」,且併讎周,《春秋》又從而賢之,賢其藉古怨讎今主,而滅人國乎?

「不修《春秋》曰雨星不及地尺而復,君子修之星霣如雨」。不修《春秋》指《魯春秋》耶? 雖陋何至是。

楚始以荆見,《左氏》無辭,疑若始狄而後國之,《公》、《穀》或可以立義也。《商頌》曰:「撻彼殷武,奮伐荆楚。」《鄭語》荆子熊嚴,楚蚡冒【六】。蓋荆楚兼稱,在春秋之前矣。宋萬弒君,《三傳》載事本皆同,據《左氏》則弒君實在前也。

復會於鄄,《左氏》謂「齊始霸」,一語而已。至敘晉文,則事辭諄複。又管夷吾治於高傒,亦不過一二言。若狐偃、趙衰,書庸多矣。蓋齊桓、管仲之行事暴著於天下,當時無不知者,故《左氏》不殫載也。

【六】鄭語荆子熊嚴楚蚡冒　此九字,據文淵閣本、黄本改爲小字。

春秋閔僖文

「季子來歸」，「齊仲孫來」，「齊高子來盟」，當時魯難，倚重此三人，故特字而貴之。此一時史法而孔子因之，不待二百年後方復追字其人也。凡悉本舊文，明證皆如此【七】，但讀者不考耳。

「鄭人所爲賦《清人》」，故曰「鄭棄其師」，亦當時書法也。

平王既亡岐豐，至是山戎、狄、楚競起，無齊桓幾失中原矣。書「伐山戎」，書「救邢」，書「次」，書「城」，皆美事也。城楚丘，《左氏》以爲魯諱，於《春秋》之法，宜若著齊及諸侯者。然亦不改，以爲外美未重於國諱也。

「侵蔡，蔡潰，遂伐楚」。古者善惡是非皆出於實，其行一塗，未有爲之名以借於外，使實惡而名善者也。爲是者則始於召陵，自是道德大壞，百世不復，以桀紂之實，假湯武之名，雖聖人復生，不能救也。悲夫！《孟子》曰：「久假而不歸，惡知其非有也？」害德莫甚於假，愈久則愈喪耳，焉能有乎？

周封曲沃，其柄已盡矣。及王世子爲會，綴君位於齊，逆父子理，而周不復有命令矣。或曰襄王嫡也，子帶亂也，樹嫡出亂，非《春秋》法歟？昔王季愛文王，而太伯去之，周是以興。不能考古人之德，而欲用《春秋》之法，宜王道之遂廢也。

【七】明證皆如此　「證」原脱，據文淵閣本、黄本補。

救邢，寧母、管仲語可紀者三焉，然召、畢之風盡矣。自是以後凡仗信秉禮以成其利心者皆假也。處士諸生又別爲陰謀之書，於是申、商、韓非之術並興。

孟子屢言五霸，按《春秋》無五霸，若併數夏、商，則其名存，其事軼，當考。

「君子不重傷，不禽二毛。古之爲軍也，不以阻隘也。寡人雖亡國之餘，不鼓不成列」。《公羊》以爲「雖文王之戰不過此」，語未可非也。以宋襄公言考之，當知古人行兵用師與後世絕異，《易》所謂「否臧凶」，於此驗也。

晉文公譎而不正，齊桓公正而不譎，桓、文之事以二字蔽之，蓋齊桓猶未至於用譎也，晉文無不譎者矣。

仲尼曰：「以臣召君，不可以訓，故書曰『天王狩於河陽』，言非其地也，且明德也。」《左氏》特舉此，見孔子改史之義，明其他即用舊文也。後世不知，以爲盡孔子作，且不信《左氏》，一一箋釋，虛實皆失，事義俱亂，不惟不足以知聖人，又不知古有史法矣【八】。

殽之戰，秦穆公作誓，録其一時受責之義可也。若其事則不過奪攘報復而已，何足以興王者之治乎？

《湛露》、《彤弓》之對，甯俞婉而正矣，是故禮不可以徒具也。

臯陶、庭堅不祀，忽諸？　姜嬴、荆芊何以代姬？　暴强而已，史伯之言過也。

公子遂，魯之賊，載事者所貶也。衡雍之盟，免於晉討，三日之間又盟。雒戎弭難消

【八】又不知　「知」原脱，據文淵閣本、黄本補。

患，見貴一時，故再書以顯之，此亦當時史法也。

求車求金，但曰「非禮」，不盡其義也。天王之法無求，愈疏闊矣。雖不當事，苟有禮焉，書也。當時書法之重如此也。

敗狄于鹹，《三傳》載略同。言「特敗一人」，《公》、《穀》誤也。楚聘椒叔，彭生譏其傲也，吴季子則賢矣。秦聘術而公子遂以爲無陋，於是而秦始能聘歟？然則當時禮文之事，至魯而後定也，禮之定可也，禮之具如之何？

「郕降於齊師，秋，師還」。「晉人納捷菑於邾，弗克納」。還者，能自還也。弗克者，能自克也。捨惡反善，《春秋》之道一而已矣。蓋善之而非貶也。「梁亡，自亡也」，亦不待貶矣。

春秋宣成

趙盾、趙穿之事，當時天下共知，《三傳》所載無異。蓋董狐特立此義，與他史法不同，舉世從之，雖孔子不能易也。然而聖人亦自以爲太重，而傷趙盾之慮不詳，被以此名不得辭也。故曰「惜也，越竟乃免」。蓋人之所嚴者，孔子之所寬也。後世乃以盾爲實弑其君，曰《三傳》之妄説也。嗚呼！《左氏》之書不知有《公》、《穀》者，在前故也。《公》、《穀》在後，不知有《左氏》者，僻陋故也。兼不相知其事同者，天下之通見聞也。今反以爲妄而疑之，非以實事爲空文乎？學者所患，因書而爲道，書異而道異，故書雖精，於道猶離也。以道爲書，書異而道同，折衷其然與不然而後道可合也。然則世之言《春秋》者，因書而爲道者也。

「公及齊侯平，莒及郯，莒人不肯，公伐莒，取向」。操平人之心，俄變而爲伐取，天下皆是也。「虞芮質厥成，文王蹶厥生」，顧不敢當也。今也平人，不肯，又伐取之，文王其不可見乎！

公子友自閔之初，魯喜其來歸，始執國柄，行父繼之，至宣之末，歸父與君謀欲去三桓，以張公室，未成而逐，七十年爾。父子皆忠力，而君威已卑，私權已勝，爲上下所患苦。於是箕子三德之言驗矣，至襄季年，宿取亡，幾不敢歸國，則魯亂矣。成距歸父之逐，垂五十年，又二十七年而昭公出亡【九】，蓋百四五十年間，月引日長，化忠力而爲僭篡，則箕子所謂「害於而家，凶於而國」者也。雖然，諸侯之無天子，至是已久，則倒持之禍，勢亦當然，若夫家臣，不足道也。

五體，尋經傳，以《左氏》言考之，舊史法章大煩直，志在懲惡，而不足以勸善【一〇】，聖之所修，微晦婉美，懲惡而能勸善者也。後世説《春秋》，正用舊史法耳，以其不求諸《左氏》也。孔子曰：「人而不仁，疾之已甚，亂也。」又曰：「予所否者，天厭之，天厭之！」聖人之志於此可見，烏有以苛刻繳繞成書者乎【一一】？

【九】又二十七年　「又」原作「及」，據文淵閣本、黄本改。

【一〇】不足以勸善　「勸」原作「懲」，據文淵閣本、黄本改。

【一一】成書者乎　「成」字原脱，據文淵閣本、黄本補。

春秋襄

雞澤之會，大夫始盟；溴梁之會【一二】，大夫專盟。自此諸侯失權，霸統不可復合。《左氏》但紀事實，不論世變，固失之矣。然以其事考之，高厚歌詩不類，輯睦威懷，豈無道焉？而荀偃遽使大夫盟，喜怒自由，誠偃之罪也。雞澤之會，諸侯既盟，陳始告服，不盟則非成，再盟則瀆，於是使大夫盟之，一時之事不得不然，雖知道者欲不爲之變，而其勢有自來矣。禹會諸侯，防風後至，執而戮之。成湯之慙，仲虺雖賢，不能識也。故孔子以爲「禮樂征伐自諸侯出，十世希不失」，至是而諸侯不可以無大夫，蓋由幽王以下，何止鷄澤、溴梁之積也！學者於一日求之，失孔子旨矣。

鄬之會，蔡、鄭始懼楚；郯之伐，季文子始懼吴。吴、楚均以夷狄病中國，然楚之抗衡也久，更齊桓、宋襄，晉霸累世，迭成敗，狎主盟，終於春秋，絶之不得而絶也。吴暴興一隅，至夫差始爭霸，其事尚淺，故《春秋》終外之，特書會書及，書以國而不人，不使與楚齒。蓋進其不可絶，非曰予之。至其猶可外，則無爲内之也。此《春秋》之志也。嗚呼！孔子暮年，疢心疾首於吴矣。

宋之盟以弭兵爲事，用極而鈍，亂極而息也。舜、禹班師，舞干羽，君臣相戒，兵猶不可用，況可弭乎？人紀壞，道統滅，皆始於宋之盟。自是以來，號爲治世，不過弭兵而已。

【一二】溴梁　「溴」原作「湨」，據文淵閣本、黄本改。

此又世變之大者，賈誼所謂「足反居上，首顧居下，倒懸」者也。至唐太宗窮追遠討，乃云「雪恥酧百王，除兇報千古」，斯又悖矣。

春秋昭定哀

「琴張聞宗魯死，將往弔之。仲尼曰：『齊豹之盜，而孟縶之賊，汝何弔焉？君子不食姦，不受亂，不爲利疚於回，不以回待人，不蓋不義，不犯非禮。』」自周衰，上無道德以一天下，士各爲私義，矜其所善以害至公。如琴張、宗魯，其初皆一種見識，孔子所爲明道教人，正以開闡此義，但患學者承接不去耳。此又非止性分上功夫，惟顔、閔、仲弓、冉伯牛爲孔子所同，外此雖曾子知道，亦未能盡其義，子路之流固不論也。故《春秋》書「齊豹盜，三叛人名」，獨此爲改正舊史，發明大義。其他凡後世所言《春秋》之法，千條萬端，皆浮辭贅説也。

書「王室亂」，「居皇」，「入王城」，「立王子朝」，「以王子朝奔楚」，其文核而不隱，豈孔子意哉？蓋因史耳。

「以濫來奔」，求名而爲不義，不求名而爲貪，後世之敝無不然，害教之大者，此道之所以喪也。故曰「微而顯，婉而辨」。若亂臣賊子，則其法素具矣，不待聖人也。

古者君薨，百官總己聽於冢宰三年，逾年而即位者，後世之變禮也。雖舒疾異，然必行即位之禮。以《左氏》考之，不行即位之禮者皆有故，行其禮則史書之，不行則不書，此簡策之常文【一三】，非立義也。昭公之喪以六月癸亥至自乾侯，而戊辰書即位，即位不日者，必其朔也。稱戊辰者，失朔而實其日也，皆常文也。

齊豹爲衛司寇，守嗣大夫，作而不義，其書爲盜，蓋以大夫應書，黜而盜之也。故孔子曰「以吾從大夫之後」，明大夫之尊也。孟子曰：「大夫有賜於士，不得受於其家，則往拜其門。」按陽虎雖執國命，而家臣也，所以臨士者以其勢耳，不得稱大夫。書曰「盜竊寶玉、大弓」，正應爲盜非黜之也。

仲由爲季氏宰，將墮三都，真若張公室者，蓋陽虎既亂，因其欲也，而孟氏弗從。然孔子非能掃三桓而更之，欲其循於禮而自服耳。故季桓子受齊女，廢朝謁，而仲尼去魯矣。《左氏》敘孔子及弟子事不如其他雜説之詳，且子產、晏子始末尚備載無遺，安得於仲尼反更疏略？然則諸家傳聞辭，波流蕩溢，或不可盡信也。

「西狩於大野，叔孫氏之車子鉏商獲麟，以爲不祥，以賜虞人。仲尼觀之，曰『麟也』，然後取之【一四】」。《左氏》所載獲麟事不過如此。使其果如師己之駭鸜鵒，則安得缺而不言？況《春秋》之作，於麟何預？自七十子之徒未有稱者，特經生陋儒故張大之，非義理所止也。

【一三】此簡策　「此」原作「比」，據文淵閣本、黄本改。

【一四】然後取之　「之」原脱，據文淵閣本、黄本及《左傳》哀公十四年文補。

卷十

杜預序、左傳隱至僖

杜預言「《春秋》魯史記之名」，凡例爲周公垂法，釐析經文以從五體，及「感麟而作，止於所起」。大抵用舊語略相武合，就其新意，非實義也。然於《左氏》用力深久，故能使後世淺俗野誕之説十去七八。使學者由此而進，所造益深，則於《春秋》大意差不遠矣。不然非余所知也。

攝必有當立者，桓非當立，蓋隱之意云爾，故魯人不以隱爲不終君，而篡弑之禍作。古之讓者皆逃之，隱猶據位，其德削，其慮偽矣，然則非讓之能殺身也。

壬戌天王崩，赴以庚戌，故書庚戌。陳侯再赴，併書甲戌、己丑。古人策書乃立此法，蓋察獄者以疑疑，作史者以信信，皆慎也。信其所信，慎也；信其所宜，慎之至也。言必有所從受也。其後書法稍失，或因所聞遂記之矣。

交質，色然大物甚可畏，昔人以澗毛行潦明之，其理微矣。平王之德如此，宜周不復振也。

周任去惡之論，蓋謂自心與作事，罪過處當力鋤治斷絶，使善道增長。後世反施之於人，豈惟不能去惡又助惡矣？

義士非武王，《書》惟三監淮夷，雜説及有伯夷、叔齊不食周粟之事。然周内史以爲能諫君以德，則遠矣。

季梁、宫之奇、士會、晏嬰語略同，「所謂馨香無讒慝」，真古人之格言，成周典刑未遠也。

周衰，秦以力，楚以詐，始變三代之治爲暴彊之國。自桓二年蔡、鄧懼楚之後，楚人經營次第可考。

顓考叔、曹劌、燭之武【一】，皆自草莽起，以人材見於春秋。《左氏》載劌皆忠信禮義之詞，後世雜説，始有盟柯劫齊桓事【二】，司馬遷遂列於刺客之首。是時東遷未百年，人材雖陋，未至便爲刺客，遷考之不詳也。然所以爲遊士夸詡流傳【三】，則必有故。宋㮚説一辭令之善，臧文仲遽許以宜爲君，疑若過。然古人言必應行，春秋時蓋猶然耶？然子産有辭，則所賴者亦辭而已矣【四】。

《左氏》於隱、閔不即位曰「不書」，莊僖曰「不稱」，一字亦較計，其釋經要處纔三數字，非苟作也。學者何惜不細讀【五】。

齊桓、管仲但爲情欲不制，無正心、誠意、修身、齊家之功，喜怒用師，無不殄厥愠，不

【一】燭之武　「燭」原脱，據文淵閣本、黄本補。

【二】始有盟柯　「柯」原作「格」，據文淵閣本、黄本改。

【三】夸詡　「詡」原作「語」，據文淵閣本、黄本改。

【四】所賴者　「賴」原作「損」，據文淵閣本、黄本改。

【五】何惜　「何」，黄本作「可」。

隕厥問之德爾。至於貪土地，自封殖，行詐謀，逞威虐，如晉文者蓋皆無之，故天下載其行事，後世想其風烈。司馬子魚曰「齊桓存三亡國以屬諸侯」，晉寺人披曰「齊桓公置射鉤而使管仲相【六】」，筮史曰「齊桓爲會而封異姓」，齊國佐曰「五伯之霸也，勤而撫之」，楚靈王曰「吾用齊桓」。至孟子時三百年矣，所記者葵丘之盟而已。孔孟方挈王道而卑桓、文。若夫自周襄至於後世之君臣，蓋未有如齊桓、管仲者，宜孔子以爲正而不譎如其仁也。

輕宮之奇曰「懦而不能强諫」，又曰「達心則其言略」。惲汲黯曰「好直諫」。然則伊、傅、周、召不足以爲亂國昏君之臣矣。人材之等差亦視世道之升降歟！

封建之時貢而不税，享其禮，不食其利，奉上薄矣。及德衰則貢已不入，使唐虞三代之仁義不如後世之詐力也。南征事更宣不治，而管仲問之，固已迂闊。處士諸生乃以仲爲權謀之祖，何歟？

荀息貞有餘而道不足，併敗四君，晉幾亡，去張良遠矣。

韓簡謂「物生而後有象，象而後有滋，滋而後有數」。善敗先成於人而象數應之，非龜筮自能爲吉凶，其理甚正，不使術家妄並行也。

鄧之會至是，鄭始朝楚，齊桓之力也。

伊川，王城近地，平王初遷，周之禮教不行，而辛有歸過於野人，蓋不切矣。至是百餘年，秦、晉乃遷戎焉。是周人終不能教，不惟不能教，且併棄其地而不能治也。載事者反

【六】晉寺人披曰　「寺」原作「事」，據文淵閣本、黄本及《左傳》二十四年文改。

記辛有之言以爲驗，然則所謂見微知禮者【七】，固若是歟。「有大功，無貴仕，其人能靖者與有幾？」按上世官人任賢，皆無此論【八】，此令尹子文之新説也。自後浸淫皆然，而尚德之風衰，蓋雖有以一二見意者，終不能反矣。嗚呼！楚人用詐之敝，爲百世無窮之禍歟！

杞以夷爲子，其在東夷、北狄、西戎、南蠻，雖大曰子，其説與書法合。范蠡曰：「昔吾先君，固周室之不成子也。」然則吴、楚、越雖土地大而周未嘗加爵命，史但以夷狄之例子之，故曰「不成子」也。若匹夫單人以材自立者亦得爲子，則所謂子者，蓋進之也。

狐偃「求諸侯莫如勤王」，晉侯辭秦伯，納襄王，霸業實始於此，與荀彧勸曹操拒袁紹事意略同。詐謀日開，假托日盛，王道之遂亡，正孔子所惡，而孟子與堯、舜、湯、武同稱，蓋釋義不盡也。

展禽事僅一見，無子産鋒鋭之氣，純於義理，與事相麗，意順辭正，宜齊侯不戰而自卻也。孔子稱柳下惠「三黜不去」，「降志辱身」。而孟子併伯夷明「不屑去就」之論，又以制行清和，各有所主，而爲百世之師。然則孟子固推言之，非若孔子指其實也。教人以人，而不使之安其實，則德浮而材不才，不可不察也。《國語》又有爰居、逆祀二事。

《左氏》敘晉文君臣求霸，以信、義、禮行之，如醫用急藥療急病【九】，一病必應一藥。孟子又分別驩虞、皥皥，不知王霸之道果然否？

【七】知禮者　「者」原脱，據文淵閣本、黄本補。

【八】「有大功」至「皆無」二十三字原脱，據文淵閣本、黄本補。

【九】急藥療急病　「急」原脱，據文淵閣本、黄本補。

「説禮樂，敦詩書」，不知竟如何？ 抑以禮樂詩書爲藩飾詐力之具耶？ 抑詩書禮樂之道果可以滅詐力而立仁義耶？

城濮之戰宛然戰國，楚漢間事，與齊桓迥殊。不謂時如此之亟，至策命侯伯又不止楚、漢，莽、操之風見矣，譬之詐力，如魚肉既成羮胾，小小錯綜以禮義，猶鹽梅【一〇】醯醬調和之【一〇】，吁！ 可畏哉！

晉侯驕肆不已，又召王使狩，孔子亦爲諱之，悲夫！ 悲夫！ 酖衛侯，圍鄭皆在既盟之後，與曹操、司馬懿何異！

甯武子、子家羈一等人。

秦穆公不知求霸，委柄晉侯，反爲役使，又不自克，過計襲鄭，晚矣，卒以致敗，雖能悔過，未可語道也。

左傳文至宣

「閏三月非禮」，「歸餘於終」，當考。《漢志》言閏當在十一月後【一一】。

晉責衛不朝，先且居曰「效尤，禍也，請君朝王」，是時猶能以責人者自責，其後不然矣。

「孤實貪，以禍夫子」，秦穆公以爲人之所以罪孟明者，實在於己，其悔信矣。 然亦未

【一〇】鹽梅 「梅」原脱，據文淵閣本、黄本補。

【一一】漢志言 「漢」原脱，據文淵閣本、黄本補。

能終不貪也。

使狼瞫知義，果如此則安用怒？「君子如怒，亂者遄沮；君子如祉，亂庶遄」矣，詩人本謂不當私喜怒爾，非謂怒而不亂也【一二】。

垂隴之役，士穀與盟，晉方獎勵人材【一三】，使當諸侯，一時史法，以爲堪其事而多之，豈知其後大夫專盟乎？當與雞澤、溴梁並觀。

躋僖公，臧文仲曷爲聽之？其餘蓋不足責也。以是知末世雖君子立人之朝，心知其非而事有不能盡者矣。《魯頌》曰「皇皇后帝，皇祖后稷」。是時史克作頌未久，當是後人所稱爾。此事通國舉世皆以爲非，故陽虎以從祀祈福，然則奚取於魯人之知禮也？「卿不書，爲穆公故，尊秦，謂之崇德」，殆孔子所修之法耶？然素服悔誓，終用孟明，當時要自推重此事，或者史家特表意之也。

哀三良事，何用縷縷言之？豈古人不以殉爲非而獨以良爲不可以殉耶？然宋文公始用殉，謂「華元樂舉不臣」，則固未嘗許殉也。

「日衛不睦，故取其地」，遂及九功之德皆可歌。當春秋時，《詩》、《書》之教行而明其義者益衆，然略用其淺者傳一時事而已。管仲曰：「戎狄豺狼，不可厭也；諸夏親暱，不可棄也；晏安酖毒，不可懷也。詩曰：『豈不懷歸，畏此簡書。』簡書，同惡相恤之謂也。請救邢以從簡書。」前一行人舉，似言語終別。

【一二】非謂　「非」原脱，據文淵閣本、黄本補。

【一三】晉方　「晉」原作「俊」，據文淵閣本、黄本改。

「頃王崩，周公説與王孫蘇爭政，故不赴。凡崩薨，不赴則不書，禍福不告亦不書，懲不敬也」。天子崩，雖不赴，諸侯無不書之理。史立此法最横不義，蓋無周矣。孔子因之，不能改也。杜預以此類元爲「經國常制，周公垂法，史書舊章」，可乎？

「宋華耦來盟，其官皆從，《書》曰宋司馬華孫，貴之也」。孔氏之法，大夫不備官，故曰「官事不攝，焉得儉」，然則此特魯史所貴也。

史佚有言曰「兄弟致美」，「不如「死喪之威，兄弟孔懷」。

季文子所謂舜舉十六相，去四凶。十六相即二十二人耶？四凶即驩、兜、共工、鯀之儔耶？驩、兜等雖姦慝害政，然其不肖何至如此？乃污堯朝居大位而不能去哉！蓋傳習之誤，聞聽之浮，春秋時已然。出秦火後者何怪也！

華元敗師見獲，逃歸，其材與節皆喪矣。雖役人歌之，而君子無貶辭，將以所長蓋其短耶？然則人材之所至，要亦未易論也。

趙盾弑君事，余既於經發之【一四】。按盾在晉本末可考，《左氏》具載，董狐以故立法貴之，使受弑君之惡，不特其事無疑，而其理亦易見也。後世乃以盾爲真弑君者，非惟不信傳，又併盾本末皆不信。如此，則是古書無復可信，學者將何所執守？蓋由不知《春秋》法本舊史法，舊史之所嚴爲《春秋》之寛故也【一五】。故再舉此，庶學者深思之爾。

楚子伐陸渾，觀兵周疆，遂有問鼎之事，周之既亡不待至赧矣。徒以諸侯角立相持故

【一四】於經發之　「之」原脱，據文淵閣本、黄本補。

【一五】舊史之所嚴　「舊史之」原脱，據文淵閣本、黄本補。

僅存耳。方周初遷，自其王城數十百里外不能復有，而秦、晉共遷陸渾，蓋以拒塞楚道，爲己扞蔽，棄周於外，使坐受攻逼，不亡何待？然以楚人欲爲不敢之心觀之，使周之君臣有一二人能舉威柄，明舊典，收四疆而正治之，指麾諸侯以屏逐戎狄，則齊晉安得迭霸，而中原何至於日蹙，哀哉！

泄冶之殺，自後世而論，以爲忠諫被禍，蓋盛節也，而非孔子所貴，故曰「民之多辟，無自立辟」。然則聖人之所謂仁智，弘矣。

荆尸事已見莊公，蓋通國大舉，凡在後屬之民皆用之矣，故鄧曼以爲「豈不知楚師之盡行」，其君雖卒，而鬬祈、屈重除道梁溠，盛軍威以臨之，隨人懼而行成。而士會所言，亦謂「商農工賈不敗其業，而卒乘輯睦」。大衆遠征，最爲難事【一六】，而内外有紀如此，故以不可敵也。

「右轅，左追蓐，前茅慮無，中權後勁」，及「晉車七百乘，韅、靷、鞅、絆」，《詩》「小戎俴收，五楘梁輈」之類，凡兵車宜備者，皆備君行，應有者皆有，而士會以爲「能用典」，蓋非倉猝求索，臨事砌合也。

楚去國遠而整，晉在内地而散。以《傳》考之，楚固以成餌晉，晉甘其説而弗自定，比其論議反覆之間【一七】，馳突忽至，遂不能支，求爲河曲之交綏，豈可得也！後世墮夷狄之詐，未嘗不如此，真可歎也！

【一六】最爲難事　「爲」原脱，據文淵閣本、黄本補。

【一七】比其　原作「此具」，據文淵閣本、黄本改。

「投袂而起，屨及於窒皇【一八】，劍及於寢門之外，車及於蒲胥之市【一九】，遂圍宋」，古今未有此比。是其國無一日不在兵，其兵無一日不出也。深味其時，則民之窮於戰鬭可知矣，然不亡而卒以霸，蓋自是以後，世道當別論【二〇】，前志不復可接續也。

士會之所以能使晉盜奔秦者，謂善人在上也。沈猶氏不敢飲羊，慎潰氏逾竟，雖儒生夸説，然或有是爾。後世乃以敢擊斷誅殺爲嚴能，是暴人在上而欲求臯陶、伊尹之功，可得乎？

殺烝事，周專爲禮，齊、秦、晉、楚專爲力，然則是禮也，可以已亂致治乎？

「喜怒以類者鮮」，范武子庶幾哉！不遷怒之學，不獨在洙泗矣。

春秋時敵國事無不通知者，而晉楚尤纖悉，若易國而處然。不知何以能爾，當考，亦未嘗不禁諜也。

左傳成至襄十三年

「背盟欺大國」，周人以晉爲大國矣，陵夷之言不自覺也。伯與辨言「惟大國圖之」【二一】。

「惟器與名不可以假人」，周不許晉隧而與之田，豈非此義？地盡則禮亦不可守，故卒爲至弱之國，其要在於無失君道而已。失而後行，名實交病矣。

【一八】窒皇　「窒」原作「室」，據文淵閣本、黄本改。

【一九】蒲胥　「蒲」原脱，據文淵閣本、黄本補。

【二〇】世道　「世」字原脱，據文淵閣本、黄本補。

【二一】辨言　「言」文淵閣本、黄本作「亦」。

分謗，後世所稱以爲美。然以僞爲德，而世道愈失矣。

「臣治煩去惑」，要到得蘇醒清明處【一二】，伊、傅、周、召事也。非所以責華元、樂舉。然孟子以爲欲爲臣則當盡臣道，故責難爲恭，陳善閉邪爲敬。

申公巫臣取夏姬事，何足詳載？然通吴於上國，實始於此人，當爲是本原之爾。傾覆之士真可畏。

「濟濟多士」，謂多賢也，故「文王以寧」，非衆也。「紂有億兆夷人，離心離德」，豈在衆乎？《春秋》論三代事，其淺陋多此類。楚莊荆尸而舉，已用大衆，至是又悉師，王卒盡行，而當時之人遂以非衆不可已，是何等見識？其極遂爲白起、王翦矣。

「蔡侯、許男不書，乘楚車也，謂之失位」。二國從夷，自相盟會，己車、人車，《春秋》奚别焉？此未必專魯史書法，往往會他國書法矣。讀是書者初未詳【一三】，可惜大義蒙蔽也。

「山有朽壤而崩」，固有息壤。然天誠覆，故不實；地誠載，故不傾。謂有朽壤，隱士窺測之論也。致禮於崩，所以敬天明，畏地察也。謂其朽而禮之，不誠於禮者也。至《穀梁》謂伯宗攘善，又陋矣。

欒書言「善鈞從衆」，以善爲衆之主，斯知衆者也。荀林父能如是，不覆師於邲也。「晉侯使韓穿來言汶陽之田，歸之於齊」；「晉士丐帥師侵齊，至穀，聞齊侯卒，乃

【一二】要到得　「得」原脱，據文淵閣本、黄本補。

【一三】初未詳　「未」原脱，據文淵閣本、黄本補。

還」。杜預所謂「須數句以成言」者耶？史法經法，孔子所加損焉者慎矣，經師之傳，學者亦慎焉可也。

「武從姬氏畜於公宮」，雜説乃有程嬰杵臼事。韓厥謂「宣孟之忠」，可明當時不以盾爲弑君也。

華元始合晉楚之成【二四】，其後至於弭兵。方齊桓爲兵車之會，猶是欲討不庭，合不一。晉文以來全是用諸侯之力自封殖其國，自此晉楚迭爭，無復寧歲，及兵亂既極，則又從而弭之，遂變天地之常經，然則或用或弭，皆以人而勝天也。後世之論不知，反以惡殺好生若是者爲天道，非也。

劉子論受脤，此「中」字「命」字「則」字，古人皆共之，蓋性命禍福之説未分也。至子思、孟子言性命禍福，雖亦本於故人，然稍分也。

麻隧之役，乞師諸侯，王之卿士皆會【二五】，可謂大舉騷動矣。然但論秦、晉恩怨曲直爾，了無毫髮及公家也。

士會、士燮，家風不同，流傳此一項意思到後人，承接得去者爲第一等人品矣。

「立而不從，將安用君」；「器二不匱，君二多難」。周子與陽生語何異？然晉以之興，齊以之亡。然則篡盜之臣，其勢已成，固非空言所能令也，況如高貴鄉公以空手鬬之乎【二六】！

【二四】華元始合　「合」原脱，據文淵閣本、敬鄉本及《左傳》定公元年文補。

【二五】卿士皆會　「會」原作「謂」，據文淵閣本、黄本改。

【二六】以空手鬬之　「鬬」原脱，據文淵閣本、黄本補。

敘晉悼公復霸及叔向與晏子語，國之興衰全在人主及一二賢智合德之臣，其餘只是隨大勢起倒。

「謂之鄭志」，兄弟大倫固欲警百世。「謂之宋志」，「且不登叛人」，但懲勸當時，未能及後也。

王以一御九，尾重首輕，鄙强國弱，正《春秋》所忌亂亡之勢也。而以爲足以驟致霸强，必不然矣。

以束矢鈞金聽訟，亦古義也。輕罪移甲兵，小罪謫金分，是有罪者皆不刑，非法治也。

凡怫戾之説，皆不知古道而徒爲異辭者也。獨言其能厚施薄報，隱武行文，存亡繼絶，則不得而異，蓋當時與後世所共知耳。按《左氏》於晉、楚稱霸，立法定治，皆明著其故，及其他諸侯小小變政易令，亦必載之，此史家大事記注者之所重也。烏有盡變周公、太公之法，自新其國而曾無一言及之乎？以其書考之，管仲猶能遵舊法而號令諸侯，故從簡書修德禮，舉賜履，索包茅，問南征，當時所謂義事，後世所謂迂儒也。若此者，《左氏》之記也。若《齊語》管子之書，非余所知也。

民生於三事之如一：報生以死；報賜以力。真古語也。然則後世師道乍存乍亡，宜其成德不及。「其惟哲人，告之話言，順德之行。季孫於是爲不哲」。此語有味，德之順逆易見，而人之智愚難齊，故人之所順爲德之所逆，其求之甚難。

晉悼復霸，雖君臣競競之功，然亦以能通吴而分楚勢，蓋楚强而不可禦矣。通吴事稍玩習，卒於弭兵而權歸楚。當是時也【二七】，苟非明大義而重積德，何以回天下之勢！一時糾合，但爲陵奪暴横之資耳。

「祁奚能舉善」，善，於世之通義也。善之所在，安有偏黨？偏黨，末世之論也。末世以偏黨錮善。

和戎鑒后羿，和戎利近，鑒后羿義遠。

「衡而委蛇必折」，後世之所謂委蛇者多衡也。赤舄几几，聖人之道也。臨深履薄，學者之事也。

穆姜所稱四德，古人説《易》有此論，其義狹不足以當乾也；孔子但存之耳。孔子於《彖》推明其義，乃乾德也。後世學者徒隨文立説【二八】，未知所宗也。

知罃稱「猶愈於戰」，委曲辛苦，欲以避暴骨之慘，亂世之仁也。後人亦有一勞永逸、暫費永寧之論，所謂暴骨以逞也。

讓善，善也，然而能有善；爭善，亦善也，然而無善。

不書爲惰，書爲攝，或隨或攝，皆當時事也，何預孔子書法乎！

【二七】當是時　「是」原脱，據文淵閣本、黄本補。

【二八】隨文立説　「文」原脱，據文淵閣本、黄本補。

左傳襄十三至二十一

孟子舉「尹公之佗端人，取友必端」。《左氏》載庾公差爲孫林父追衛侯，知有友而不知有君，處士記之。戰國所謂仁義多如此，孟子不暇辨也。

師曠言立君之義，乃古人遺説，孟子蓋知之。後世之論殊不同，雖不可改，然古義不可不知也。孔子曰：「所謂大臣者，以道事君，不可則止。」然則後世之論亦不出於孔孟也。

子罕以不貪爲寶，古人之德未嘗不兼物而言，捨物舉德，《春秋》之論也。孔子曰：「飯蔬食，飲水，曲肱而枕之，樂亦在其中矣。不義而富且貴，於我如浮雲。」亦欲德兼物，不能兼則寧捨物而自樂也。

夙沙衛啨臧堅，堅以爲刑臣禮士，有死而已【二九】。齊君之所厚，節士之所棄也，而以之托孤，焉得不亡？

子罕扶築者不受德，與卻克分謗意同而義異。蓋自君言之，則當先民而後君；自民言之，當先公而後私。理各有所正，不苟自晦也。

晏子居喪如禮，其老以爲非大夫之禮。叔向亦言「三年之喪，雖貴遂服，王雖不遂，宴樂以早」。蓋三年之喪，自天子達於庶人，庶人本非禮所及，明以貴而教賤也。以貴賤

【二九】有死而已　「有」原脱，據文淵閣本、黄本補。

異其禮者，始於人主不能行禮耳。後世人主既不能行禮，而以法制齊其下，使之如禮是貴者滅法以廢禮，賤者倚法而後行禮也。俗何由成，而教何由明乎？

「公子燮求從先君以利蔡，不能而死」。若以後世言《春秋》者求之，安得書曰「蔡殺其大夫，言不與民同欲」乎【三〇】？

漆閭丘事，觀臧武仲之對，其辭甚嚴。是則孔子未修《春秋》以前已有懲肆去貪之義，但當時議論不經孔子者，不能垂於後世爾。

「有覺德行，四國順之」，叔向謂「夫子覺者」，味極長。惟自覺，故能強爲善，強爲善故能知人之爲善【三一】。不然，總總而生，林林而死，善惡何所不同，而況更以善爲厲己也？所可痛者，以善人之命而寄於暴庸人之手，故祁奚以爲「多殺何爲」，此語尤悲爾！

【三〇】言不與民同欲　「言」原脱，據文淵閣本、黄本及《左傳》襄公二十年文補。

【三一】爲善　「爲」原作「不」，據文淵閣本、黄本改。

卷十一

左氏襄二十二至三十

臧武仲，魯人以爲聖，其知孔子所稱。立悼子事，粗有識人已知其不可，安得攘臂爲之？豈亂世忌材不如是無以自容也？雖是非無二理，要當不免，然亦可以見季孫猜暴，不信賢者，自難立其朝也。孔子以爲順事恕施，必於己而不必於人可知矣。

叔孫豹以士匄所言唐虞傳禄不在不朽之數，其於尊道尚賢固明甚。然自古亦未有無功德而可以世其禄者，學者要當知德義爲無挾而存爾。

子産攻幣重，直言無德與名而已。若後世之論則當有委曲，而好利之患已成，亦無肯直受攻者。蓋以義易利，在春秋時猶未爲難事也。

晏子不死、不亡、不歸，不從崔慶猷，從容去就之際，有足觀者。然自後世學《春秋》者論之【一】，要爲有走作處，而亦不足以沮折亂臣賊子之姦心，故論事見微爲難。

叔向非以私意進退人者，爲國事爾。然師曠謂「不心兢而力爭，不務德而爭善」，語意深長，蓋横流薄俗日益其鬭耳。

校勘記

【一】後世學春秋者　「春秋者」原作「者春秋」，據文淵閣本、黄本乙正。

蘧伯玉，衛所謂賢者，孔子、季札稱之，惟有「不得聞君之出，敢聞其入」二語。古人於事變之際少相涉，不惟功名之心薄，誠恐雅道自此而壞，若後世則不然。

晉士起語當時固無復舊章【二】，管仲受下卿之禮，百餘年前以爲能讓矣。失禮背義至於稱兵，逞兵極鬬至於弭兵，不幸而王者不作數百年，成此禍變。然則稱兵固無禮義，弭兵之後禮義亦豈復可有？而子罕乃以爲晉楚以兵威之，畏而後上下慈和，所謂輿薪之中妄察秋毫也。

據叔孫豹言，「邾、滕，人之私，我列國也，何故視之？宋衛吾匹」，乃受盟，是豹初無辱命，特魯史用季孫宿之意去其族爾。若以爲但稱公命便當從順，二者安用史法？孔子亦因其舊，不復改也。然則後之言《春秋》去事實遠矣。

賦詩言志，春秋時事也。斷章取義，經師之教則然。孔孟亦不免，而其義精矣。其他諸儒，雖子思不合者亦多，當細考。

「復歸無所，是謂迷復」，以亡國亂君禍敗考之誠然。所謂復者，欲其不遠而可歸，至於復歸而無所，則安用復矣？

「問崩日，以甲寅告，故書之以徵過」，是何義？如此類《左氏》稱之，抑姑存魯書法耶？抑真以其書法爲是耶？

「巫以桃茢先祓殯」，《檀弓》亦載此，蓋儒者所傳以爲能用禮，鉏荆人之桀也。然亡

【二】無復舊章　「章」原脱，據文淵閣本、黄本補。

禮之大在於始朝楚，其次在於楚子卒而猶往，國威已失，患及君身，然後用禮祓計，則晚矣。

季孫宿取卞，襄公幾不敢入；公冶致邑，終身不出。君臣紛紛至此，而不思以謀取正，以禮已亂，至昭公乃欲用一朝之喜怒勝之，安得無失國乎？

城杞，固晉人欲爲私惠【三】，不足以服諸侯。然使公義苟明，王霸有統，諸侯小大相維，親疏如一，安有宗周、夏肆之分？子大叔、大叔文子皆鄭【四】、衛賢大夫，悲夫！天下紀綱法度盡壞矣！故各出此語也。女叔齊謂「以杞封魯猶可」，語尤異矣。杞侯來盟，書子以賤之，亦魯人私意也。

伯夷叔齊與季札同爲讓國之賢，季子又稱「願附於子臧」，則子臧者，亦夷齊之倫也。夷齊之言語予奪不傳於世，若季子者宜其外事物而不存矣。然而憂患險阻皆究達世故，無異於有利名愛惡之交者，蓋其不以讓自高，而常以德自考故也。然則孟子之所以推論伯夷，亦有未必然者矣。

季子之觀樂，以音聲論義理【五】。

子產相鄭，若止是施政於民亦非難事。大要國體不立，如既壞之室，扶東補西，欲加修治，使之完美自立以聽正令，固非舊之可因，亦非新之可革，裁量張弛，不用一法，其曲折甚難，故有思始成終，如農有畔之論也。雖然，此子產之所能爲也，若夫「虎師以聽，誰

【三】欲爲私惠　「惠」原脱，據文淵閣本、黄本補。

【四】大叔文子皆　「皆」原脱，據文淵閣本、黄本補。

【五】論義理　「論」原脱，據文淵閣本、黄本補。

敢犯子」，非子産之所能爲也。古今之不得乎君，又不得乎長，雖孔孟無以行其一二也。

子産對壞館垣一節，言晉文崇大諸侯之館，後不習知舊事，如士匄徒見目前高閎閈，厚垣墉，自以爲盛矣，此晉人所以辭屈而改作也。叔向不分曲直，但謂「有辭，諸侯賴之」，恐未然。虚辭豈可恃耶！

北宫文子所謂有禮，見相小國之難也。

左氏襄三十一至昭六

仲尼言「人謂子産不仁，吾不信」，蓋其意與古人同，言之異耳。古人以義，子産以利。

「我小人也，衣服附在吾身，我知而慎之；大官大邑，所以庇身也，我遠而慢之。」子皮就自所知分劑上言之，自有地位，故雖材智不如子産，而子産爲其所用也。用人之弘乃多於其人之有用，此理當深察也。

令尹圍之不終，如何只無威儀見得？又説到《詩》、《書》，甚於後人義疏之學也。

虢之會，叔孫豹脱死，權在楚，是後晉存盟主之號耳，趙武以弱爲仁，故至此也。

鄭伯髡頑楚子麇，皆不書弑。

韓宣子所見《易》、《象》、《魯春秋》，今亦不能灼知其旨安在。蓋若旨是《易》、《象》

及策書大事，則非韓起倉卒所能究其義。若並見講解凡例，則其説不傳，杜預遂謂「即周之舊典禮經」，何可懸斷？故余以爲略用舊説傳之新意，非其實也。

司馬侯諫晉侯修德以待其歸，勿强爭諸侯，固好議論。然晉所以霸，本用謀與力，稍緣飾以仁義，考舅犯、先軫舊語具在也。自范燮有迸楚紓憂、思深慮遠之説，知罃不肯力戰，終能勝楚，風流相承，趙武遂再合晉楚以弭兵，至是而爲申之會。然其時楚有吴患，國無名佐，而楚子以弑立，驕侈自用，危亡在目，若晉君臣能自强勿許【六】，楚必不至爲中國患。今逆自退屈，以柄授之，自是霸統一散不可復回矣。然則司馬侯所謂修德，須真能力行仁義爲王者之事方可。若佚慾内肆，昏惰求安，借修德以爲説【七】，而甘立於至弱之地，殷損周興，何嘗如此？乃後世俗儒談笑，不可語古人言德者並稱也。

鄭作丘賦，不知如何改舊法，當由人多如地爾。若無故暴加重斂，亦子産所不爲也。然君子以變古爲難，恐須更有商量，子産未免矜材，一向做下爾。

叔孫豹清言亮節，意度高邁，所知甚遠，當事可法，非季孫行父所能及也。止有任豎牛一事【八】，遂父子不相保而以餒終，人之不幸有所溺，其禍敗可畏若是哉！

叔孫婼始朝家衆，便聲豎牛之罪，不用寸刃而除大惡，真後人所謂第一義者，惜乎篡臣賊輔所立之童君，不足以知此也。説《易》者謂「小貞吉，大貞凶」，以此事觀之，殊不然爾。建大義，立大事，存乎其人，有人然後有象，豈限常繇耶？

【六】自强勿許　「自强」原脱，據文淵閣本、黄本補。

【七】借修德　「借」字原脱，據文淵閣本、黄本補。

【八】止有任　「任」字原脱，據文淵閣本、黄本補。

予家羈，天下蚤知其賢。

左氏昭七至昭二十二

鄭鑄刑書，叔向譏之。子產於扶補傾壞之中【九】，必欲翦裁比次，自令新美，宜其到變古處，先王之政遂不可復也。治道固不能不與時遷移，然亦有清靜寧民，可以坐銷四國之患，使古意自存者，而徒爲是紛紛，此老聃所以有感於周之末造，且欲併廢其初也。

師曠對石言，微及虒祁【一〇】，而叔向以爲「信而有徵，故怨遠於其身」，蓋取諷爾。然屠蒯直入酌飲，而晉侯爲之徹酒，荀躒爲卿，然則諷固不如諫也。古之置諫臣，不主諷也【一一】。

古人之稱曰「利，義之和」，其次曰「義，利之本」，其後曰「何必曰利」？然則雖和義，猶不害其爲純義也【一二】，雖廢利猶不害其爲專利也。此古今之分也。

子服惠伯解「黄裳元吉」語太多。孔子曰「文在中也」。《易》不可占險，義雖不深，有警於世。

楚靈王乃欲取昆吾舊地，管仲雖問昭王南征，可也。

「古也有志：克己復禮，仁也。」今世說此，遊詞甚多，而無克復之實，蓋理本不虛立爾。

【九】扶補傾壞　「傾」原作「輕」，「壞」原作「懷」，據文淵閣本、黄本改。

【一〇】微及虒祁　「祁」原脱，據文淵閣本、黄本補。

【一一】不主　「主」原作「至」，據文淵閣本、黄本改。

【一二】純義　「義」原脱，據文淵閣本、黄本補。

晉自平公積衰弱失霸，楚既執柄，而齊亦繼起，平丘之盟，幾不集。叔向叫呼其間，一時急，不得不然，然終亦何所就。觀其臨事持平，反不若荀吴矣。「晉居深山，戎狄之與鄰，王靈不及，拜戎不暇，何以獻器？」其時言語專對之臣如此，國未亡而精神先逝矣。

子産不妄受規，謂之狹亦可。然善規者自當知事本，若不量所聽而妄行之，將反以諫受病，所喪亦多矣。

韓起辭環事，子産所較甚細，然所較細而所禦大矣。蓋自來積累功夫能至此也。小邾子賦《菁菁者莪》，叔孫昭子曰「不有以國，其能久乎」。後儒謂以禮樂相示，蓋指意所到，便分高卑也。

子産寬猛，余既於論崔寔發之。觀子産爲政三十年間張弛予奪，雖有芒鍔不可犯，然委曲從物以待其定【一三】，乃子産政體也。蓋其以寬自命，而憂子太叔無以繼之，故將死之言如此。鄙儒不知，遂以尚猛爲子産之言，其流害有崔寔者出，後之人主又從而信之。嗚呼！言之難哉。子産以寬教猛猶不可，而况於後人以猛教猛乎！孔子曰：「居上不寬，吾何以觀？」政之所行，行其德乎！未有無德之人而可任以政者。然則子産捨德而言政，寬猛交失矣。

【一三】「子産寬猛」至「然委曲從」三十六字原脱，據文淵閣本、黄本補。

左氏昭二十四至哀公終

晏子言「陳氏厚施」，謂「唯禮可以已之」。晏子知古道，善論事而無益於救亂。雖云「禮，家施不及國」【一四】，然則國利既歸於臣，無以予民【一五】，而欲出虚禮以節其私者，民其能叛私而歸公，臣其能懼君而自貶乎？箕子謂「臣無有作福作威」，而曰「彊弗友剛克」。當紂之時，諸臣肆暴，箕子將以威克之，武王、周公方明其德，未暇用也。於是而可用也，秉剛知禮，奮其威怒以收陳氏之權，取其所竊以予民者而公施之，則大夫削而宫室强，在一號令之間耳。景公清談失君道，晏子從容議論，非濟世材，齊遂以亡，非不幸也【一六】。

仲尼學郯子夏商以上遺事，非《左氏》、《國語》何由知之？若司馬遷所載，不足信也。

以晏子答齊侯問疾，及梁丘據和同二義考之，古之聽言者，要是自己切近處易有所覺，故進言者苟有動悟，則於政事反之不難。後世人主，本身去義理甚遠，人臣止能就事開説，至其身過則不復敢嚮邇，就使於事有所正，而其效固已薄矣。晏子所陳，猶是援證始末，使文理可曉。孔子但言「君君臣臣，父父子子」，簡淡無執捉處，景公便深省解。然則非獨晏子能言之功也。蓋春秋以前據君位利勢者，與戰國、秦、漢以後不同，君臣之間差不甚遠，無隆尊絶卑之異，其身之喜怒哀樂尚可反求故也。不然則孟子非不教人以格

【一四】家施不及國　「施不及」原作「不及施」，據文淵閣本、黄本乙正。

【一五】無以予民　「以」原脱，據文淵閣本、黄本補。

【一六】「之間耳」至「非不幸也」二十八字原脱，據文淵閣本、黄本補。

君心之非，後世用之，其驗殊少，反被迂拙之誚，曾不如就事開説者猶得其一二也。嗚呼！君德不同若此，欲盡爲臣之義，豈易言哉！

司馬侯、子太叔、晏子所言禮，春秋之君子皆以爲善於知禮，其後又有六「君子謹於禮」之論。今考堯、舜、禹、湯、文、武舊事，皆以德爲本，而以禮義行之，未有專一而言禮者。專以言禮，見於《春秋》，其君臣上下不務德，而以禮相緣飾，相責望，取足一時，不厚其本【一七】，難以長久，如晏子、子産之流，雖爲言禮之宗，其去古人遠矣。當是時，獨老聃深知其敝，故其言曰：「上德不德，是以有德；下德不失德，是以無德」；「上仁爲之而無以爲，上義無之而有以爲，上禮爲之而莫之應，則攘臂而仍之，故禮者，忠信之薄而亂之首也」。孔子曰：「能以禮讓爲國乎何有！不能以禮讓爲國，如禮何！」然則春秋之君臣假禮讓以爲國而已矣，非能之也。本不存而求多於禮，其甚遂至於無禮，而以亂易亂矣，豈不悲哉！

成鱄説《文王》詩與馬鄭何遠？所謂經生陋儒，非人品様如此者不少，亦未可輕議，當更詳考。

齊史書崔杼弑君，死者三。以當時史法，若竟無書者，則諸侯不復登載於策矣，學者於《春秋》亦安得易言？

子展、子産入陳，春秋伐人有禮者惟此一事，可以想見先王之用兵。然則血流漂杵，

【一七】不厚其本　「厚」原脱，據文淵閣本、黄本補。

宜孟子之不信也。

趙武爲政，語叔孫豹便作弭兵，規模與管仲救邢侵楚意象絶異，論者固歸之時變，然管仲之事亦非趙武之所能知。

古人只言「若保赤子足矣」，然明更增至誅不仁，人以鷹鸇爲比，愛人嫉惡，於政體本末有害。然其流爲抑强扶弱之病，又其甚也。但有逐鳥雀而已，反爲民害矣。蓋孔子屢教人以爲政，其語未嘗偏者，正己而不責人也。

子産言「政如農功」，不過自爲鄭國而止。然此語却可小可大，小則乘田委吏，或一縣一邑，大雖禹作十三載皆以是心求之而已。

仲尼聞魏子之舉以爲義，命賈辛以爲忠，春秋行事至是將盡，猶有餘意存爾。吳「始用子胥之謀」，子胥之謀後世所稱，孟子謂「服上刑」者，此類也。越國報仇，以民命爲莽，巫臣、子胥之流皆見棄於《春秋》者也。

《春秋》「三叛人名」，於濫言之，故爲三。杜預乃謂「小邾射不在三人之數」，用此證《春秋》起止，何也？

「名器不可假人」，蔡墨亦有語。

「晉之從政者新，子姑受功，歸，吾視諸故府」。是時晉霸未改，而其卿大夫不學無識，乃欲以私意斷事，以氣力雄長，晉之亡形既兆，而天下大勢從之，三代之舊遂以淪胥，哀哉！傳説言「王人求多聞」，而原伯魯不説學，可並觀也。

子家子從魯昭公，本末輕重之義無一不合，未知陸贄何如爾。「孔子爲司寇，溝而合諸墓」。聖人之政必有所先，子路所謂「奚其正」歟？

召陵之會，春秋末年一大事。蓋自鄧之會，蔡、鄭始懼楚，陳、蔡、鄭，南北之限，齊、晉、楚所必爭也。陳、蔡久沉溺于楚，惟鄭去來無常，中原被其害，蕭魚以後，子産爲政，專意中國，然後南北獲安，非獨弭兵合交之力也。至是楚積失道而蔡自絶，諸侯影附，霸統再復，百年一時。不幸晉之君臣童昏貨賄，轉而之吴，楚既衰而夫差、勾踐繼起矣。故子産謂諸侯之賄藏於公室則諸侯貳【一八】，諸侯貳，則晉國壞，不徒爲文義常語，乃晉霸得失之要也。子産豈惟倡鄭從晉有功於中國，而以廉律貪【一九】，士匄、韓起之徒皆受教，故晉猶未失霸，其有功於晉大矣。所謂「不有君子，其能國乎」？如斯人乃當之爾。

孔子謂「不有祝鮀之佞，而有宋朝之美」，觀其私萇弘之辭，復而不厭，博而不煩，子産之流也。惜乎士人特起，不盡其用爾。

子貢觀二公朝，孔子謂「賜不幸言而中，是使賜多言」。《左氏》所載如子貢言者衆矣，皆孔子所謂「不幸而中」，非有道者之所許也。

子胥勸夫差勿許越成而不從，卒滅於越，後世莫不恨其言之不用。以余考之【二〇】，吴越相攻，彼此常事，各入國都，互有勝負，磨以歲月，或可得之，固未能一舉而滅越也。

【一八】故子産謂　「謂」原脱，據文淵閣本、黄本補。

【一九】以廉律貪　「以」原脱，據文淵閣本、黄本補。

【二〇】以余考之　「之」原脱，據文淵閣本、黄本補。

夫差虛內事外，輕用民力，驕侈不度，貪冒無厭，亡形已成而子胥不知救正其本，將急於滅越以求霸。且使越可滅，霸可成，不待二十年夫差要亦不免亡，又將安所歸罪？闔閭之能入楚，雖曰子胥之謀，其無一獲而以困還，爲越所斃，亦未聞更有策劃。孔子謂「智及之，仁不能守之，雖得之，必失之」，子胥之不仁，豈能存人之國哉？

「微虎欲宵攻王舍，卒三百人，有若與焉」。頃歲余守金陵，與虜沿江上下，謀劫其師以撓之，宣司爲疑。滕晟云「有子尚劫寨，何況他人」！余嘆曰：「如此讀書，不枉！」有子傳孔子之道如此，鄙暴事亦爲之。冉有用矛於齊師，故能入其軍。急病先難，古人之義，《左氏》特表出，蓋有意也。

陳恒弒君，孔子請伐齊。《左氏》謂哀公使告季孫，孔子辭，論語謂「之三子告不可」，參以二書，《左氏》所載是也。孔子修《春秋》正以政在大夫，自陽虎、季氏未嘗有欵曲，故謂臧武仲「作不順，施不恕」，以是不容於魯二十年。然則三子固無能伐齊之理，孔子齋戒有請，將以明正大義，豈如後世欲急就事功者，效其計謀於强臣乎？

魯衛自昭定以後，人物風流都盡，獨冉有、季路、子貢見稱，若顏、閔、仲弓無事於時，乃不得著《春秋》之末。齊、晉各務簒奪，雖忠於其家，然貨利所誘，威勢所劫，乃無一二可言者。惟楚多賢，故其國亡而復存，存而復强，非偶然也。

《公》、《穀》、《春秋》至獲麟而止，《左氏》以孔丘卒爲斷。使無《左氏》，則不知孔子之所終，不知孔子之所終，則《春秋》亦莫知其所終矣。謂「止於獲麟」者，勦之也。鄙儒妄爲訓傳，不知實義，害經大矣。漢儒以《左氏》爲不傳《春秋》，劉歆緣此移書責讓，以其書考之，以理揆之，史文與國始終者也。今傳獨起惠公元妃以爲書之始，自孔子卒後，畢哀公以爲書之終，其始終不以史文而以《春秋》，則此書固爲《春秋》而作耳，謂之不傳《春秋》者，漢儒守師説之陋也。然《左氏》之取義廣，敘事實，兼新舊，通簡策，雖名曰《傳》，其實史也。《春秋》爲孔子所修也，故《左氏》之始終以之。若必欲事事解釋如《公》、《穀》然，而後爲之傳《春秋》【二一】，但以傳聞親見而爲之精粗得失之異，此則劉歆草創不詳之過矣。故作《傳》雖因於孔氏，而爲義不主於釋經，何以言之？《左氏》首篇發明之書法，皆策書舊義，其後雖因事著見，大抵魯史本文，如稱書、不書、先書、故書、不言、不稱、書曰之類，杜預所謂變例者，往往非孔子意也。

其卓然出於孔子者，《左氏》必明載之，如「天王狩於河陽」，「僑如以夫人婦姜至自齊」，「盜殺衛侯之兄縶」，「邾黑肱以濫來奔」，蓋數四而已。鄭髡頑、楚郟敖皆弑也，而不得言弑；趙盾非弑也，而必言弑；崔杼幾不爲弑君；天王之妄赴；陳侯之再赴。如此類者，《左氏》亦皆明載舊史之實，以示孔子之不復改也。其他褒貶予奪經孔氏者，必以仲尼別之；其出於當時史官或公論所在者，皆以「君子」著之。蓋二百四十二年新關諸國【二二】，好惡不一，是非不同，彼皆自欲表章勸懲於一時，而必曰待孔子而後定。且孔

【二一】如公穀然而後　「然而」原作「而然」，據文淵閣本、黄本乙正。

【二二】新關諸國　文淵閣本作「新舊之史官」。又「新」，黄本作「所」。

子舉以前代之勸懲爲非是，而必曰由我而後可。此後人之臆說，相承之議論，非聖人經世之學本然也。

《左氏》所傳，重舉經文，貫通本末，自爲經緯，以孔丘卒後有傳無經者考之：十七年楚滅陳，晉伐衛，十二月齊伐衛；十八年巴伐楚，衛石圃逐君；十九年越侵楚，叔青如京師；二十年齊魯會廪丘，越圍吴；二十一年盟于顧；二十二年越滅吴；二十三年叔青如越，越諸鞅來聘；二十四年晉乞師，公如越；二十五年衛侯奔宋，公至自越；二十六年叔孫舒會納衛侯；二十七年越后庸來聘。與獲麟以前有傳有經者不爲甚異也。

然則《左氏》雖釋經，兼有其説而猶述傳各有其文，亦安得謂其如《公》、《穀》之專意釋經，而特以實事分高下乎？然則所以有貴於《左氏》之書者，以其足以質傳聞之謬，訂轉易之訛，循本以知末，因事以明意而已。彼《公》、《穀》之妄爲區區，烏在乎較是非而角勝負哉！曰「必如子之言【二三】，孔子不作經，而左氏不爲傳，則《春秋》將焉用之？」是何言也。自有文字以來，凡不經孔氏者，皆息滅矣。雖堯、舜猶賴之，而況衰周之翦焉！今將家至而日見之也，豈非孔氏之力歟？若夫托孔、孟以駕浮説，倚聖經以售私義，窮思極慮而無當於道，使孔氏之所以教者，猶鬱而未伸，則余所甚懼也，故於其終復具論之。

【二三】必如子之言　「如」原本作「於」，據文淵閣本、黄本改。

卷十二

國語周至晉

祭公謀父諫征犬戎，自春秋以來讀之便爲迂緩。然穆王時上接成、康，兵偃刑措久，一旦征行倉猝，暴師於遠，是始禍也。其語如此，正合行宜爾。古今遼闊，學者不推其世觀之，難乎得其要矣！「修」字尤宜細看。

榮夷公專利，在當時大爲異事，故曰「王人者導而布之上下」。由後言之，爲材臣矣。

宣王不籍千畝而料民，戰國之風氣已開。然號稱中興，而吉甫方召之，徒自相歌頌，得非新進驟起，以旦夕成功，蓋舊人前輩所不與耶？故太子晉舊但與幽、厲同稱，亦學者所當知也。修德者以爲無事於功，責功者功成而德日削矣。

《常棣》詩，《國語》以爲周公作，與《左氏》異。《左氏》採《國語》，凡數百言者約以數十字而已。

穀洛鬬，將毁宫而壅之。由後世而言，水敗宫厥，隄防急務，不待令而趨也。而太子晉諫詞深切，前鑒共、鯀，後指幽、厲，怛然畏禍亂之在前，古今異意，不亦甚乎！學者從事求之。足以深思而遠猶矣。《孟子》論禹行水，但以爲「無惡乎智」，猶降此語數等，當併考。

周人之論，尚德尊舊，薄功厚本，嚴報應，崇鬼神，至東遷後風流不改。然坐視俗壞道淪，亦不能反也。《周語》所記雖皆古意，極有不通世者。如叔向、子産、晏子乃無此病，然與時降升，先民之所存者鮮矣。惟孔子渾融不見其隙爾。

叔孫穆子謂「臧文仲子之言立」【一】，今在魯語者不稱，豈漏於記録，將忽亡之耶？

莒僕事，《魯語》與《左氏》詳略大異。《左氏》雖記舜之功，然近於浮矣。

《伊訓》謂「方懋厥德，鳥獸魚鱉咸若」，《行葦》言「牛羊勿踐履」，而孟子猶不勝食用之論。觀里革斷罟事，廉貪仁暴，蓋有底止，王政君道，其則匪渝，古人常所講明也。後世失其宗本，雖儒者亦不復知，可歎爾。

義理有擇而無降，謂「陷而入恭」，誠非矣。老子於道德仁義各有「失」字。

《齊語》載管仲相齊本末粗備，後世言治功者皆祖述之。然詳驗細考，多所不合，今疏下方。

昭穆固無治效可論，捨文武而論昭穆，豈是時已變周制耶？然其語不類春秋時，蓋未足據。

【一】臧文仲子　「子」原脱，據文淵閣本、黃本補。

「四民勿使雜處」「別生分類」，雖自古而然，然民情亦未嘗不然也。處士於閒燕，謂學校也，不言學校而言閒燕，是不知學制爾。工必於官府，是使餘民閒於器用也。商之市井，農之田野，固不待上之教令矣。其要欲使四民世爲之，其理固當然，而四民古今未有不以世。至於烝進髦士，則古人蓋曰無類，雖工商不敢絶也。

「制國爲二十一鄉」，不知太公舊法如何。公與高、國各有所帥，君從臣則卑，臣逾君則犯，君臣埒則競，非霸術也，此處士妄議爲國者也。

隱令寄政，尤爲復重，蓋比、閭、族、黨，古人未有不於此隱令寄政者，豈待管仲而後能之？軌、里、連、鄉皆作書者自爲之名，非其實也。又言「有此士三萬人，方行天下」。齊國之大何止三萬人爲兵，併家計不知矣！田單亦言「帝王之兵不過三萬」。

令鄉長舉善刑姦，退而自修，此意固善，自古亦未嘗不如此，何必管仲也？其説草略疾急，安能上下孚信，而欲在家者各得爲善之利乎？若以爲上下簡直易通，則鄉大夫賓興之法，與民何嘗拘礙，而管仲輕變之也？以爲修廢，則非舊典，以爲作新，則奚用紛更之？管仲通達治體，固不如此，但其智不足以盡行王道，故有殘缺苟且之患。而張其説者，方以爲新奇，陋矣。

伍鄙亦舊法，但伍字爲異耳。

且制國以萬家爲軍【一】，三軍三鼓，大柄所在。制鄙乃以九萬家爲屬，都鄙不相命，

【一】萬家爲軍　「萬」字原脱，據文淵閣本、黄本補。

而以五承古人也【三】。

觀優施之言，誦《柏舟》之詩，善惡之相讎，不待相遇而後毒加焉，悲夫！

晉之亂，荀息爲之也。其不遂亡，里克也；其亂久而不已，亦里克也。

宰周公言齊桓不務德【四】，此周公及當時君子之論也。自常人及後世言之，德之貶於桓者衆矣。晉非號召而欲自至，後之爲霸固無此事也。

晉文公不圖入於惠公未入之前，爲廉也。然其後不免妻懷嬴、殺懷公以求入。《晉語》始末比諸國最詳，《左氏》敘事採用其語，煩簡工拙可考。

使同姓同德而爲兄弟，異姓異德而爲路人，則堯之親睦，舜、禹之惇敘，周人《常棣》之義廢矣。霸圖淺近，乃有此等見識議論，雖多聞，何爲也。

多聞，不能行，古人分此二節，子路謂「唯恐有聞」也。然聞識無盡行之道，《易》言畜德可矣。

晉之興，司空季子傅習，陽處父爲國人所敬，其後伯宗似之。

「諸侯之爲，日在君側，以其善行，以其惡戒」，此晉人所言《春秋》也。「教之《春秋》而爲之聳善而抑惡焉，以戒懼其心」，此楚人所言《春秋》也。韓宣子所見，孔子所修，《左氏》傳之，此《魯春秋》也。然則晉謂之《乘》，楚謂之《檮杌》，當是戰國時妄立名字，上世之史，固皆名《春秋》也。

【三】承古人也　按此四字，黄本作「承三以一御九」。

【四】不務德　「德」原脱，據文淵閣本、黄本補。

古之人君不能從諫，其相爲終始以諫者，不加怒也。後之人君雖能從諫，其相爲始終以諫者，怒必加之。叔向之思司馬侯，後世人君之所諱也。

人材隨世盛衰，晉暮年盡入强家，雖叔向之賢，猶不得盡爲公臣。如董安于、閻没、叔寬之流固不足道也，家臣自是一種氣象。

晉陽，尹鐸之所寬，沈竈産鼃，民無叛意，戰國以後有此事，不知遊士增飾其詞，抑實然乎？等爲虐用其民，無復愛利之心，而姑欲致厚於一二以爲喪亡之地，何哉！

國語鄭至越

史伯所答，雖鄭事，蓋周語也。宗周將亡，天下分裂【五】，史伯以諸侯輕重之勢占其所歸，是時猶有古人功德之餘，異乎後世謀臣策士徒巧詐數力而已。

鄭雖王母弟受封而以吞併得國，故春秋之初，其俗最先變，與戰國無異。及諸大國並爭，而鄭薾然奔走，聽命不暇，遂先亡者，地狹而居中國戰場也。

棄和取同，史伯以是爲幽王致斃之本，晏子辨和同之異甚詳，然不言其爲興王之所在也。武王言同，心與德若，幽王所取正反是，心離德離，但以勢利爲同耳。因史伯、晏子所言驗天下古今之常理，凡異民力作，百工成事，萬物並生，未有不求其和者，雖欲同之，不敢同也。非惟不敢【六】，勢亦不能同也。惟人心之取捨好惡，求同者皆是，而求和者千百

【五】天下分裂　「分」原脱，據文淵閣本、黄本補。

【六】非惟不敢　「惟」原作「爲之」，據文淵閣本、黄本改。

之一二焉。若夫綦而至人主，又萬一焉。賢否聖狂之不齊，治亂存亡之難常，其機惟在於此，可不畏哉！

申叔時之言《春秋》、《詩》、《禮》、《樂》、《故志》、《訓典》，皆以教世子。

左史倚相舉衛武公語，當是時，未有生老病死入士大夫之心，不以聰明寄之佛老，爲善者有全力，故多成材【七】，宜哉！凡人壯不自定，老而自逸，孔子稱「君子有三戒」，亦以末世人材言之，若周之道俗未衰，則不然也。

《説命》當與白公子張語並看。又言「既得道」，得道必有物，故孔子亦言「朝聞道」。

楚本以詐力得國，而其人材見識所造如此，非齊、晉之淺陋所能及也。

「乃命重、黎絶地天通」。世之亂也聽於神，故絶地天通，罔使降格，而後命三后以德牖民，士制刑之中，以人道治也。觀射父徒能記重、黎職業，而未及穆王序堯恤刑之意，蓋古人於《詩》、《書》、《禮》、《樂》亦未能盡知大意爾。

「唯仁者可好也，可惡也，可高也，可下也」。葉公非知仁者也，而能論仁，蓋在我者惟知有仁而已，人之好惡高下於我無加損焉。孔子曰：「唯仁者能好人，能惡人。」觀人之所以施好惡於我而不足以動吾之仁，觀我之所以施好惡於人而足以德吾之仁也，如是而已。孟子曰「仁則榮」，又曰「仁者宜在高位」，高、榮，仁之報也，而不能必高與榮。必高，是不可下也；必榮，是不可惡也。是以利誘人使爲仁也。不榮不高，則强者以爲詬，

【七】故多成材　「成材」原作「材成」，據文淵閣本、黃本乙正。

弱者以爲怨，而仁始病矣。

按《吴語》載王孫雒教夫差挑戰爭長，遂得先歃。《左氏》乃曰：「日旰矣，大事未成，二臣之罪也，建鼓整列，二臣死之，長幼必可知也。乃先晉人。」自宋之盟言之，楚衷甲而晉不備，楚得歃而先書晉。然《傳》必當紀其實，安有吴求挑戰，而反以晉爲建鼓整列，吴實先歃而乃稱先晉人者？蓋《國語》出於辨士浮夸之詞。又言「晉禦吴稱王」，吴、楚雖自王其國，其會諸侯固未嘗稱王，何禦之爲？皆謬妄不足信也。

以《國語》、《左氏》二書參較，《左氏》雖有全用《國語》文字者，然所採次僅十一而已。至《齊語》不復用，吴、越《語》則採用絶少，蓋徒空文，非事實也。《左氏》合諸國記載，成一家之言，工拙煩簡，自應若此，惜他書不存，無以徧觀也。而漢、魏相傳，乃以《左氏》、《國語》一人所爲，《左氏》雅志未盡，故别著外傳。餘人爲此語不足怪，若賈誼、司馬遷、劉向不加訂正，乃異事爾。

卷十三

論語

何晏《集解序》語簡而文古，數百年講論之大意賴以有存，經晏説者，皆異於諸家。蓋後世詣理之學以晏及王弼爲祖，始破經生專門之陋矣。范甯以爲「幽沉仁義，罪過桀紂」，若甯亦知其所知而已。

「學而時習之，不亦説乎！有朋自遠方來，不亦樂乎！人不知而不愠，不亦君子乎！」前乎孔子，聖賢之所以自修者，無所登載，故莫知其止泊處。若孔子成聖之功，在此三語而已，蓋終其身而不息也。常疑後人只作初學領會，既無悦樂之實，又迷不愠之趣，正能好學無倦，死生以之，皆氣血所爲也。

有子雖不爲放言，而卑弱如此，孔子之傳失矣。

古人言仁不離巧言令色。然則學者之求仁，與仁道之既成，其淺深多寡不同耶？

「君子食無求飽，居無求安，敏於事而慎於言，就有道而正焉」。此功用亦不易致，孔子不以許未成之材也。

觀子貢、子夏所以言《詩》，孔子所以許之，其大指可見矣。然雖意在言外，終須理與事協，故惟孔、孟之稱者，得之如《左氏》記禮，雖子思所稱，猶未能暢其義也。「爲政以德，譬如北辰，居其所而衆星拱之」。孔子不得自爲政，故其言如此。然爲者有盡，言者無窮，使雖有群聖人之政，而無孔子之言，則終莫知所考矣。

「《詩》三百」，孔子舉其在者也。後人矜誇，謂孔子自删爲三百篇，大妄也。「思無邪」，指示最切。如傳者言風，人所爲詩，是思有邪也。詩人以無邪之思，正其邪者可也。耳順從心，孔子安得以最後之年自言之，又其所爲限節者，非所以爲進德之序，疑非孔子之言也。

「學而不思」，「思而不學」，孔子之時，其言必有所指。由後世言之，其粗習訓詁，淺陋相承者，不思之類也；其穿穴性命，空虚自喜者，不學之類也。士不越此二塗也。

古之爲學者斷絶不繼，子張問「十世可知」，自以爲遠矣。然則百世可知之學，自孔子而始也，後之人豈可忽哉？

季氏積三世之柄，既擅其國與民，遂移禮樂於其家，所謂禮樂者，非魯所得有，周實有之，豈惟僭魯，蓋僭周也。然當時士大夫不以爲非，自非孔子明言之，則舉世無復知矣。孔子既斥其不可忍，又稱「奚取於三家」，又以責冉有，又以林放比泰山，其於當時國是，是非明白未有大於此。弟子所記，必以爲絶大駭俗之論。若使不待孔子而能知，則亦不至如此詳録也。邪正臧否之間，惟孔子爲盡之，固非臧文仲、柳下惠所及矣。然三代世臣專上，人君主祭，僅擁虚器，故雖取其實，猶不改其名也。秦、漢以後則並其名，挈之而去，士大夫安其習而不知，與畏其禍而不敢，此猶未足病也。其或止以權利小小操竊，未至有名實廢興之異，而恐懼惕息反有甚焉。則冉有、季路以下波蕩風靡者何足計也！

周、召爲政，禮樂征伐自天子出；管仲爲政，禮樂征伐自諸侯出；自是至孔子百五十年，天下惟管仲之聽，周、召之功泯矣。惟孔子之志將率天下以復周、召之功，其道之順【一】，時之易，無如管仲，所以不能者，視聽言動不由於禮，敗撓其力，削損其器【二】，大道之喪由此其始，孔子之所深恨也。按子貢、子路及孟子所稱曾西羞比管仲【三】，其實不知孔子之意。至孟子以「管仲、曾西所不爲，安得爲我願之」，而自謂「以齊王猶反手」，則不知孔子之意又甚矣。

孔子言「擇不處仁」爲不知，言「君子無終食之間違仁」，言「回也其心三月不違仁」，是仁之於人相爲依憑，如影隨響答。今若體孔子之言，要須有用力處。「克己復禮」，「爲仁由己」，其具體也；「出門如賓」，「使民如祭」，其操術也；「己欲立而立人，己欲達而達人」又術之降殺者。常以此用力，而一念一食，無不在仁，庶可以言知矣。

舜言精一而不詳，伊尹一德詳矣，至孔子於道及學始皆言「一以貫之」【四】，夫行之於身，必待施之於人，措之於治，是一將有時而隱，孔子不必待其人與治也。道者，自古以爲

【一】其道之順　四字原脱，據文淵閣本、黄本補。

【二】削損其器　「損」原作「摸」，據文淵閣本、黄本改。

【三】羞比管仲　「比」原脱，據文淵閣本、黄本補。

【四】一以貫之　「一以」原作「以一」，據黄本及《論語·裏仁》乙正。

微眇難見。學者，自古以爲纖悉難統。今得其所謂一，貫通上下，萬變逢原，故不必其人之可化，不必其治之有立，雖極亂大壞絶滅蠹朽之餘，而道固常存，學固常明，不以身歿而遂隱也。然余嘗疑孔子既以一貫語曾子，直唯而止，無所問質，若素知之者。以其告孟敬子者考之，乃有粗細之異，貴賤之別，未知於一貫之指果合否？曾子又自轉爲忠恕。忠以盡己，恕以盡人，雖曰内外合一，而自古聖人經緯天地之妙用固不止於是。疑此語未經孔子是正，恐亦不可便以爲準也。子貢雖分截文章、性命，自絶於其大者而不敢近，孔子丁寧曉告，使決知此道雖未嘗離學，而不在於學，其所以識之者，「一以貫之」而已，是曾子之易聽，反不若子貢之難曉。至於近世之學，但誇大曾子一貫之説，而子貢所聞者，殆置而不言，此又余所不能測也。

「德不孤，必有鄰」。古今爲高絶無鄰之德衆矣，故曰「中庸，民鮮久矣」。

「臧文仲居蔡，山節藻棁，何如其知也」。孔子所以過臧文仲者，以其非不知而猶爲之，病固有所在，與論管仲同也。然則童子言大夫之簀，固不足以疵曾子。要之，克己復禮乃孔、顔事，日月至者未能也。

「伯夷、叔齊不念舊惡，怨是用希」，又曰「求仁而得仁，又何怨」。孔子之稱夷、齊者，其怨與常情同，其能自樂而無所怨，與常情異也。至孟子乃謂「目不視惡色，耳不聽惡聲，與鄉人處，如以朝衣朝冠坐於塗炭」，既自品其爲聖之清，又自不與其爲隘。嗟乎！

豈其未聞孔子之言歟？　蓋夷、齊者，利欲所不能塵垢，世俗畏之以爲去人群而獨立也【五】。孟子豈亦以世俗之所畏者而遂加去取於其間乎？　定百世之是非，夫豈易哉！

或人不足以得醯，微生高爲之乞，人情之所不免也。然既以直名，則委曲以濟民行者，世共禁之矣。

孔子之志，「老者安之，朋友信之，少者懷之」，少抑於二子矣。夫高其所願者，終或不能從也。而近世之學者乃以爲如是則與天地同量。且天地雖大也，亦烏能安老而懷少哉！

「見其過而内自訟」，足以入德矣，人能見其善而内自譽爾。

「哀公問弟子孰爲好學？」孔子對曰：「有顔回者好學，不遷怒，不貳過，《易》稱遷善，《書》云貳過。不幸短命死矣，今也則亡，未聞好學者也。」此亦孔氏品量後進人材大節目也。其稱雍仁、求藝、賜達、由不耻緼袍，餘無見焉。若夫前輩則固多矣。夫孔子聚天下之材教於一門，最衆也，顔子最寡也，其間多長老，顔子少也，又追痛於已死，不顧其生存也，若是乎好學之難哉！　哀公本庸君，不足以知此，而顔子恃新爲標，子上方古人，豈其君者不疑其所不能知，抑當時君臣之智皆可以知，而獨以不能行爲患也？　凡此皆後人所未講也，乃獨以爲學者不當移此怒於彼，知不善未嘗復行而已。嗟乎！　豈以是爲顔子之所獨能【六】，而凡孔氏之門者，皆輕愠頻復之流歟？　是恐誣天下以無人，固余之所不敢從也。

【五】世俗畏之　「世」原脱，據文淵閣本、黄本補。

【六】以是爲　「爲」原脱，據文淵閣本、黄本補。

按孔子自稱，皆損於人之所既與，其稱顏子皆進於人之所未聞，未嘗不欲垂世教也。蓋置身於喜怒是非之外者，始可以言好學，而一世之人常區區乎求免於喜怒是非之內而不獲，如搰泥而揚其波也。嗚呼！必若是則惟顏子爾。

「回也其心三月不違仁，其餘則日月至焉而已矣」。其餘則曷爲日月至焉而已矣？利欲之念忽動於中，則於仁有間斷也，猶言「不遷怒，不貳過」也。

「賢哉回也！一簞食，一瓢飲，在陋巷，人不堪其憂，回也不改其樂，賢哉回也！」不以口腹喪道，雖古聖賢皆然，然自孔子始發之。不發之於用人而獨發之於顏子者，以顏子有其實也。

由、求與賜不可以言仁而可以從政，古未有此論也。自皋陶言九德，至周文、武、成、康未嘗分别。子時益降矣，不存乎仁，則材遂滅德；不取乎政，則與材兼失之矣。故此論與皋陶異而實同。

冉求曰：「非不説子之道，力不足也。」子曰：「力不足者，中道而廢，今女畫。」以孔子之言考之，則當時之學不至於道者多矣。

以子夏之爲儒，猶戒其小人也，而況於人乎！夫儒者不考於德而徇於學，則以其學爲道之病矣。

出必由户，既知户矣；行不由道，未知道也。道者，所當行之路也，雖鄉人苟知路，未有須臾離者。不然，雖君子左右顧而迷矣。然則《中庸》所謂「不可須臾離」者，真未可以名道，而可離者亦未可以名非道也。

「人之生也直」，此一語所關極重，《易》所謂「聖功」也。還觀古初以至於今，載籍所傳，生其直者甚難，而以幸而免者皆是也。

宰我問「井有仁焉？」孔子答之嚴如此。而孟子以「乍見孺子將入於井」爲足以發其「怵惕惻隱之心」。同是井也，其閉者無自而發也。然則未經孔孟講畫以前，不仁者可勝諱哉！

「如有博施於民而能濟衆，何如可謂仁乎？」人之所以爲仁者，心也，非利之也。宰我不能明其心，固無其功；子貢亦未明其心也，而遽欲有其功，是交病仁也。以孔子語考之，子貢之心未離乎衆人也，豈其欲之者固將以同其利於人乎？

「述而不作，信而好古」，孔子之道所以載於後世者在此。蓋自堯、舜至於周公有作矣，而未有述也。天下之事變雖無窮，天下之義理固有止，故後世患於不能述而無所爲作也。「信而好古」，所以能述也。雖然學者不述乎孔子而述其所述，不信乎孔子而信其所信，則堯、舜、周、孔之道終以不明，慎之哉！

「默而識之，學而不厭，誨人不倦」。孔子自陳盡力處以告後人，如火燎闇冥，桴濟不通，可謂至切至近，無微妙不可知之秘。學者但若聽受剽略爾。

「德之不修，學之不講，聞義不能徙，不善不能改」，以上三章相屬聯，似若有意次第者。蓋初言功用，中言所以用功，末言功之所以不得成而廢，雖未必一時之言，而其言正相發明，學者不待他求也。徙猶遷怒也，義則必徙以就之，怒則不遷以就之，其機一也。後世於不遷怒有異指，疑其倫類未通也。

「志於道，據於德，依於仁，遊於藝」，孔子之言固已甚明，而後世未能行者，以其莫知孰爲道、孰爲德、孰爲仁故也。士始各以其私於己者講之，人莫不有志也，特其志之非爾。誠知其非，則所志者道矣，據也依也，亦莫不然。志者，人之主也，如射之的也。據者，其地也；依者，因地而立也。嗟夫！人孰肯自以爲泛然旅於斯世者，曷不即其所志與其所據依者，明辯而詳擇之哉【七】？使其果能，則中庸所謂人十之、己千之者，不足進矣。

「不憤不啓，不悱不發，舉一隅不以三隅反，則不復也」。又曰「自行束脩以上，吾未嘗無誨焉」，又曰「二三子以我爲隱乎？吾無隱乎爾，吾無行而不與二三子者，是丘也」，又曰「吾有知乎哉？無知也。有鄙夫問於我，空空如也，我扣其兩端而竭焉」。孔子教人，淺深次第，略具於此數端。今其泛然而誨之，與示以行事而不待於誨，與其人凡鄙而不知所誨者，皆不可見矣。其可見者，孰爲一隅，孰爲三隅？理無不貫而言不可以若是其幾也。學者誠有以知之，則百世之後如一日矣。不然，徒尋文索句而已。

子謂顔淵曰：「用之則行，舍之則藏，惟我與爾有是夫！」孔子、顔淵皆不求用者也，

【七】詳擇之　「擇」原作「釋」，據文淵閣本、黄本改。

故曰「用之則行」，直不言必隱爾。其答陽虎，必不仕者也，故曰「吾將仕矣」，亦謾諸之爾。古之聖賢用、舍固有定義，雖孔子不得獨異也。而後世學者以爲惟孔子能不係吝於用、捨之間，而謂顔子亦能之。若是則沉浮進退聽物所爲，不用而猶行，見捨而不藏，而出處之大節喪矣。

「暴虎馮河，死而無悔者吾不與也」，言勇至不懼而止。子路之勇，可以言無懼矣。然必「兼仁與智，故臨事而懼，好謀而成」，雖伊尹、太公不能易，不然則以獨勇爲子路之死矣。

「富而可求也，雖執鞭之士，吾亦爲之」。世亦有可以富而不至於執鞭者矣，而孔子以爲不可爲。然則「崇高莫大乎富貴」者，亂德之言也。

冉有、子路謂夫子當爲衛君，子貢不能決也，是時顔子已亡矣。義理之是非在目前者，常人不能守，而每以利害爲去就，蓋自古而然。而又有庸人執以爲義理之所在，非聖人不能擇者，亦自古而然。二端，學者不可不謹察也。

子曰：「飯蔬食，飲水，曲肱而枕之，樂亦在其中矣。不義而富且貴，於我如浮雲。」孔子發明此意，《詩》、《書》所未有，蓋是時道德在上而不在下也。若在下而無以自樂，終日戚戚，何異於《栢舟》！

「加我數年，五十以學《易》，可以無大過矣」。是時《周易》已去上一字，必有所從始，不可得而知，孔子亦因之而已。後人便謂《易》者變易，隨時變易以從道，則《連山》、《歸藏》何以言之？

「葉公問孔子於子路，子路不對」。葉公諸梁當時能言者，《左氏》載之，異於以甲兵要功利者。其問子路，而孔子之言如此，豈以其亦足以語上乎？雖然「發憤忘食，樂以忘憂，不知老之將至」，淡乎其無味，至今未有能明之者也。

《記》稱「獨學而無友，則孤陋而寡聞」，誠是。然擇友最難有，通國曠世而不獲者矣。孔子曰：「三人行，必有我師焉，擇其善者而從之，其不善者而改之」【八】。故造次顛沛皆道所在，而無難求難得之患，聖人所以能終其身於學而不厭，由此也。

孔子曰：「聖人，吾不得而見之矣，得見君子斯可矣。」按堯、舜、禹、湯雖古今所共尊，而仁聖文武之德，猶皆通稱雜舉。文、武、周、召之後，聖賢不作，孔子考論其故，於是始各有品目。而聖人之名不復濫與矣，蓋爲修德進道者之驗也。《洪範》言九疇天所錫，而作聖實本於思，其他哲、謀、肅、乂，隨類而應，則思之所通，誠一身之主宰，非他德可並而云也。然傅說謂「惟學遜志」，「道積于厥躬」；孔子稱「學而不思則罔，思而不學則殆」，是思學兼進者爲聖。有稱「初筮告，再三瀆，瀆則不告，瀆蒙也，蒙以養正，聖功也」。是則學者聖之所出，思者聖之所存，而孔子教人以求聖者，其門固在是矣。

子曰：「善人，吾不得而見之矣，得見有恒者斯可矣。」善人，天之淑德，不以統紀倫

【八】其不善者　「其」原脱，據黄本及《論語·述而》補。

類而自成者也。孔子謂「教民七年亦可以即戎」，「爲邦百年亦可以勝殘去殺」，蓋指周之先君也。又謂「恒亨無咎，利貞，久於其道」，而其《象》曰：「君子以立不易方。」夫得其方而不變，此其所以次於善人也。「亡而爲有，虚而爲盈，約而爲泰」，無得而用智巧以求勝，其窮遂爲姦賊矣。是固指世之妄歟，非也？正謂立功成名如咎犯狐偃之流。又其窮也，爲伍員、范蠡爾。如閭巷之庸倏成忽敗者何述焉！

子曰：「蓋有不知而作之者，我無是也。多聞，擇其善者而從之，多見而識之，知之次也。」《六經》之外，孔子之前，作者于今尚在，其知與不知皆可驗也。世方相競於作，則不知而妄爲，固亦無怪。自孔子作兼述以開天下，然後堯、舜三代之事不至泯絶，性命道德有所統紀，如使作而未已，捨舊求新，無復存者，則人道廢壞，散爲鬼蜮，又如羲、黄之時矣。百聖之歸，非心之同者不能會；衆言之長，非知之至者不能識。故孔子教人以多聞多見而得之，又著於《大畜》之《象》曰：「多識前言往行，以畜其德。」

子曰：「仁遠乎哉？我欲仁，斯仁至矣。」孔子自見此仁，如耳目鼻口百骸四體之在其身，扣之即應，運之即從，其言健疾，無所疑貳，自顔淵以下皆未明也。學者能以孔子之告諸子者，識仁之體狀，擬論深熟，然後以孔子之自言者，知仁之指歸，造詣徑直，則顛沛造次可以弗違，不但日月之至而已。

「若聖與仁，則吾豈敢，抑爲之不厭，誨人不倦，則可謂云爾已矣」。按孟子言孔子自謂「聖則吾不能【九】，我學不厭而教不倦也」。此兩言正相似，則所謂「爲之」者，學而已。自學不厭，又以此誨人不倦，豈固以聖仁之名爲在己哉？然而即夫世之所名者，則聖仁不外是矣。

泰伯「三以天下讓」，當時必有其實，世所謂斷髮文身，躶以爲飾，殆近之矣。然漢人謂文帝能讓天下乃過於泰伯，流傳之謬而以古人爲戲論，則堯、舜、禹、湯之德皆空言也。

「恭而無禮則勞，慎而無禮則葸【一〇】，勇而無禮則亂，直而無禮則絞」。按舜命夔教冑子，臯陶以九德觀人，必因天質之自然而能補其所不足，其間節文亦不盡同。今孔子獨一之於禮，似與古人稍異者。蓋禮教至周而大備，道盛仁熟之士固已揖讓周旋於中，初德偏善，亦皆有所依據，外不失人，内不失己，故孔子深惜禮之廢而欲其復行也。如恭慎勇直得於天者非不美，然有禮，則以其質成；無禮，則以其質壞矣。人非下愚，未有無可成之質，使皆一於禮，則病盡而材全，官人之哲，雖過堯、舜可也。

「曾子有疾，孟敬子問之」。近世以曾子爲親傳孔子之道，死復傳之於人，在此一章。按曾子末後語不及正於孔子，以爲曾子自傳其所得之道，則可；以爲得孔子之道而傳之，不可也。自堯、舜、禹、湯、文、武、周公、孔子所傳皆一道，孔子以教其徒，而所受各不同。以爲雖不同而皆受之於孔子，則可；以爲堯、舜、禹、湯、文、武、周公、孔子之所以一者，而曾子獨受而傳之，又大不可也。孔子嘗告曾子，「吾道一以貫之」，曾子既唯之而自

【九】言孔子　三字原脱，據文淵閣本、黄本補。

【一〇】恭而無禮　「恭」原作「空」；無禮則葸，「葸」原作「思」，據文淵閣本、黄本及《論語・泰伯》改。

以爲忠恕。按孔子告顔子,「一日克己復禮,天下歸仁焉」,蓋己不必是,人不必非,克己以盡物可也。若動容貌而遠暴慢,正顔色而近信,出辭氣而遠鄙倍,則專以己爲是,以人爲非,而克與未克,歸與不歸,皆不可知,但以己形物而已。且其言謂「君子所貴乎道者三」,而「籩豆之事則有司存」,尊其所貴,忽其所賤,又與一貫之指不合,故曰「非得孔子之道而傳之」也。夫堯、舜、禹、湯、文、武、周公、孔子之所以一者,非得以身傳也,存之於書,所以考其德,得之於言,所以知其心。故孔子稱「天之未喪斯文」爲己之責。獨顔淵謂「博我以文,約我以禮,欲罷不能,既竭吾才」,余無見焉。夫托孤寄命,雖曰必全其節,任重道遠,可惜止於其身。然則繼周之損益爲難知【一一】,六藝之統紀爲難識,故曰非得堯、舜、禹、湯、文、武、周公、孔子所以一者,受而傳之也。傳之有無,道之大事也。世以曾子爲能傳,而余以爲不能,余豈與曾子辨哉? 不本諸古人之源流,而以淺心狹志自爲窺測者,學者之患也。

「興於詩,立於禮,成於樂」,三者周之所以教,其盛時成材多矣。孔子當其衰缺,雖有詠歌俯仰於其中者,備故事,飾文爲而已【一二】,故其言如此,惜三者可以成天下之材,而當時未能也。按皋陶典稱「天敘」,禮稱「天秩」,《大雅》「民之秉彝,好是懿德」,孟子言「禮之實節文,斯二者; 樂之實樂,斯二者」,而序《詩》者又以爲「詩者志所之」。皆與此論異。然則三者皆自中出而不由外入,學而不知其統,則隨語爲説而不足以明道,

【一一】爲難知　「知」原作「之」,據文淵閣本、黄本改。

【一二】飾文　「飾」原作「失」,據文淵閣本、黄本改。

尚何望其能行？此學之大患也。

「民可使由之，不可使知之」，疑與上語若相次第。然由者上之所教令，民不敢不能也；知者其自知，不待教令而能也。如《詩》、《禮》、《樂》，上所以教，民雖由知而不知，知者孔子而已。後世賴孔子之知，故亦有能知其髣髴者，然則不在乎由，而在乎知也。

「學如不及，猶恐失之【一三】」。傅説「終始典於學」，《頌》「學有緝熙于光明」，言學之功用大矣。然未有如此其急，如此其急，自孔子始也。時習，節也；如不及節之峻疾者也，非如不及不足以得之也。

「巍巍乎舜、禹之有天下也！而不與焉」。至是而舜、禹之事始與學者並言矣。堯則曷爲其不並言？堯不以匹夫舉，君道其本有也。舜、禹盡人道，天下雖大，而不得與乎其間，孔子揭以教天下曰「若是可也」。堯盡君道孔子以天比不敢示教焉。序《書》者無所差降，此孔子之言也。

達巷黨人曰：「大哉孔子！博學而無所成名。」達巷之所與，而孔子謙抑不敢當，然則固時之聞人歟？鄉遂州黨之制，自周而徧諸侯，雖其衰微亦不異也。夷陋如秦、楚、吴、越者，王制不能行，始各以其國自爲爾。後世讀《周官》直謂見其盛時，不知自東遷至於滅亡，何嘗不如此？不然，安得傳數百年乎？

「麻冕，禮也，今也純，儉，吾從衆；拜下，禮也，今拜乎上，泰也，雖違衆，吾從下」。

【一三】猶恐失之　「恐」原作「失」，據文淵閣本、黄本及《論語·泰伯》改。

孔子言古今異同，有所損益，從違於其間，一本乎理而已。若記禮及他書之言不能判其是非，而但以變古爲貶者，非也。

「子路使門人爲臣」，以是觀之，世俗之槩，人情所同，顔、閔而下不能免也。孔子亦非辭而不居者，但言無臣不當爲有臣爾【一四】，此又何足以不居乎！然則子路、子貢之流其心志大略可見矣。

「沽之哉！沽之哉！我待價者也」。孔子此言，其不求用審矣。非堯、舜安能用孔子？辯士諸子妄言孔子「歷聘七十餘君無所鈎用」，而儒者因之以爲「東西南北之人」，蓋孔子特不爲隱爾。自衛反魯，然後樂正，雅、頌各得其所。蓋其所涉歷多矣，始成於樂者歟？非謂能正其當時所用之樂，然苟有以求正於孔子，亦不拒也。

「語之而不惰」，孔子所稱，唯顔子而已，不以及曾子也。

「先進於禮樂，野人也」。孔子别語專論，當以禮樂治者甚多，然周道既衰，上下馳騁於兵刑功利之末，故先進於禮樂，世所謂野人；先之以兵刑功利而後進之以禮樂【一五】，世所謂君子也。雖然，猶有禮樂，則猶可言也。若秦、晉、吴、楚、夷越之人遂無禮樂，而見稱於當時以爲君子，不特當時稱以爲君子，而後世亦稱以爲君子者，不可言也。

「從我於陳、蔡者，皆不及門也」。從孔子者，皆以父母兄弟妻子周旋於天下，而不得安於其家，陳、蔡之難，則又甚焉。蓋其倉猝奔迫，不相收主，無所棲宿，欲自比於尋常懷

【一四】但言　「言」原作「者」，據文淵閣本、黄本改。

【一五】「世所謂」至「禮樂」十九字原脱，據文淵閣本、黄本補。

土力田之人而不可得也。惟其至是而不變，故德行有顏淵、閔子騫、冉伯牛、仲弓，言語有宰我、子貢，政事有冉有、季路，文學有子游、子夏，卓然成材，没世而名立也。禹自言：「予創若時，娶於塗山，辛壬癸甲，啓呱呱而泣，予弗子，惟荒度土功。」此聖賢出處之要也。

「小子鳴鼓而攻之可也」。孔子晚而歸魯，雖不能用，而弟子實任季氏之事，言行計從矣，而孔子之論嚴如此，得非以田賦之類乎？又言「由與求可謂具臣」，季氏以爲從之。孔子曰「弑父與君亦不從也」，逆折亂臣之萌。士之法孔子者，不此之法，而妄言當與天地同量、萬物一體耶！

孔子之所以爲天下後世師者，道進而心退，其設語以驗諸子者，非在乎材之所宜也。曾晳雖未聞道，而其心庶幾焉，故孔子喟然與之【一六】，且浴沂風雩，詠歌而歸，通國皆然，但不狎邪。所以致道？而後世之論紛紛不已，無實而妄意，可哀也。

「克己復禮爲仁」，舉全體以告顏淵也。孔子固未嘗以全體示人，非吝之也，未有能受之者也。顏子曷爲能受之？得全體而能問其目故也。全體因目而後明，凡孔子之言仁，凡弟子之問仁，未有的切明白廣大周徧如此者。世謂孔子語曾子一貫，曾子唯之，不復重問，以爲心吾神領，不在口耳。嗚呼！豈有是哉！一貫之指，因子貢而粗明，因曾子而大迷。

【一六】喟然與之　「喟」原作「喂」，據文淵閣本、黄本改。

有若對哀公以「盍徹」，豈謂履畝而徹乎？哀公折以「二猶不足」，豈亦謂履畝而二乎？蓋自宣公已税畝，故有子欲因畝計徹爲公私便，且正哀公之失。不然，對饑而論，古徹非救事之宜也。然哀公爲此語，可謂「生於深宫之中【一七】，長於婦人之手」，與晉君怪不食肉糜差不甚異，治道何由而興也！

按子張學干禄，問行，問達，問崇德、修慝、辨惑，皆以徇外爲是，而孔子約之於内。子張雖有浮淺之病，而爲後世學者立法，其功甚大，所謂「他山之石可以攻玉」也。

「居之無倦」，盡己也；「行之以忠」，盡人也

「其事也，如有政，雖不吾以，吾其與聞之」。孔子非欲必聞其政也，有廢有興，當爲後世法，爲此欲聞之也。

「善人爲邦百年」，不教者也，故「亦可以勝殘去殺」；教則七年，「亦可以即戎」。皆周之先君以行者也。

「見善如不及，見不善如探湯，吾見其人矣，吾聞其語矣。隱居以求其志，行義以達其道，吾聞其語矣，未見其人也。齊景公有馬千駟，死之日民無德而稱焉。伯夷、叔齊餓於首陽之下，民到于今稱之，其斯之謂歟！」文義貫聯，無不可通者。自程氏以來乃謂「錯簡，宜在亦祇以異」之下。按「誠不以富，亦祇以異」，甚言「愛之欲其生【一八】，惡之欲其死」爲惑，亦非錯簡也。朱氏又言「後七篇多錯簡」。按《先進》以下諸篇，言厲而義

【一七】可謂生於深宫之中　「謂」原脱，據文淵閣本、黄本補；「中」原作「非」，又據改。

【一八】欲其生　「其」原脱，據文淵閣本、黄本及《論語·顔淵》補。

峻【一九】，皆成德以上之事，當時門人不能盡識，謂之錯簡，非也。

「我則異於是，無可，無不可」。可則有降有辱，不可則無降無辱，貞則失人，裕則失己，故孔子不爲，非欲以無可、無不可爲聖人也。聖人，堯、舜、文王也，何可、不可之間哉！

【一九】言屬　「屬」原作「利」，據文淵閣本、黄本改。

卷十四

孟子

梁惠王問「何以利吾國」，對「王何必曰利」； 問「賢者亦樂此乎」，對「賢者而後樂此」； 言「寡人之民不加多」，對「王好戰，請以戰喻」； 言「寡人愿安承教」，對「殺人以梃刃，與政無異」； 齊宣王「若寡人者可以王」，對「不忍殺牛之心足以王」； 又言「恩足及禽獸而功不至於百姓」； 又言「與百姓同樂則王」； 又言「文王之囿，民猶以爲小」； 又言「王請無好小勇」； 又言雪宮之樂「不得而非其上與爲上而不與民同樂者皆非」； 又言「公劉好貨」「大王好色」。孟子出而説齊、梁之君，幾得政於齊，俱見此十餘章，大抵逆來順往，無問其所從，必得吾之所以言而後止。故孟子自謂「人不足與適，政不足與間，惟大人爲能格君心之非，君仁莫不仁，君義莫不義，君正莫不正，一正君而國定」。 夫指心術之公私於一二語之近，而能判王霸之是非於千百世之遠，迷復得路，焕然昭蘇，宜若不待堯、舜、禹、湯而可以致唐虞三代之治矣。當是時，去孔子没雖纔百餘年，然齊、韓、魏皆已改物，魯、衛舊俗淪壞不反【一】，天下盡變，不啻如夷狄，孟子亦不暇顧，

【一】魯衛舊俗　「舊」原脱，據文淵閣本、黄本補。

但言「以齊王猶反手也」。若宣王果因孟子顯示【二】，暫得警發一隙之明，豈能破長夜之幽昏哉？蓋舜、禹克艱，伊尹一德，周公無逸，聖賢常道，怵惕兢畏，不若是之易言也。自孟子一新機括，後之儒者無不益加討論【三】，而格心之功既終不驗，反手之治亦不復興，可爲永歎矣！

按《孔叢子》載孟子車尚幼，見子思，子思以其言稱堯舜【四】，性樂仁義，甚説其志，命子上侍坐，禮敬甚崇。其見梁惠王【五】，命以叟。而孟子自言「四十不動心」，於是年過五十矣。蓋樂其道而忘人之勢，不以壯老易其守，當士人波蕩縱横之時，獨不見諸侯，然而無環堵隱約之陋，非衛布藜藿之微，宜其豪傑自命，於顏、閔以下曰「姑舍是」，而雖伯夷、伊尹猶非所願學也。「加齊之卿相，德行道焉，雖由此霸王不異矣」，公孫丑特以世俗之意觀孟子，故其告以不動心，謂當自反守約，又及於養浩然之氣，謂「集義所生，非義襲而取之」，皆家户所有日用常行，非如曾子惴惴至死，子路惟恐有聞，冉有限力不足者也。不然，孟子何以從容於進退之間，始終生死，由一道弘益開闡，繼堯、舜而有餘哉！近世之學，以不動心、養氣爲聖賢之難事，孟子之極功，詰論往反，折理精粗，有白首終老而不定者，何敢言四十乎？至其出處得喪，倒行錯施，固無以庶幾古人之一二矣。按孔子曰：「君子有三戒：少之時血氣未定，戒之在色；及其壯也，血氣方剛，戒之在鬭；及其老也，血氣既衰，戒之在得。」夫始終專以血氣爲言，雖曰與中人立法，然義理本要調和

【二】若宣王　「王」原脱，據文淵閣本、黄本補。
【三】益加討論　「討」原脱，據文淵閣本、黄本補。
【四】子思以其言　「子思」原脱，據文淵閣本、黄本補。
【五】其見梁惠王　「見」原脱，據文淵閣本、黄本補。

一身，使蹶趨者能爲浩然，耘鋤者不爲助長。若孟子化血氣從義理，其易如彼，而學者不察，方揠義理就血氣，其難如此，盛衰頓異，勇怯絶同，乃君子所甚畏也。故必尊孔子之言，致驗於一身之血氣，始戒之，終戒之，戒於此者切，進於彼者深，則雖不待四十而可以無動矣。

「人皆有不忍人之心，先王有不忍人之心，斯有不忍人之政矣」。孟子以戰國之人失其本心，無能不忍人者，故著此論。然先王之政，則不止爲不忍人而發。蓋以聖人之道言之，既爲之君，則有君職，舜、禹未嘗不勤心苦力以奉其民，非爲民賜也，懼失職耳。孟子雖欲陳善閉邪，爲可曉之語，然後此亦未有能以不忍人而爲政者，就其有之，固不推也。若夫平居講明，臨事背戾，自謂爲不忍人之學而不免於行忍人之政者，吾不知其所底止矣。

以孟子答景丑語詳味之，本仁義而同民利。齊王蓋已有動寢之益，故爲言受教不召之禮，若又加尊信，則君臣之遇自此始矣。然齊王待之以賓，位之以卿，其禮異於他儒生，欲無廢議論而已。故孟子終不仕齊。王猶故授館賦禄以矜式其國人，孟子以爲不行其道而徒賴其廩，是利之也，故終不留。按魯定公受女樂，三日不朝，孔子釋大夫出奔，齊景公曰「吾老矣，不能用也」，孔子行。衛靈公忽問陳，仰視飛鴻，孔子遂行【六】，有在陳之厄。孔子之速者，去國常禮也。齊王非不用孟子，孟子以其非所用，自決去之爾，故其行

【六】仰視飛鴻孔子遂行　「鴻」原作「雁」；「遂行」原作「行遂」，據文淵閣本、黄本改並乙正。

遲遲，而尹士、淳于髡皆有譏病也。

「孟子道性善，言必稱堯、舜」。按子思獨演堯、舜之道，顏、曾以下爲善有藝極者所不能也，故自孟子少時則固已授之矣。堯、舜，君道也。孔子難言之，其推以與天下共而以行之疾徐、先後喻之，明非不可爲者，自孟子始也。周衰而天下之風俗漸壞，齊、晉以盟會相統率，及田氏、六卿吞滅，非復成周之舊，遂大壞而不可收，戎夷之横猾不是過也。當時往往以爲人性自應如此，告子謂「性猶杞柳，義猶桮棬」，猶是言其可以矯揉而善，尚不爲惡性者。而孟子併非之，直言人性無不善，不幸失其所養【七】，使至於此，牧民者之罪，民非有罪也，以此接堯、舜、禹、湯之統。雖論者乖離，或以爲有善、有不善，或以爲無善、無不善，或直以爲惡，而人性之至善未嘗不隱然見於搏噬【八】、紾奪之中，此孟子之功所以能使帝王之道幾絶復續，不以毫釐眇忽之未備爲限斷也。余嘗疑湯「若有恒性」，伊尹「習與性成」，孔子性近習遠，乃言性之正，非止善字所能弘通。而後世學者既不親履孟子之時，莫得其所以言之要，小則無見善之效，大則無作聖之功，則所謂性者，姑以備論習之一焉而已。

与梁、齊、滕文公論治，最孟子要切處，惜無他書可以參看。大抵民不能皆有田而盡力而農，學校廢缺而上無教【九】，乃當時之大患，故諄諄言之。諸侯賦税法獨魯屢變，已見於《春秋》，不知他國如何？晏子爲叔向言齊爲季世，及對景公，皆病其專山澤之利，故

【七】不幸　「不」原脱，據文淵閣本、黄本補。

【八】至善　「至」原作「志」，據文淵閣本、黄本改。

【九】學校廢缺　「校廢」原脱，據文淵閣本、黄本補。

孟子舉文王治岐，語略相應，而齊王自以爲好貨而不能行其言。請野九一，國中十一。惟魯哀公謂「二吾猶不足」。不知他國所以斂民者分數果如何【一〇】。然戴盈之言「什一去關市之征，今兹未能，請輕之，以待來年然後已」。孟子又言當「法而不廛，譏而不征，助而不税」。然則是時王政不行，諸侯往往通用什二，「今之諸侯取之民猶御」恐不止什二。而關市山澤廛屋皆自征之矣，但輕重各不同耳。其因滕侯問井地，方論經界及治鄉治野之法【一一】，雖與《周官》同，此當時傳儒道者所共知。然《周官》所言在建國之初，而滕有國已數百餘年之後，孟子乃使之如初建國時耶？然勸其力行「以新子之國」，則當時所謂因循苟且者，誠欲其盡去不用，而滕侯爲善果決，亦足以任此也。至爲梁、齊言，則又不然，則欲其「五畝之宅，樹之以桑」，「百畝之田可以無饑」，「謹庠序之教，申孝悌之義」，豈梁、齊大國，井田、學校固自有存者，不必盡創爲也？如此類，皆無他書參考【一二】，故不能知孟子欲施置與其時合廢省之詳，甚可惜也。雖然，經界井牧，有司之小事，《周官》固不備載，後世以孟子嘗言，故爭論不已。又漢法什五税一，甚至三十税一，地大用寡，取之輕，正合事宜。學者以孟子有「大貉小貉」之論，諱避弗稱。至於今世，無所不取，又倍戰國，乃茫然無以救此，徒講經界井地，何益治亂哉！

孟子闢許行、神農之學，其言「賢者與民並耕而食，饔飧而治」，雖非中道，比於刻薄之政，不猶愈乎【一三】？孟子力陳堯、舜、禹、稷所以經營天下，至謂其「南蠻鴃舌之人，非

【一〇】分數果如何　「如」原脱，據文淵閣本、黄本補。

【一一】方論經界　「經」原脱，據文淵閣本、黄本補。

【一二】他書參考　「考」原脱，據文淵閣本、黄本補。

【一三】不猶愈乎　「猶愈」原作「有絶」，據文淵閣本改。

先王之道」，詞氣峻截，不可嬰拂。使見《老子》「至治之極，民各甘其食，美其服，鄰國相望，雞狗之音相聞，至老死不相往來」之語，又當如何？余嘗疑孔安國稱「伏羲、神農、黄帝之書，謂之《三墳》，言大道」。楚靈王指倚相能讀《三墳》、《五典》、《八索》、《九丘》。明他人不能讀。意漢初尚有遺文，而後世乃無所見。然他書亦未嘗援引，惟醫藥、卜筮、種樹皆藉其名。然則許行之言，或者《三墳》之舊歟？

「不見諸侯」，大議論也。或疑孟子因見梁、齊之君，故惠王以爲「不遠千里而來」，尹士謂「識其不可然且至，則是干澤」。按史載梁敗於楚、秦，恐懼，招聘名士，齊亦開稷下館以延諸儒，孟子以此時往。所謂「迎之致以有禮」。聘禮之輕重雖不可知，要爲非招不至，非徒步干説，冒甘憔悴於先，而逆幾榮寵於後也，此誠不足辨。又彭更言「後車數十乘，從者數百人，以傳食於諸侯」，或謂孟子不見其君而厚縻其粟，非所謂饑餓免死而已者。按彭更通論當時【一四】，非專指孟子，孟子以「通功易事」之義併曉之爾。不然，孟子道既不行，非斯人之徒而誰與？轉側於世可也，而猶欲明「通功易事」之義。則不亦微且勞矣？然「不見諸侯」，如孟子所言自有未精者。按堯時用人皆素定，特招者獨舜，四嶽同薦，具載於《書》，堯試以二女，觀厥刑，然後大任，無「往見舜」之文。孟子謂「亦饗舜，迭爲賓主」，未知何所本。未精一也。湯時用人亦素定，特招者獨伊尹。《書》稱「聿求元聖，與之戮力」，又「惟尹躬暨湯咸有一德，克享天心，受天明命」，詳其君臣交相重如此，

【一四】通論當時　「論」原脱，據文淵閣本、黄本補。

則往見伊尹或不可知。孟子雖言其「學而後臣」【一五】，又稱其「囂囂然曰：何以湯之聘幣爲」，至三聘而後幡然就湯，説之以伐夏救民，恐此亦辨士之餘説，未可據。未精二也。文王時用人亦素定，特招者獨太公，《詩》稱「我有嘉賓，鼓瑟吹笙，吹笙鼓簧，承筐是將，人之好我，示我周行」【一六】；又曰「德音孔昭，示民不恌，君子是則是效」。夫文王之用太公，雜書多異説，而《鹿鳴》所詠，蓋百世君臣相與之法。孟子言伯夷、太公皆辟紂居海濱，聞文王作，興曰「盍歸乎來」，「是天下之父，歸之」，疑此亦無明據，未精三也。至於孔子「鳳鳥不至，河不出圖」，招聘禮絶，自知不用，未嘗有求。然其曲盡君臣之際，爲後世絶倫，故曰「事君盡禮，人以爲諂」，「拜下，禮也，今拜乎上，泰也，雖違衆，吾從下」；「君命召，不俟駕行矣」。然孟子謂「孔子當仕，有官職，而以其官召之」，未知何官？齊景、魯哀皆不當仕而有問答，豈必就見？又若孔子未嘗不仕，而孟子焉得獨不然。疑亦未精四也。蓋「不見諸侯」本於子思，子思本於曾子。「彼以其富，我以吾仁，彼以其爵，我以吾義」；「以德則子事我者也，奚可以與我友」；「摽使者出之大門之外」。疑皆執德之偏。而孟子又稱「孔子微罪行，不欲爲苟去」，疑亦雜舉，不純一理也。然則「不見諸侯」於當時既未精，而後世又爲孤義，恐更當别論。

「子産惠而不知爲政」。按「道之以政」，孔子不以爲是，自管仲以下爲政者多矣，惟子産在春秋時，政道獨異於人，故孔子稱其「養民惠，使民義」，又時謂之惠人，又謂其「古

【一五】孟子雖言其　「言其」原脱，據文淵閣本、黄本補。

【一六】示我周行　「示」原作「是」，據文淵閣本、黄本及《詩·小雅·鹿鳴》改。

之遺愛」，又言「人謂子産不仁，吾不信也」。然末世偏術，視子産之所爲皆謂之王政，而不知其政固已多矣，蓋猶存古人之遺而已。「猶衆人之母，能食不能教」，此固俗儒之妄，而孟子何爲亦有此言？且「以乘輿濟人於溱洧」，不知何所因？「十月徒扛成，十二月輿梁成，民未病涉」，此爲治橋梁常法言之。雖下於子産者亦知行辟人也。或雨暴至，橋梁驟失，倉猝而執政以己乘輿濟人，則當時能如子産者少矣【一七】，故爲百姓所思，傳誦不忘。而反欲舉常法以病之，恐此理亦未精也。

「仲尼不爲已甚者」，恐此語未當記。孔子曰：「好勇疾貧，亂也；人而不仁，疾之已甚，亂也。」此語當記。所言禹、湯、文、武之道，至「周公思兼三王，以施四事」。按《堯曰》篇所稱皆當時實語，此語未知何所本。或無所本而以測知者言之，恐所舉之要不能盡所行之詳也。

「《詩》亡然後《春秋》作」，按古《春秋》先於《詩》，非《詩》亡而作也。若謂孔子《春秋》在《詩》亡後，恐亦當論。《詩》雖不亡，其可無《春秋》乎？若謂歌詠之澤絶而後貶損之法行，則是孔子以道之降者治後世，終不能復先王之盛矣。「其文則史，孔子曰其義則丘竊取之矣」。按舊史自有義，孔子因之不能廢也。

「是亦羿有罪焉」，子濯孺子可以取友言，羿不可以取友言。公明儀曰「宜若無罪焉」，豈古之所謂賢者而不精於論耶？

【一七】子産者　「者」原脱，據文淵閣本、黄本補。

「禹、稷、顔回同道」。按禹、稷所憂，以任不以道；孔子所賢，以道不以任。禹、稷雖憂，而憂其所樂，孔、顔雖樂，而樂其所憂。

以萬章所問舜、象、禹、益、伊尹、百里奚事考之，知昔人固多汩於所聞而不訂之理義。豈惟昔人，而後人亦莫不然【一八】。然後人之謬妄，則不如昔之甚者，以後之史詳而昔之史略也。然訂之理義，亦必以史而後不爲空言。若孟子之論理至矣，以其無史而空言，或有史不及見而遽言，故其論雖至，而亦人之所未安也。如孔子事，耳目最近，然苟非載籍，則壤地不殊而見聞各異者多矣。然謂衛卿爲有命，疑非孔子語；辨主癰疽瘠環之無義無命，疑此語孟子亦未嘗發也。

孔子但言伯夷「求仁而得仁」，「餓于首陽之下」，而孟子乃言其「不可與鄉人處」，則無故而迫切已甚。伊尹果自任以天下之重而無亂亡之擇，則曷爲不度其君？按《書》，伊尹去亳適夏，既醜有夏，復歸于亳，武王觀政之比【一九】，而傳者以爲五就而説之。柳下惠，孔子之言止于「不枉道」、「不去父母之邦」，而孟子遂以爲「與鄉人處不忍去」，則無故而誣辱已甚。若夫孔子自言「無可無不可」而已，孟子乃以爲「可以速而速，可以久而久，可以處而處，可以仕而仕」。然則因人而可耶，自我而可耶？若是者，果謂之集大成耶？又有始終條理之異，智聖功力之殊，亦果然耶？按《中庸》稱「仲尼祖述堯舜，憲章文武」，其説廣大閎深，無所不備。而孟子之言又卓異詭絶如此，學者果何所用力耶？夫孟子之稱伊尹不幾於

【一八】莫不然　「莫」原作「其」，據文淵閣本、黄本改。

【一九】武王觀政　「王」原脱，據文淵閣本、黄本補。

所謂狂，伯夷不幾於所謂狷，而柳下惠疑若鄉願然者，豈三人以此成德？而學者必求所以入德之門，疑亦未精也。

「耳目之官不思而蔽於物，物交物，則引之而已矣；心之官則思，思則得之，不思則不得也。此天之所以與我者，先立乎其大者，則小者弗能奪也，此爲大人而已矣。」按《洪範》耳目之官不思而爲聰明，自外入以成其内也。思曰睿，自内出以成其外也。故聰入作哲，明入作謀，睿出作聖，貌言亦自内出而成於外。古人未有不内外相交成而至於聖賢，故堯舜皆備諸德，而以聰明爲首。孔子告顔淵「非禮勿視，非禮勿聽」，學者事也，然亦不言思。故曰「學而不思則罔，思而不學則殆」。又曰「吾嘗終日不食，終夜不寢以思，無益，不如學也」。季文子三思而後行，子聞之曰「再斯可矣」。又物之是非邪正終未可定。《詩》云「有物有則」，子思稱「不誠無物」，而孟子亦自言「萬物皆備於我矣」。古人之耳目，安得不官而蔽於物？而思有是非邪正，心有人道危微，後人安能常官而得之？舍四從一，是謂不知天之所與，而非天之與此而禁彼也。蓋以心爲官，出孔子之後，以性爲善，獨自孟子始。然後學者盡廢古人入德之條目，而專以心性爲宗主，虚意多，實力少，測知廣，凝聚狹，而堯舜以來内外交相成之道廢矣。

「五霸者，三王之罪人也」。按古自有五霸，齊國佐所指是也，孟子言「五霸桓公爲盛」，疑即春秋以來五霸也。如昆吾爲夏伯，大彭、豕韋爲商伯，天子衰，不主令，而諸侯之强大者專之，不特周爲然，未知其得何如也。湯既改物，固不論，若文王不改物，始終一道而已，故孔子言「三分天下有其二，以服事殷，周之德其可謂至德也已矣」，此最論王伯之準的也。學必守統紀，不隨世推遷，後學既訛伯而爲霸，而其道亦因以離。孟子雖言「五霸，三王之罪人」，而但謂其「摟諸侯以伐諸侯」，此猶未足以爲罪，至謂「久假不歸烏知其非有」，「霸者之民驩虞」，則輕進其君於道，而管仲、曾西所不爲，又重絶其臣於利，而統紀疏矣。

卷十五

老子

言老子所自出，莫著於《孔子家語》、《世家》、《曾子問》、《老子列傳》。蓋二戴記「孔子從老聃祭於巷黨」云云，史佚「子死下殤有墓」，禮家儒者所傳也。司馬遷記孔子見老聃，歎其猶龍，遁周藏史至關，關令尹喜强之著書，乃著上下篇，言道德之意，非禮家儒者所傳也。以莊周言考之，謂「關尹、老聃古之博大真人」，亦言孔子贊其爲龍，則是爲黄老學者借孔子以重其師之辭也。二説皆塗引巷授，非有明據。然遷謂「世之學老子則絀儒學，儒學亦絀老子」。稱指必類，乃好惡之實情，烏得舉其所絀，而亦謂孔子聞之哉？且使聃果爲周藏史，嘗教孔子以故記，雖心所不然，而欲自明其説，則今所著者，豈無緒言一二辨析於其間？而故爲巖居川遊素隱特出之語，何耶？然則教孔子者必非著書之老子，而爲此書者必非禮家所謂老聃，妄人訛而合之爾。自伏羲以來漸有文字，《三墳》、《八索》今不傳於世，大抵多言變化儻慌，非世教所用，非人心所安，故堯、舜、禹、皋陶以至周公。孔子損削弗稱。管子尚權謀，子華子言仁義，其人與老子並時【一】，或相先後，

校勘記

【一】其人與老子　「與」原脱，據文淵閣本、黄本補。

亦皆與道德之意相首尾。蓋老子之學乃昔人之常，至其能盡去謬悠不根之談，而精於事物之情僞，執其機要以御時變，則他人之爲書固莫能及也。然遷既以爲不知所終，又以爲壽百六十歲，又其居自有鄉里，又以爲有子爲魏將，傳至漢。而所謂教孔子之老聃，著書之老子，乃不能辨其本事而徒詳於末流，則非余所知也。

「道可道，非常道，名可名，非常名。有名天地之始，無名萬物之母，常無欲以觀其妙，常有欲以觀其徼。此兩者同出而異名，同謂之玄，玄之又玄，衆妙之門」。昔之治方術者，無不上推天地之初，下極人物之化，其言下俚夷貊，如太始、太素、青寧、程、馬，自列禦寇、莊周皆然。獨老子爲不然，止於常非常，有無徼妙而已【二】。玄亦衆方所常論，今以徼妙同謂之玄，於此求之，則下於舊論數十等也。蓋老子雖爲虛無之宗，而皆有定理可驗，遠不過有無之變，近不過好惡之情，而其術備矣。然則其徒祖述之者，於其指歸終不能識，而以浮言爛熳於世，自爲區域，上則瀆天，下則欺人，然後知道術之難言，而老子思慮之所未及也。

道曰可道，則必有不可道者；名曰可名，則必有不可名者。可道者非常道，則不可道者常道也。可名者非常名，則不可名者常名也。有名，即天地之始也；無名，即萬物之母也。常無之，欲以觀其妙，妙不在於他，在於能無而已。常有之，欲以觀其徼天下之物，雖日陳於吾前，皆其粗者也。玄與妙，方術家之所常言也【三】，而言之者輒浩渺不可

【二】有無徼妙　「無」原脱，據文淵閣本、黄本補。

【三】所常言　「言」原脱，據文淵閣本、黄本補。

屬。老子之所謂玄者，即有無同異之間也。有而復無，無而復有，有無相轉而不已，即所謂「玄之又玄」，而衆妙之所由開闔出入也。蓋指人之所共知共見者，示之以道之所在，未嘗以難知難見者誣譋之也。

人之所美而以爲惡，人之所善而以爲不善。賢可尚，懼其爭也；難得之貨可貴，懼其道也；心有可欲，懼其亂也。凡人心實而腹虚，骨弱而志强，其有欲於物者勢也，能使反之，則其無欲於物者亦勢也。聖人知天下之所欲，而順道節文之使至於治，而老氏以爲抑遏泯絶之，使不至於亂【四】。此有爲無爲之别也。孔子曰「無爲而治者，其舜也與！夫何爲哉？恭己正南面而已」。蓋美美善善，尚賢貴貨，見其可欲，舜之有爲而老氏之所病也。然則孔子之言如此，豈非舜雖有爲而實未嘗爲乎？恐老氏未能知也。

「道沖而用之或不盈，淵兮似萬物之宗。挫其鋭，解其紛，和其光，同其塵，湛兮似若存。吾不知其誰之子，象帝之先」。此老子指其道以示人最親切處也。人無智愚高下，其於用也必泰而溢，蓋己之情物之變相激而然爾，故能沖而不盈者，即道也。鋭與光，物之精華也；紛與塵，物之滓濁也。人皆求其精華而忘其滓濁，因精華以致滓濁，其終以自敗而不能反也。故曰「挫其鋭，解其分，和其光，同其塵」，使相均等不偏勝也。沖而不盈，淵者似爲宗，光鋭塵紛無以相絶，湛者似或存矣，然而人所以不能行者，惡其爲子也。老子曰「非子也，象帝也；非獨帝也，象帝之先也」。所以深言其道之可貴也。

【四】「至於」至「之使」十四字原脱，據文淵閣本、黄本補。

余固謂老子之言有定理可驗，至於私其道以自喜，而於言天地則多失之。其曰「天地不仁，以萬物爲芻狗」，曰「天地之間其猶橐籥乎，虛而不屈，動而愈出」，曰「玄牝之門，是謂天地根」，曰「天長地久，天地所以能長且久者，以其不自生，故能長生」，曰「天乃道」，曰「飄風不終朝，驟雨不終日，孰爲此者？天地。天地尚不能久而況於人乎」，曰「有物混成，先天地生」，曰「地法天，天法道」，曰「天得一以清，地得一以寧」，曰「天之道不爭而善勝，不言而善應，不召而自來，繟然而善謀【五】，天網恢恢，疏而不失」，曰「天之道，其猶張弓乎，高者抑之，下者舉之，有餘者損之，不足者與之，天之道損有餘而補不足」。按古人言天地之道，莫詳於《易》，即其運行交接之著明者，自晝而推，逆順取之，其察至於能見天地之心，而其粗亦能通吉凶之變，後世共由，不可改也。今老子徒以孤意妄爲窺測，而其説輒屢變不同。夫天地以大用付與陰陽，陰陽之氣運而成四時，殺此生彼，豈天地有不仁哉？《易》稱「乾，元亨利貞」，孔子贊曰：「萬物資始，乃統天，雲行雨施，品物流形，大明終始，六位時成，時乘六龍以禦天，乾道變化，各正性命，保合太和，乃利貞。」而其象以爲「天行健」。然則虛與動何足以盡之，而謂爲橐籥之比邪？天道雖歸於靜順，非所以言天地，故言天地爲首則不可，而以玄牝爲天地，則是不以乾統天，而天之行非健也。且天長地久，自古而然，未有知其所由來者，豈以其不自生而後能長生哉？世之方士用老子言而求長生，而其術未有不出於自生者，又烏知天地之所以能長生非其自生

【五】繟然 「繟」原作「綽」，據文淵閣本、黄本改。

乎？　飄風驟雨非天地之意也，若其陵肆發達，起於二氣之爭，至於過甚，亦有天地所不能者矣。然君子象之爲「振民育德」，「赦過宥罪」，而區區血氣之鬭，何敢擬於其間？　蓋老子以人事言天，而其不倫如此。夫有天地與人而道行焉，未知其孰先後也。老子私其道以自喜，故曰「先天地生」，又曰「天法道」，又曰「天得一以清」。且道果混成而在天地之先乎？　道法天乎？　天法道乎？　一得天乎？　天得一乎？　山林之學不稽於古聖賢【六】，以道言天，而其慢侮如此。及其以天道言人事，則又忘之，故曰「不爭而善勝，不言而善應，不召而自來」，又曰「天道其猶張弓」，則是爲天者常以機示物，而未嘗法道之虚一無爲也。然則從古聖賢者，畏天敬天，而從老氏者疑天慢天，妄窺而屢變，玩狎而不忌，其不可也必矣！

「上善若水，水善利萬物而不爭，處衆人之所惡，故幾於道」。按諸子論水多異説。子産謂「水弱，民狎而玩之，故多死焉」，以象寬難。鄒衍則又不足稱。蓋《易》言「習坎有孚，維心亨，行有尚」，孔子贊之，以爲「流而不盈，行險而不失其信，維心亨，乃以剛中也。行有尚，往有功也」。而老氏之言差合矣。

「載營魄」，謂有此身也。下言「抱一」，「專氣致柔」，「滌除玄覽」，「愛民治國」【七】，「天門開闔」，「明白四達」，皆有此身而治之也。人以此身載營魄而行，血氣無殊，而知愚絶異。按劉子言：「民受天地之中以生，所謂命也。故有動作、禮義、威儀之則，以定命

【六】古聖賢　「聖」原脱，據文淵閣本、黄本補。

【七】愛民治國　「民」原作「天」，據文淵閣本、黄本改。

也。能者養之以福，不能者敗以取禍。」劉子不爲無智者，所謂載營魄而行，其言治之之道如此。豈爲劉子？自堯、舜、禹、湯以來【八】，無不如此，故謂之人道。而老子乃云，當如嬰兒無爲無知，推之天下國家皆用此術。夫各由其方，各致其極，不相爲謀，亦無怪矣。然後之儒者，智不足以達反【九】，尊奉之曰：「彼道也，此禮也；彼天也，此人也；彼妙也，此徼也。」不兼明而兩蔽者也。

「三十輻共一轂【一〇】，當其無，有車之用。埏直以爲器，當其無，有器之用。鑿户牖以爲室，當其無，有室之用」。老子之爲是言也，所以明無也，然適見其無者而已。天下之物當其有而用者皆是也，何未之思乎？然則有無不足以相明，而道之所不在也，蓋老子之所操者雖微而狹矣。

「視之不見名曰夷，聽之不聞名曰希，搏之不得名曰微，此三者不可致詰，故復混而爲一。其上不皦，其下不昧，繩繩兮不可名，復歸於無物，是謂無狀之狀，無物之象，是謂惚恍【一一】。迎之不見其首，隨之不見其後，執古之道以御今之有，能知古始，是謂道紀」。視之不見，非遠也；聽之不聞，非寂也；搏之不得，非空也【一二】。其説以爲可見、可聞、可得者皆物也，不見、不聞、不得者非物也。雖然既已在見聞搏執之内矣，雖不可致詰，而既已受詰矣，此其所以復混而爲一。一者，道之别名也。老氏謂「道生一」，一者，道之子也。其上雖不皦，其下亦不昧，散在萬物而復歸於無物也，故曰「無狀之狀，無物之象，是謂惚

【八】禹湯以來　「來」原脱，據文淵閣本、黄本補。

【九】智不足以達反　「反」原脱，據文淵閣本、黄本補。

【一〇】三十輻　「十」原脱，據文淵閣本、黄本及《老子》十一章補。

【一一】是謂惚恍　「謂」原脱，據文淵閣本、黄本補。

【一二】搏之不得非空也　七字原脱，據文淵閣本、黄本補。

恍」。惚恍者，有而不有，無而不無也。必有以迎，然而莫爲首；必有以隨，然而莫爲後。有者非道而御有者道，自古而然也。老子極思研精，模寫夫道，其勞若此。按舜命禹「道心惟微」【一三】，《周官》「儒以道得民」，孔子「何莫由斯道」，皆前無本根，後無枝葉，老子未之聞爾。

「古之善爲士者，微妙玄通，深不可識，夫唯不可識，故强爲之容。豫兮若冬涉川，猶兮若畏四鄰，儼兮其若客，涣兮若冰將釋，敦兮其若樸，曠兮其若谷，渾兮其若濁。孰能濁以靜之徐清【一四】？孰能安以動之徐生？保此道者不欲盈，夫唯不盈，故能敝不新成」。老子取於人情物理，以爲體道之驗【一五】，可謂巧矣。冬之涉川，無敢驟犯者。四鄰雖不吾禁，吾之所爲恐其聞而見也。主爲政而客不爲政，嚴以待而已。冰之將釋，融浹而不流也。樸者，不制割也。谷者，虛而深也。若濁者，非濁非清也。此皆人情物理之自然。不待智者而知。至於取以爲體道之驗，則雖智者不知不能也。老子之於道【一六】，豈不察而近乎？濁之徐清，安之徐生，此亦人情物理之自然，而非智者不能待也。然其大旨則欲沖不欲盈，欲能敝不新成爾。嗟夫！老子之道偏矣，其行之勞矣，然而可以寡怨遠罪也。按《易》「勞謙君子，有終」，其象以爲「萬民服」，蓋以功與人而已不居焉，老子自爲而已，其於人也無功，則雖勞而固以逸爲利也。

「萬物並作，吾以觀其復。夫物芸芸，各復歸其根。歸根曰靜【一七】，靜曰復命」。按

【一三】道心惟微　「惟」原脱，據文淵閣本、黄本及《尚書·大禹謨》補。

【一四】孰能濁以靜之徐清　「孰能濁」原脱，據文淵閣本、黄本及《老子》十五章補。

【一五】體道之驗　「之」原脱，據文淵閣本、黄本補。

【一六】老子之於道　「老」原脱，據文淵閣本、黄本補。

【一七】歸根曰靜　「根」原脱，據文淵閣本、黄本及《老子》十六章補。

《易》，物作而剥，剥極而復，復則還作矣。故孔子以爲見天地心者，取其作也。若老氏之歸根，則以剥爲復，復則不作，非余所知。

「六親不和有孝慈，國家昏亂有忠臣」。和則不待孝，治則不待忠，其道或然矣。然其所不和不治，豈爲忠孝者致之哉？若舜父母，箕子之君【一八】，併以不和不治者集於其身，又將奚咎？老子謂因廢道有仁義，因智慧有大僞，而謂家國之亂亦有忠孝者致之，故欲絶焉。噫！未有不察事而可以知道者，是恣其私説而以亂益亂，非亡滅不止，悲夫！

「衆人熙熙，如享太牢，如登春臺，我獨怕兮其未兆，若嬰兒之未孩」；「衆人皆有餘，而我獨若遺」；「衆人皆有以，而我獨頑似鄙」。此雖非道，然欲已遠身，道亦凝焉。若學者但以爲資質所安，而無聞悟之獲，則緩縱於瞬息之微，而所遁逸者不啻千里之外矣。

「君子終日行，不離輜重」。物有輜重【一九】，道亦有輜重，人皆知致物之輜重以行其身，而不知致道之輜重以行其身也。使誠知之，則千鈞在己而毫芒在物矣。惜乎老子爲一方之説而不足以教學者也！

老子論道猶可也，何必及兵。益贊禹以「致誠感神」，自知其可以勝有苗而不用，而苗亦知之，故班師振旅而苗自至，兵之上也，出律不足以擬之矣。若老子論兵不可以勝敵，而欲以哀先之，則左次輿尸而已。佐人主者，固無以兵强之道。至於兵受弱而道亦

【一八】箕子之君　「子」原脱，據文淵閣本、黄本補。

【一九】物有輜重　四字原脱，據文淵閣本、黄本補。

亡，則謂之「以道佐人主」不可也。爲國者不審觀而信處士之虚言，亂曷已乎？「上禮爲之而莫之應，則攘臂而仍之」；「夫禮者，忠信之薄而亂之首」。世之陋儒謂失禮則入刑，則老子宜有此論矣，攘臂而仍之，入刑之謂也。老氏已先見，自其時言之，謂之救弊【二〇】，若通行於後，則有德其可以無禮乎？道德之於禮，譬人身之有耳目手足也，非是則無以爲人。故孔子曰「安上治民，莫善於禮」；「道之以禮，有恥且格」。正謂不攘臂而仍之也。老子所講不詳，而輕言治道，誤後世莫大於此。

「大道甚夷，而民好徑。朝甚除，田甚蕪，倉甚虚，服文采【二一】，帶利劍，厭飲食，貨財有餘，是謂盜誇，非道也哉！」老子與堯舜三代之聖人辨道於分釐杪忽之微，而以衰末亡國之事並言之，不知使彼出而爲治，又將何以處此！

蓋老子之微言纔十數章，其有見於道者，以盈爲沖，以有爲無，以柔爲剛，以弱爲强而已。然而謂堯舜三代之聖皆不知出此也，遂欲盡廢之而以其説行天下。嗚呼！使其爲藏史之老聃歟？則執異學以亂王道，罪不勝誅矣！使其非藏室之老聃，而處士山人乘王道衰闕之際，妄作而不可述，奇言而無所考，學者放而絶之可也，奈何俛首以聽，而或者又助持矛焉。則學而不盡其統，與不學同，於是以自有之聰明而陷於人之聾瞽者，百世之通患也。

【二〇】謂之救弊　「救弊」原作「弊救」，據文淵閣本、黄本乙正。

【二一】服文采　「采」原作「美」，據文淵閣本、黄本及《老子》五十三章改。

卷十六

子華子

「混茫之中，是名太初，實生三氣，曰始，曰元，曰玄」。「通三爲一，離之爲兩，是名陰陽」。「五運流轉，有輪樞之象。水涵太一之中精，潤澤百物，行乎地中；風涵太玄之中精，動化百物，行乎天上。上赤之象，其宮成離；下黑之象，其宮成坎」。「坎離獨幹乎中氣〔一〕，中天地而立生，生萬物，新新而不窮」。「陽氣爲火，火勝，故冬至之日燥；陰氣爲水，水勝，故夏至之日濕。火則上炎，水則下注」。程子儒者，而其言如此，異哉！然亦無以爲異者，蓋古之言道，《三墳》、《八索》，舊所聞記，往往皆然，故問者有「風輪誰轉〔二〕，三三六六，誰究誰使」之語，明其爲常所傳習也。按浮屠在異域，而風水諸輪相有執持，上至有頂，其説尤怪。至以爲意生之身，親履其處，又非推測之比矣。《洪範》九疇，箕子言天所錫，一爲五行，即程子所謂上炎下注者，而風輪坎離之説，禹所不道也。又《易》言「坎有孚，維心亨」，「離利真亨，畜牝牛吉」，無所謂「獨幹中氣，生生萬物，新新而不窮」者，若《三墳》、《八索》果以此爲《易》，則伏羲、神農之道豈必盡見黜於後人哉！

校勘記

〔一〕幹乎中氣　「中氣」原作「天」，據文淵閣本、黄本及《子華子》上卷改。

〔二〕風輪誰轉　「誰」原脱，據文淵閣本、黄本及《子華子》上卷補。

蓋經籍乖異，無所統一，怪妄之所由起，轉相誑惑而不能正爾。後世學者幸《六經》之已明，五行八卦，品列純備，道之會宗，無所變流，可以日用而無疑矣，奈何反爲太極、無極，動靜男女，清虚一大，轉相誇授，自貽蔽蒙？悲夫！蓋孔子已盡究古人之異學，發於《彖》、《象》【三】，其述天地精微【四】，皆卦義所未言。不幸《大傳》、《文言》諸雜説附益混亂，是以令學者紛紛至此【五】。夫懸日月以示人，惟無目故不能見，若有目而眛之，可謂智乎？

「古之知道者，務全其生」。謂道所以爲生，全生者全道也。「全生者爲上，虧生者次之，死次之，迫斯爲下矣」。「所謂迫生者，六欲莫得其宜也，皆獲其所甚惡者也。辱莫大於不義，不義者，迫生也，故曰迫生者不如死」。按子貢問政，子曰：「足食足兵，民信之矣。」曰：「必不得已而去，於斯三者何先？」曰：「去兵。」「必不得已而去，於斯二者何先？」曰：「去食。自古皆有死，民無信不立。」夫以不義不如死，與寧死而無去信者，皆以道而爲生。全生以歸道，聖賢道其常，立論之本指也。豈賜也已知而故設問乎？不然，則是飲食男女之生，而道者外假而已，凡可以存生而廢道者皆當安而爲之，而又奚以疑？

黄帝采銅鑄鼎，隊烏號之弓，程子以理辨非，而謂「太古之聖人所以範世訓俗，有直言者，有曲言者，直言者直以情貢也，曲言者假以指喻也」。采銅鑄鼎，假以指喻之言也。按今《典》、《誥》所傳，皆非太古之言，唯郯子論官名，所釋大義頗與程子合，且謂「唐虞以

【三】發於彖象　「象」原脱，據文淵閣本、黄本補。
【四】其述天地　「述」原脱，據文淵閣本、黄本補。
【五】學者紛紛　「者」原脱，據文淵閣本、黄本補。

來不能紀遠，故命以民事」。然則太古之言，豈或此類也歟？程子又謂「言之致曲，則其傳也久，傳久而譌，則知者正之，譌甚而殽亂，則知者止之」。夫《典》、《誥》之言，其傳也久也，所以不譌者，非曲假以指喻也。使太古之言果曲假以指喻，譌甚而殽亂，則宜其爲後人之所止，非不能也，而何久之云！

所言郯子以達禮聞，而程子往從之，謂「異乎所聞」，「肅駕而起，遵塗而歸」，詳其意，則郯子於禮嚴以苛，非所謂「和爲貴」者。按孔子是時亦學於郯子，但云「天子失官，學在四夷」而已。程、孔遂相遇於塗，傾蓋語終日，不知所道何事。以其書考之，則微生畝、晨門、荷蓧、長沮、桀溺之流皆不能及，而弟子竟無一字以記。蓋仲由謂「士不中間見，女嫁無媒，君子不以交」，豈爲是惡之不録歟？二三子之狹陋自私如此，不惟失孔子之意，亦難乎語道矣。

「有美一人，清揚婉兮，邂逅相遇，適我願兮」，序《詩》者謂「男女思不期而會」，余固疑其非【六】。按孔子稱此以況程子，然則凡《詩》之美人，當皆謂賢者，其於刺淫貶色，要須特有所指乃可從爾。不然，則彼何足以污簡策，而複載重出【七】，諄悉不已哉？

孔子《臨河之操》曰：「河之水洋洋兮，丘之不濟此，命也夫！」程子敘其本末甚詳，可信不疑也。孔子周行天下而不至秦、晉。秦無道，最先割裂宗周，晉次之，亦寡弱王室，其鄙詐粗武，皆與夷翟無異，曾不如荆尸尚有文詞可觀。孔子雖曰因竇鳴犢、舜華

【六】疑其非 「疑」原作「宜」，據文淵閣本、黄本改。

【七】而複載重出 「出」原脱，據文淵閣本、黄本補。

死【八】，罷河梁之行，然終無秦晉之轍跡，豈亦有慨於中也？ 而俗師妄傳，乃謂「本其風俗，憂深思遠，儉而用禮，有堯之風」。 夫晉自始封以來，固未嘗競於禮，而孔子稱堯之君蕩蕩巍巍，豈《蟋蟀》諸詩可象其遺風哉！

武王韤係解事，世所共傳。 按《牧誓》「王左杖黄鉞，右秉白旄以麾」，此《書》言牧野之事，周師壓郊而陳，五臣將受誓事於前，王釋旄鉞而親係之，則其語不詭也。《詩》曰：「淠彼涇舟，烝徒楫之。 周王于邁，六師及之。 鳶飛戾天，魚躍于淵。 周王壽考，遐不作人。」夫周文、武之所以作人而成其材者，使之皆知自尊，而非以尊其身也。 而司馬遷述禮論秦儀，乃謂「尊君抑臣，朝廷濟濟」，此等語言，蕩溺人心【九】，不復可反。

程子既違趙，趙簡子不悦，以語燭過，過曰：「彼庶人而傲侮公上，無以爲國。」簡子曰：「而士以兵之。」燭過至苓塞，子華子行五日矣【一〇】。按《左氏》，夾谷之會，孔丘相。犂彌言於齊侯曰：「孔丘知禮而無勇，若使萊人以兵劫魯侯，必得志焉。」從之。 孔丘以公退，曰：「士兵之！ 兩君合好，而裔夷之俘以兵亂之，非齊君所以命諸侯也。 裔不謀夏，夷不亂華，俘不奸盟，兵不偪好，於神爲不祥，於德爲愆義，於人爲失禮，齊君必不然。」齊侯聞之，遽辟之。 趙鞅所謂「而士兵之」者，使燭過將持兵之士以殺之也；《左氏》所謂「士兵之」者，使虎賁武士扞禦而公退也。 其言「兵之」者，可殺而未必殺也。 犂彌本謀，乘其倉猝擾駭，欲有所逞，而孔子從容辭令，折服齊人，故齊侯聞而遽辟之也。 而

【八】「曾不如」至「因賓鳴」十八字原脱，據文淵閣本、黄本補。

【九】蕩溺人心　「蕩」原脱，據文淵閣本、黄本補。

【一〇】華子　「子」原脱，據文淵閣本、黄本補。

《家語》【一一】、《穀梁子》、《孔子世家》乃謂孔子「請具左右司馬」，又有「歷階而升，不盡一等」，「熒惑諸侯」，司馬加法，首足異門以爲文事武備之效，多至數百言。然則獨過之兵，程子豈必以司馬乎？夫諸侯好會，使其當具司馬，則不待孔子有請，不當具而具，好會以兵往，主盟者其肯從乎？史稱「以公退」，則語禮者固在君側矣【一二】。若歷階而升，則在壇壝之下，何能相儀而以公進退乎？兩君合好，相示以禮，相命以詞，烏有蹀血宫廷，戮其盟主，而爲衣裳之盛事哉？蓋儒生草野，傳聞非實，動色張大，疑亂後學，而孔子用世之驗纔此一舉，晻晦不明，爲害大矣。

程子問北宫意「以自事其心者」，「謹志其所欲，爲於善而違其惡」。程子愀然變容，謂「善奚足願而惡奚足違」。按善惡，天下公理，趨善避惡，求道者所同；遷善改過，學《易》者所貴。而程子欲以古人之澹泊滌除一世之羨慕，失其所以教矣。至論碏、厚、聵、輒、寤、段、忽、突、季友、叔向，君臣父子兄弟夫婦倫紀之間以惡故不存，以善故不完者，又皆當時大節目，則其言亦未可厚非也。善惡出於相形，而以私意行之者常爲公理之害。孔子曰：「見善如不及，見不善如探湯，吾見其人矣，吾聞其語矣。隱居以求其志，行義以達其道，吾聞其語矣，未見其人也。」然則行義而不能達道，固亦孔子所諱，但程子太勁疾爾。

言趙文子「好學而能受規諫，立若不勝衣，言若不出口，身舉士於白屋之下者四十有

【一一】家語　二字原脱，據文淵閣本、黄本補。
【一二】固在君側　「在君」原脱，據文淵閣本、黄本補。

六人，皆能獲其赤心，公家賴焉。及其歿也，四十有六人皆就賓位，是其無私德也」。按《檀弓》記趙文子事甚詳，而謂「其中退然如不勝衣，其言呐呐然如不出諸其口【一三】，所舉於晉國筦庫之士七十有餘家，生不交利，死不屬其子焉」，略與程子語合，但舉士數不同爾。其言「主盟諸夏，天下賴其仁，兵革之不試者垂十許年」，當是時果以弭兵爲大功【一四】，與宋子罕之論異也。趙武在時，諸卿已弱公室，然未有取晉之心，及趙鞅先叛，而三晉之分始決。如竇鳴犢、舜華【一五】，最初用事，後乃見殺，不知何罪。豈其時爲家臣者猶欲與國共存【一六】，而鞅專自封殖故致忤，若荀彧之於曹操類耶？

齊景公問「所以爲國奈何而治？」程子謂「國不足爲，事不足治」，反覆幾千言。按齊景公問政於孔子，所對數言而已，何程子之繁而孔子之簡？豈弟子所記有不同也？然程子既不合，而孔子亦不用，其言「司空之刀鋸斷如也，而罪罟滋長」，亦與晏子「屨賤踊貴」語合。然史稱「晏子一言而齊侯省刑」，曷爲程子之落落？蓋直攻諱受，微諷樂從，事近易知，道遠難識，自古而然也。

「仲尼，天也，其可違物而奠處乎【一七】？其可絶物而自營乎？日月不宇宙，四指必迷所鄉矣。仲尼，人之準繩也。仲尼之轍跡則病矣，而亦皇暇之恤！」按儀封人、達巷黨人所稱孔子，皆不得如程子之大，而程子之賢何止二人？弟子存彼遺此，然則他書之所不見，而聖賢之出處不得盡白於世者衆矣。

【一三】出諸其口　「口」原脱，據文淵閣本、黄本補。

【一四】當是時　「時」原脱，據文淵閣本、黄本補。

【一五】舜華　「舜」原脱，據文淵閣本、黄本補。

【一六】豈其時爲　「其時」原作「時其」，據文淵閣本、黄本乙正。

【一七】其可違物　「違」原作「爲」，據文淵閣本、黄本及《子華子·虎會》改。

又言「本也何足以望夫子！夫子軫方而轂圓者也，將無乎而不可，我則有所可也」。按孔子自言「我則異於是，無可無不可」，弟子多不能知，而程子能知之。然程子以有所可，從夫子之無乎不可。今之學者因孔子之自言而謂無可無不可者，無所不可而已。嗚呼！安得有所可者而與之進於無乎不可之地乎！

所論天地之生材，甚愛甚惜，必有恪固之心。人之蔽賢者違天地之所恪固，使之氣沮而志奪，怫然而怒，聚爲陰陽之罰，則其人雖大必折，雖炎必撲，荒落而類，圮敗而族，故隱戮者陰隲之反也。晏子以爲駭哉其言！按孔子「臧文仲其竊位者歟？知柳下惠之賢而不與立也」。孟子「言無實不祥，不祥之實，蔽賢者當之」，語緩而意平，不如是之峻也，豈有所激於中歟？雖舜、文王，要不能盡賢材之用，然用者十八九，而天地之和氣亦應之。亂亡之世皆生於賢不肖之倒置，則其理固然爾。程子自不求用，非世不用程子，其言如此，亦非激于中也。

晏子所言齊侯「惡群臣之有黨」，問「何方以弭」，及程子所答，全似漢唐間事。朋黨比周，古人所名，其向背離合之際亦未嘗不同，而《詩》、《書》以文行遠，故不得盡載其情僞也。其言「左右之臣，原君之所惡，以隳遊士之修，舉齊之朝將化而爲私人」。又言「遊士之所以去，則治象之所以不存」，古者諸侯雖各自爲國，而取臣則不專在其境，後人見六國相傾奪滅亡，以爲遊士所致【一八】。以程子言觀之，士之遊固久而皆賢，至春秋末俗

【一八】以爲遊士 「以」原脱，據文淵閣本、黄本補。

敗，而士始懷詐以遊人之國，如儀、秦之流則焉往不敗，故秦厭之，遂逐客爾。

孟子言「舜爲天子，被袗衣，鼓琴，二女果若固有之」。程子言「舜被袗衣，鼓五絃之琴，畫日月於太常，備十有二章，黼黻玄黄，爛如也，亦若固有之也」。二家所聞則同矣。按孔子謂堯土階茅舜茨，造漆器，群臣諫，程子以爲「腐儒之所守，污俗之所以相欺」。按孔子謂「禹卑宫室而盡力乎溝洫，惡衣服而致美於黻冕」，若堯舜外雖備物而内實約己，此議論自不可輕破，而謂亡天下者以不仁而不以奢【一九】。「文王卑服，即康功田功」，未有仁而奢者也。

「聖人貴中，君子守中」，「中則不既矣。小人恣睢，好盡物之情而極其勢，其受禍必酷矣」，「故誠能由於中矣，一左一右雖過於中也，而在中之庭；一前一郤雖不及於中矣，而在中之皇。及小人好盡，則遠於中矣，遠於中【二〇】，則必窘於邊幅而裂矣，必觸於巖牆而僵矣，必墜於坑塹而亡矣，如以石而投之於淵也，不極則不止矣。悲夫！天道惡盡，而昧者不之知也！古之君子齋戒以滌其心，奉之而不敢失者，其中之謂歟！」按中道古聖人所建，《易》以卦爻分位敘，而孔子固專以中贊之矣。若其疏義明切，如與凡鄙人語，使皆可曉，而中之用常在目前，則古人諸書所述，未有及程子之言也，故詳摘其語著之。

「出於一，立於兩，成於三，《連山》以之而呈形，《歸藏》以之而御氣，《大易》以之而

【一九】不以奢　「奢」原作「大者」，據文淵閣本、黄本改。

【二〇】遠於中矣遠於中　「矣遠於中」原脱，據文淵閣本、黄本及《子華子》下卷補。

立數」。按《周官》既稱「其經卦皆八，其別皆六十有四」，而《易》安得獨以數立？豈《連山》、《歸藏》止以物象言之，而無名字文義之可指，如雲火建官之類乎？使果若是，其不存也宜矣。

「人心莫隱乎慈，莫便乎恕。赤子匍匐，使我心惻，隱於慈故也。陵波而先濟，跂而望乎後之人，便乎恕故也。此心之弗失，可以事帝，可以格天，可以入道」。按孟子言「今人乍見孺子將入於井，皆有怵惕惻隱之心」，謂危猝而後見。子貢問「有一言而可以終身行之者乎？」子曰「其恕乎！己所不欲，勿施於人」，謂比並而後明。若程子所謂心不約而常在，尤爲歷然也。

論人之性其猶水，水有五易，非水之性，而所以爲性則然。按孔子言「性相近，習相遠」，亦畏其所以湛之也。而孟子乃謂「水無有不下」猶「性無有不善」，不畏其所以湛而獨守其所以下，雖曰有救而言，亦恐未盡也【二二】。

言「禎祥瑞應之物，聖王不識，君子不道，治世所無有」。「鳳凰麒麟，豢牢之養，玉液甘露，畊澮之寫，芝房草木之異，畦園之毓，玉石瓌怪，篋襲之藏」。按鳳凰來儀，《書》猶以爲祥；麟趾騶虞，《詩》猶以爲應。而程子之言如此，參而觀之可也。何敞直言「異鳥翔於殿屋，怪草生於庭際」。大庭中皇赫胥尊盧與七十九代之君皆伏羲神農以前事【二三】，余嘗疑其爲莊、列之寓而程子亦言之，則上世之記，信有之矣。按孔子以爲繼周者百世可

【二二】雖曰有救而言亦恐未盡也 「曰有」原作「有曰」，「言亦」原作「亦言」，據文淵閣本、黄本乙正。

【二三】尊盧 「盧」原作「虛」，據文淵閣本、黄本改。

知，而唐虞之上乃百世而不録，惜乎顔、閔之問不能及此，豈非曠古之遺恨也！

余雖以《詩》、《書》、《春秋》、《易》、《周官》、《左氏》爲正文，推見孔氏之學，而患無書可以互考。晚始得劉向所校《子華子》，輯次爲二十餘章。蓋程子與孔氏同時，相從一傾蓋之間，所敬惟夫子，其書甚古，而文與今人相近。然怪孟、荀以來，陳良、子弓皆得稱數，漢唐博學之士掎摭前聞，義理非一，皆未嘗及此書，而余所從先生大儒亦無道之者。夫以孔安國序《尚書》，本末明具，或者猶謂非西漢之文，況程子所論，太古混茫，醫藥五行，類道家方伎之流，故望而棄之，以爲異端僞説者耶？

卷十七

孔子家語【一】

《家語》四十四篇，雖孔安國撰次，按《後序》實孔氏諸弟子舊所集録，與《論語》、《孝經》並時，取其正實而切事者别出爲《論語》【二】，其餘則都集録，名曰《孔子家語》。且言「凡所論辨，流判較歸，實自夫子本旨，而屬文下辭，往往浮説，煩而不要者，其材或有優劣，故使之然也」。學者學乎孔氏，孔氏之不存，與存而本末不能明者，置而不言可也。其存而以安國所論次本末最明如《家語》者，乃不復究悉，使終始條理歸於一道【三】，而浮沉寄泊，殆如道聽塗説之云，則何以學爲？雖以《論語》爲正實而切事，又庸能保其固守而無畔哉！

「初仕爲中都宰」。孟子謂「嘗爲委吏」，「嘗爲乘田」，其時去孔子未遠，此篇無有，豈微之而不記耶，抑孟子誤也【四】？謂相夾谷爲行相事【五】，疑未然。《春秋》墮三都，成人叛，不克墮，此言「遂墮三都之城」，非是【六】。又言「攝相事，有喜色」，「樂其以貴下人」，非是。又言「七日誅亂政大夫少正卯，戮於兩觀之下，尸於朝三日」，其詞云云，皆非

校勘記

【一】孔子家語　「子」原作「君」，據文淵閣本、黄本及此書書名改。

【二】取其正實　「其」原脱，據文淵閣本、黄本補。

【三】使終始條理　「終始」原脱，據文淵閣本、黄本補。

【四】抑孟子　「抑」原脱，據文淵閣本、黄本補。

【五】爲行相事　「行相」原作「相行」，據文淵閣本、黄本乙正。

【六】墮三都　「墮」原作「隳」；非是　「是」原脱，據文淵閣本、黄本改並補。

是。此荀卿子所載，或者荀氏之傳宜若此，而孔氏家遂取以實其書爾。

按《論語》「君召使擯，色勃如也，足躩如也」。公西赤「宗廟之事，如會同，端章甫，願爲小相焉」。孔子曰：「赤也爲之小，孰能爲之大？」然則君在其國而宗廟，出其境而會朝，固皆有相，擇能而使，無常官，事畢而止。夾谷之會，孔子與齊人辨爭，最著其效，至於能還鄆、讙、龜陰之田，而孔子及子路由此預魯政矣，故學者訛傳以爲相魯也。相與不相，於孔子無所加損，然弟子名實之不知，而後世以虚言爲實用，則學者之心術疏矣。又按《論語》「子疾病，子路使門人爲臣。病間，曰『久矣哉由之行詐也！無臣而爲有臣，吾誰欺，欺天乎？』」詳此，則孔子見用，子路以爲喜，而孔子不喜；子路以爲貴，而孔子不貴。又孔子自言「以吾從大夫之後」者再，皆明其義非樂其官，則所謂「有喜色」而「樂以貴下人」者果非也。又按《始誅》下文，子貢進曰：「夫少正卯，魯之聞人，今夫子爲政而始誅之【七】，其爲失乎？」詳此，則少正卯之聞次於孔子。又按下文「有父子訟者【八】，同狴執之，三月不别，其父請止，孔子赦之」。夫父子訟，真大罪，而孔子尚欲化誨之【九】，使復於善，少正卯爲國聞人，其罪未彰，而孔子乃先事設誅，播揚其惡。由後爲夫子本旨，則其前爲非夫子本旨，明矣。按「舜讒説殄行，震驚朕師」，故命「龍納言，出納惟允」，而周、召之於頑民，待之數世。然則湯誅尹諧，文王誅潘正【一〇】，以至華士、付乙、史何、少正卯，殆書生之寓言，非聖賢之實録也。使後世謂聖人之用不量先後緩急，教未加而遽震於

【七】始誅之　「誅」原脱，據文淵閣本、黄本及《孔子家語·始誅》補。

【八】有父子訟者　「有」原脱，據文淵閣本、黄本補。

【九】化誨之　「誨」字原脱，據文淵閣本、黄本補。

【一〇】誅潘正　「潘」原作「繙」，據文淵閣本、黄本改。

大討，輕舉妄發以害中道，而曰孔子實然，蓋百世所同患矣。自子思、孟子猶皆不然，獨荀況近之，故余以爲荀氏之傳也。

《王言解》幾千言，謂今之君子，惟聞士與大夫之言，而未聞王者之言。按孔子與曾子言孝幾二千言【一二】，於王道莫詳焉。今《王言》略取先王之制，雜舉而不以類稱，謂「守必折衝千里之外，征必還師衽席之上」，似戰國儒者之語，孔子時未有是也，豈其未見《孝經》而作耶？夫「聲爲律，身爲度」，「布指知寸，布手知尺，舒肘知尋」，言之雅俗雖異，其爲鄙近而不稽於道一也。《書》曰：「協時月正日，同律度量衡」，烏有求於肘指之間，而自以爲不遠哉？蓋後世有挾是而亂天下者矣。

《大婚解》、《儒行解》、《問禮》、《哀公問政》、《本命解》後論禮樂。《觀鄉射》、《郊問》、《刑政》、《禮運》、《辨樂》、《問玉》、《曲禮》、《子貢問》、《子夏問》、《公西赤問》，以上已見二戴《禮記》中。按二戴，其野而誕及文詞近戰國者皆不取，惟《月令》外，雖淺深不同，大抵亦能出入諸經，非他書比也。或疑《家語》、《禮記》並出無辨。按孔衍言「戴聖總名曰《禮記》」。謂「劉向見其已在《禮記》者，則便除《家語》之本篇」。是滅其原而存近世小儒，以《曲禮》不足，而乃取《孔子家語》雜亂者及子思、孟軻、荀卿之書以裨益之，其末也。《家語》漢初已流布人間，又經孔安國撰定，戴聖集禮在安國之後，《禮記》蓋本《家語》，《家語》不本《禮記》。使向果如衍之言，則其考《家語》爲不詳矣。

【一二】曾子言孝　「子」原脱，據文淵閣本、黄本補。

按《家語》【一二】，孔子去魯十餘年，魯人以幣召之而歸。果如《家語》所言，孔子始至，升自賓階，哀公驟以儒服爲問，其詞意皆戲侮，與仰視蜚雁何異，其可留乎？且孔子昔爲大夫，今雖不爲大夫，其服宜何服？《羔裘》之詩，大夫以道去其君，而其詞曰：「羔裘逍遥，狐裘以朝」，又曰：「羔裘如膏，日出有耀」。然則大夫以道去者，固猶服大夫之服，而哀公方疑孔子之儒服，是孔子以奇冠異服而見其君也，豈近理乎？且魯何必諱儒服？齊人之歌曰：「魯人之皐，數年不覺，使我高蹈，唯其儒書，以爲二國憂。」蓋儒者以服見駭於世，而解之者方駕其師以爲説。嗚呼！舉魯國而儒服者一人，當時之靳儒可見矣。

《刑政》載仲弓問孔子「至刑無所用政，至政無所用刑」，自不成語，而孔子答以「聖人之治化也，必刑政相參焉」。按孔子未嘗以刑政爲是，其言一而已矣，豈有精粗之别哉！使其在《論語》爲精，而《家語》爲粗，則非所謂本旨也。

哀公、孔子問答甚多，而皆無救於弱，無損於昏，無益於明，無功於治。然孔子諄諄不已，而孟子乃謂「大人能格君心之非」，恐此語不驗也。哀公又自言「寡人生於深宫之中，長於婦人之手，未嘗知哀，未嘗知憂，未嘗知危，未嘗知懼」。雖甚庸愚，既與孔子相往反，何綺紈騃陋至此極耶？

按《左氏》《國語》載孔氏之言，《家語》使凡所載皆若是，可爲孔氏之成書，與《易》、

【一二】按家語　「家語」原脱，據文淵閣本、黄本補。

《論語》相經緯而行矣。史必有所本，不知《左氏》何本，宜若取諸孔氏。然集《家語》往往在《左氏》後，則固本之《左氏》，而《左氏》不本《家語》【一三】。余嘗疑集《論語》何人，而義精詞嚴，視《詩》、《書》有加焉。孔子而無是書，其道或幾乎隱矣。至《左氏》兼諸國事，見孔子之所以斷制物理者，比《論語》尤精，然學者多忽而不親，蓋《左氏》本以孔子用力於《春秋》，故爲之傳，專在發明大旨。今捨四達之衢而荒徑是即，如之何也？

五儀所言庸人、士、君子、賢、聖人之別，與哀公「生於深宫」連文。按《論語》孔子未嘗輕言聖，故曰「何事於仁，必也聖乎！堯舜其猶病諸」。「聖人吾不得而見之矣」。子思、孟子始輕言聖，而荀卿爲甚，此亦荀卿之傳也。輕言聖而學者之患至於重言士【一四】，不可救也。

《致思》載三子言志，有「赤羽若日，白羽若月」，「攘地千里，搴旗執馘」，「由無所施其勇【一五】，賜無所用其辨」等語。按《論語》孔子與諸弟子言志，其詞指皆不類，又與程子傾蓋而語，顧謂子路「取束帛以贈」，而往來酬答之詞不傳。夫不可言者妄載【一六】，言可傳者失録，信弟子材劣而然耶！

伯常賽欲「身亦不窮，道亦不隱」。按《論語》「君子哉蘧伯玉，邦有道則仕，邦無道則可卷而懷之」。「從輕勿爲先，從重勿爲後」。按樊遲問仁，子曰「仁者先難而後獲」，語略同。

【一三】而左氏不本　「而左氏」原脱，據文淵閣本、黄本補。

【一四】重言士　「言」原脱，據文淵閣本、黄本補。

【一五】由無所施　「由」原脱，據文淵閣本、黄本補。

【一六】不可言者　「言者」原作「者言」，據文淵閣本、黄本乙正。

觀東流之水，發似德者八。按《論語》「子在川上曰：『逝者如斯夫！不捨晝夜。』」而孟子亦言「仲尼亟稱於水」，曰「有本者如是」。夫水之爲德，古人取象非一，然八似之義廣矣。蓋雖以水言德，而實以德言水也。

《好生》載孔子讀史至楚復陳曰：「賢哉楚莊王！輕千乘之國而重一言之信。」按司馬遷亦見於《世家》，而《左氏》乃無有，但言「鄉取一人以歸，謂之夏州」而已。以蠻夷入中國，滅復自由，天地變壞至此而極，而孔子猶賢之乎？楚恭王亡烏嘷之弓，曰「楚人亡弓楚人得之」。孔子曰：「惜乎其不大也，不曰人遺弓人得之而已，何必楚也。」按孔子稱楚昭王知大道，故不失國，其言曰「江漢雎漳，楚之望也」，「不穀雖不德，河非所獲罪也」。夫能守其國而志不越於分境之外，故孔子謂之知大道。豈有失其涯量，忘其國守，而後謂之大哉【一七】！

又謂善學柳下惠，未有若魯之男子。按宰我問曰：「井有仁焉，其從之也？」子曰：「何爲其然也！君子可逝也，不可陷也；可欺也，不可罔也。」又曰：「言必信，行必果，硜硜然小人哉」【一八】！夫井猶若可從【一九】，孰謂室壞而不納？必果，孔子之所少，安得爲善學柳下惠也【二〇】？

按《論語》，子言衛靈公之無道也。季康子曰「夫如是，奚而不喪」。子曰「仲叔圉治賓客，祝鮀治宗廟，王孫賈治軍旅，夫如是，奚其喪」。而此篇稱哀公問孔子：「當今之君

【一七】而志不越於分境之外故孔子謂之知大道豈有失其涯量忘其國守而後謂之大哉　按此段文字原誤作「弟子行而孔子曰」云云等五十七字，據黃本改。

【一八】硜硜然　「硜」原脱，據文淵閣本、黃本補。

【一九】夫井猶若可從　「夫井」原作「並」，據文淵閣本、黃本改。

【二〇】又謂善學……柳下惠也　原在「自《家語》」節下，據文淵閣本、黃本移正。

孰爲最賢?」孔子對曰:「丘未之見也。抑有衛靈公乎?」公曰:「吾聞其閨門之内無別,而子以之賢,何也?」孔子曰「臣語其朝廷行事,不論其私家之際也。」下文云云,夫以其無道而善用人,故至於不喪,此孔子之言也。以其善用人而遂無以無道爲賢,非孔子之賢也。

自《家語》、《論語》及諸子敘孔子之多能博物甚衆,其鄙而不當於義者,不足辨也。其稱吴獲骨,其節專車。按隳會稽之歲與孔子歸魯之年既不合。又言「在虞、夏、商爲汪芒氏,於周爲長翟,於今爲大人」。形之修短,各以胤類,物則有然,而秦漢至今,曷爲其不然也?夫博物而多能,聖固不以是,而孔子亦未嘗以自聖也。然世俗輒喜傳之,傳而謬妄,久而不已,則爲學者之吝矣【二二】。

按孔子觀周,「與南宫敬叔俱至」,「問禮於老聃,訪樂於萇弘,歷郊社之所,考明堂之制,察廟朝之度,於是喟然曰:『吾乃今知周公之聖與周之所以王也。』」此是孔子最大節目,後世作常語看過。蓋是時周之天下崩削已盡,一城之内,獨周公與其先王舊制儼然具存,其故老宗臣皆已亡殁【二三】,而老聃、萇弘之徒猶在,而孔子以方盛之年,考識其典法,接聞其源流,因以追夏、殷,祖唐虞,衣被草萊,雲蔭雨化,雖弟子不足以盡得其意。而尊之者既廣,守之者既衆,燧改冶革,丕冒無窮,周雖遂亡,而此道固有托矣,猶文武面命而周、召親傳之也。不觀周,何以致此?孟子謂「宰我、子貢、有若智足以知聖人污」【二三】,蓋欲自命以其至精者。噫!一己之心量,未能合前聖之統紀;自用之博約,

【二二】「而至」至「大哉」,據黄本移正爲「至今」至「之吝矣」五十一字。

【二三】其故老「老」原脱,據文淵閣本、黄本補。

【二三】知聖人「知」原脱,據文淵閣本、黄本補。

孰與遵已成之訓謨。孟子徒以其自命者願學於孔子，而未知以孔子之觀周者自觀，此亦百世之論，闕而未講者也。

金人背銘，按本文在后稷廟堂右階之前，使果周人之詞，不以言之可從者爲義，而以言之不出者爲福，不正其本而慎其末，何其學與禹、箕子異指耶？至於「執雌持下，人莫逾之，人皆趨彼【二四】，我獨守此，人皆惑之，我獨不徙，内藏我智，不示人技，我雖尊高，人弗我害」，「江海雖左，長於百川，以其卑也」。斯又老氏之枝葉，而《生民》、《瓜瓞》之奏息矣，宜其衰也。

余嘗歎《詩》、《書》千餘年卓然垂名者不過數十人，不特古人以善自篤，無求名之心，而史法疏簡不具，雖欲登記，亦不可得。至孔子所稱引，則雖春秋之士亦班班焉賴以不泯，故子貢爲衛將軍文子言弟子行，而孔子曰「汝次爲知人」。夫所知不遠而取足於師友之間，雖欲追配古人以爲成材，何可得也！學者讀此，要當深悟憤發，多識畜德，使無淺薄之患【二五】。

東野畢馬佚事虛言無證。按蘇厲喻養由基善射而不息，余固以爲非，蓋世未有不善息而得爲善射者也，若東野畢猶以窮馬致佚，則安得稱善御乎？余每患儒者不知以倫類之通開物之所共有【二六】，而好以億慮之私，疑人所不能，自智而愚物，而不知已之愚自是始也。

【二四】人皆趨彼　「趨」原作「兢」，據文淵閣本、黄本改。

【二五】「軍文子」至「淺薄之患」，原誤作「至今舄爲」等五十字，據黄本改。

【二六】之所共有　「所共」原脱，據文淵閣本補。

「一言而有益於仁，莫如恕【二七】；一言而有益於知，莫如預」。恕可以攝仁，孔子於《論語》固言之矣；預不可以攝智，《論語》未之言也。預者，流通事物之門户，運動世俗之總會，亦知之一偏非所以至道。然《中庸》謂行與道皆當前道，而預遂爲成德。則茫然廣遠而人莫知所從，反以病智而不能益也。

子張問入官，條答甚詳而散雜不倫。按《論語》子張所問不一端，而告之諄悉異於餘人，則子張固好問者也。此篇如「臨之無抗民之志，勝之無犯民之言，量之無佼民之辭，養之無擾於其時，愛之無寬於刑法」。「天下積而本不寡」，女子必自擇絲麻，良工必自擇完材，賢君必自擇左右」，「君子蒞民，不可以不知民之性而達諸民之情，既知其性，又習其情，然後民乃從命矣」，「君子蒞民，不臨以高，不導以遠，不責民之所不爲，不强民之所不能」，「不因其情則民嚴而不迎」，「不因其力則民引而不從」，「民有小罪，必求其善，以赦其過；民有大罪，必源其故，以仁輔化」等語，若身踐其域，心精其意，亦可以翼《論語》而行，政可達，身可隆也。

宰我問五帝德，司馬遷據以爲本紀書首。按《論語》於堯舜禹既皆有品目，而史自堯始書之，記録已詳。孔子有述無作，皆本上世之舊，堯舜以前雖有數聖人，其傳而不信者，蓋不敢言矣。然則宰我雖有問，孔子宜不答。今所載者皆浮妄無實之詞，而遷以爲雅馴異於諸子者，真孔子語也，故因之。嗚呼！遷之不能擇言如此，而欲變古法爲後世文字

【二七】一言而有益於仁莫如恕　此句原脱，據文淵閣本、黄本補。

之祖，安得不日趨於下乎？如「民賴其利，百年而死，民畏其神，百年而亡，民用其教，百年而移」，是何義？

子夏論人畜生育、土地經緯、山川牝牡，及哀公孔子問答性命【二八】，蓋自昔百家無不然者。余嘗謂惟孔子之徒能免，而《執轡》、《本命解》猶盛稱之不疑。然則使無孔氏，人文何由著？義理何由存？其不遂爲夷狄左衽幾何！殆天也，非人也。

《屈節解》，孔子在衛，聞田常將爲亂而憚鮑晏，故移兵伐魯，孔子使子貢說田常緩師，請吴救魯伐齊，遂至越，吴因伐齊，敗之。子貢又北見晉君，使承吴弊，吴、晉會於黄池，越以襲吴而終滅之。謂子貢一出，亂齊，存魯，强晉，弊吴，霸越，而孔子以爲「美言傷信」。按《左氏》吴自勝楚入越，始專中國會盟。哀公七年會於鄫，徵百牢，其秋，魯入邾，執其君，茅夷鴻請救。八年，吴伐魯，畏微虎，反行成焉。九年，吴城邗溝以通江淮，齊悼公爲季姬請吴同伐魯，季姬歸而嬖，辭吴師，吴怒告魯及邾、郯。十年，同伐齊，齊弑悼公以退吴。十一年春，齊國書、高無丕伐魯，其夏公會吴伐齊，殺國書。是年越子率衆朝吴，子胥諫不聽，屬其子於齊鮑氏，爲王孫氏，吴殺子胥。十二年，公又會吴于櫜皐。十三年而有黄池之會，吴、晉爭長，是年越敗吴。是魯本以入邾而致吴兵，吴以齊辭而同魯伐齊，怨同而伐魯，魯怨伐而挾吴以報齊，與《家語》無一合者。蓋爲辨士妄托，而儒者反載於其書，固不足計。然儒者不信史，智又不足以知聖賢，而謂子貢之言語特辨士説客之雄，

【二八】問答性命　「答」原作「達」，據文淵閣本、黄本改。

則於大義極有所害，非其他承訛襲謬之比也。

《左氏》載「用田賦」，其說不詳，但云「斂從其薄」而已。按《家語》「季康子欲以一井田出賦法」云云，然則畝本籍而爲稅，井本稅而爲賦，丘本賦而爲甲，皆自四而增矣。不言用井賦而言用田賦，明田之爲井，井與田同稱也。後世以畝爲田，又無井矣。

余按《家語》，季氏以一井田出賦法，見增斂所由，孔子不答，而魯卒自用之。昔舜、禹始定貢賦，傳至殷、周，孟子謂皆不過於什一【二九】，其實儒者不能盡明也。至漢人三十稅一，輕於三代，自後雖世有輕重不同，然皆可增可損，有斂有散，國無甚乏之用，民無甚病之輸。不幸自唐天寶至於今日，余於隋唐論之備矣。終身養兵，加賦愈廣，孔孟復起，無所發藥。蓋附贅懸疣之初，爲患尚微不急攻療，及既擁腫，遂與生俱，則良醫不能措矣。余注心凝想，晝夜不暫捨，積數十年，方悟唐人一時倉猝，不知以田養兵，而以稅養兵，故流害相承至此之極。夫以田養兵，畝四十至百而養一；通約大軍、廂、禁在内。以稅養兵，畝四百至千而養一。亦通大軍、廂、禁在内。以田養者，可至百萬；以稅養者，過十萬則困竭矣。所以自國初至熙、豐前已不可爲，況熙、豐後至靖康前乎【三〇】！熙豐至靖康前已往【三一】，紹興至今，如坐叢蝟中，常與亂亡較早暮，可爲凜凜！今若爲民田者，使州郡畝三十買一，而自耕以養廂、禁兵，隋田所在買之，聚於附郭，買賣取之稅契錢，自耕如民間佃種法，即用原額取原租，無所更易【三二】。則春行之而秋可減州郡之稅矣。爲沿江、淮、襄、漢、川、蜀、關

【二九】孟子謂　「謂」原脱，據文淵閣本、黄本補。

【三〇】靖康前乎　「乎」原脱，據文淵閣本、黄本補。

【三一】熙豐至靖康前　此句原脱，據文淵閣本、黄本補。

【三二】無所更易　「無」字原錯簡於前文「自耕」前，據文淵閣本、黄本乙正。

外未耕之田，或可種之山，雖名民田，而民不能耕者皆是。使總領取而自耕自種，田一兵畝百，山一兵，以所種粟計。以養屯駐大兵，則今歲行之，而來歲可減總領之賦矣。若行之數年，民不耕之田盡取而自耕，可種之山盡取而自種，則天下賦皆可減矣。兵養至百萬而不饑，税減至三十取一而藏其餘，以待凶年及國之移用，如此則天下始有蘇息之望矣。然後聖賢在上，育以道德，經以仁義，紀以禮樂，而唐虞三代之治庶幾復見也。惜乎余老且死，徒能言之爾！

按《家語》歷世存之，終不能明其於孔氏之言爲正僞。余既頗採次，而怪孔子周旋當世五六十年，所從之衆，問對之多，宜不特《論語》一書而止，則其别爲記集以輔世教，如《家語》之類幾是也。箕子曰：「會其有極，歸其有極。」《論語》，問對之極也。《論語》所同，《家語》所異，極不會乎？《論語》所有，《家語》所無，極不歸乎？孔安國以《論語》爲正實，《家語》其虚乎？以《論語》爲切事，《家語》其泛乎？夫地産百物，工技藝能，則有美惡大小之異，精粗工拙之辨，聖人之言豈若是乎？余固歎《論語》、《左氏》之外，疑皆非孔子之言，其淪没而不傳者，殆不可爲限量。而安國所謂實夫子本旨者，茲孔氏之道所由以不明也。嗚乎！豈獨安國而已，孟軻蓋自謂捨顔、閔、遊、夏，謝伊尹、伯夷，拾宰我、子貢、有若之餘論，以孔子爲生民所未有而願學之者，然其於《論語》、《左氏》及《家語》之正僞，亦未能有别也。然則何以知之？堯、舜、禹、湯、文、武、周公至於孔子一道也。三子有高下之殊者，狂也，迷於昔而眩於今，非其中之實有也。軻喜於自異而樂稱之，豈孔子之所敢安哉？不敢安哉！所學者皆意之而非真，而孔子之道遠矣。

孔叢子

載葨弘言孔子，淺矣！誕矣！至「堯、舜、文、武之道，或弛而墜，禮樂崩喪，夫亦正其統紀而已」，「統紀」二字，《論語》無之，始見於此，司馬遷遂言「垂六藝之統紀」。孔氏子孫所謂統紀者，或是用漢儒言語相承記之，不知真所謂統紀者安在也。孔子曰：「天之將喪斯文也，後死者不得與於斯文也；天之未喪斯文也，匡人其如予何！」又曰：「參乎，吾道以一貫之。」「賜也，汝以予爲多學而識之者歟？」曰：「然，非歟？」曰：「非也，予一以貫之。」夫斯文興喪之異，由於一貫迷悟之殊，或者統紀之學幾在是耶？然自孔子之高弟不足知之，各因其質之所安而謂道止於如此。況於後世不能言統紀者固非，而能言者亦未必是也。然則終安所明乎？

載子思歲月，全不可考。按子思年十六適宋，樂朔與之言《尚書》，不悦而退，曰「孺子辱吾」。其徒請攻之，遂圍子思。宋君聞之，駕而救子思。子思既免，曰：「文王戹於羑里，作《周易》；祖君戹於陳、蔡，作《春秋》；吾困於宋，可無作乎？於是撰《中庸》之書四十九篇。詳此，則《中庸》之作遠在孔子殁後，而子思往往不逮事王父矣。然伯魚之死五十，去其父不遠，以年推之，孔子殁時子思壯長矣。又《孔叢子》自載子思從夫子於鄭，遇程子，而謂十六著《中庸》，此可憑乎？子思與魯穆公同時【三三】，穆公之薨，子思在衛不爲服，亦《連叢子》所記。《孟子》言子思、穆公甚詳，可以無疑矣。然《史記》、《世家》魯哀公二十七年薨，悼公立，三十七年薨，元公立，二十一年薨，穆公立，三十三年薨，恭公立【三四】，然則子思之年，上距定哀下迄恭公，按《家語》世次，子思年六十二卒。又《左氏》仲尼見郯子學官名，在昭公十七年之後，年二十八九矣。所稱遇程子傾蓋，當是異時往返，不然則未有子思從行也。當百餘歲矣，則《世家》之紀年又可信乎？大抵堯舜以來，史文不繼，歲月斷闕，孔子以《書》、《詩》次之，存其大略，惟《春秋》二百餘年是最爲明備，所以尤惓惓於此書，蓋問學統紀之大者。孔子殁而《春秋》廢，雖其子孫自記家事，而於子思之歲月尚謬舛如此，況其他乎？

子思之後，子高、子順、子魚皆守家法，學者祖之。叔孫通本學於子魚，子魚始仕始皇。陳餘儒者，與子魚善。陳勝首事，餘薦子魚，餘輕韓信以取敗亡，鮒死陳下，儒學幾絶，獨通遺種僅存，卒賴以有立。司馬遷、班固曾不能言其所自來，乃爲《儒林傳》，自武帝始。楚、漢間辨士説客多妄言，遷、固一切信之，反以陸賈爲優於叔孫通。愚故深嘆，漢、隋、唐末之禍，他書盡亡，無以質證，而惟遷、固之信，使學者不復識孔氏本末，然則何止秦火爲害也！

【三三】子思與　「子」原脱，據文淵閣本、黄本補。

【三四】恭公立　「恭」原脱，據文淵閣本、黄本及《史記・魯周公世家》補。

「闕里無故荊棘叢生，一旦自闢，廣千數百步，從舊講堂坦然至里門」，太守鮑永因之行饗禮，遂禽滅董憲、彭豐等，此永設説也，流傳既久，其家信之，遂筆於書，使後世學者謂闕里神怪若此，豈不害大義乎！

卷十八

戰國策周至秦

春秋以後，接秦之興，無本書可考，雖有司馬遷《史記》然皆雜取諸書及野語流傳會聚之所成也。故戰國一節，不敢使與《左傳》同，便爲成書，直加據定。而《戰國策》本還所憑依，粗有諸國事，讀者以歲月驗其先後，因之以知得失，或庶幾焉。劉向敘此書，上止文武，最後謂詐僞不能比王德，大意雖不差，尚淺而未究。蓋道德、禮義、學校自有天地聖人以來共之，非文武之所獨爲也。及聖人不作，積以廢壞，極於亡秦，而詐僞之弊遂不可復反。向豈謂漢興亦能稍變秦俗乎？且其設權立計，有繫當時利害之大者，學者將以觀事變，固不宜略。然十纔二三耳，其餘纖碎反覆，徒競錐刀之細，市井小人之所羞稱，所謂不足以掛牙頰者也，又烏在乎「亦可喜，皆可觀」哉！夫習於猥陋淺妄之夸說，使與道德禮義相亂，其爲學者心術之巨蠹矣，可不畏甚乎！

秦求九鼎，顏率東西行説僅免。王孫滿猶能言「在德不在鼎」，故尚可存。至率但稱武王「一鼎九萬人輓之」，詞窮語索，無歸宿處，然則鼎安得不淪没，而周安得不亡？謂辯士能以口舌存人之國者果非也。

「忠臣令誹在己，譽在上」。大臣得譽，非國家之美，君臣相忌之勢，至是始成，而秦習用之，後世遵行焉。古今固無人臣自賢以貶其君而可以致治，然亦無自毁以成其君而可以不亂者。魏絳謂「愚弄其民，而虞羿于田」。晏嬰稱公厚斂，陳氏厚施民歸之，略皆此意。然太康見距，五子自怨，夏禹有訓，君臣克艱而已。談客妄論，能使人心術下移，不可不審觀也。

「普天之下，莫非王土，率土之濱，莫非王臣」，孟子謂是詩也，「此莫非王事，我獨賢勞也」。以詩人之詞考之，昔人學於《詩》、《書》而不能固衆矣。不然，孔孟何以爲先覺乎！

蘇厲喻養由基可教射，謂當以善息，非也。楚共王怒由基，曰「詰朝爾射死藝」，蓋逞一夫之技而不足爲成敗，此人君之言也。養由基既知射矣，安得氣力倦，弓撥矢鉤而不中者乎？後人多有此論，是未能射而先求息也。孟子亦喻「百步之外，其至爾力，其中非爾力」。然則古人之道固不以息爲射，而教射者使之不怨勝己，非教息也。

戰國策秦

衛鞅相秦，天下滅亡之始也。自古帝王之外，諸侯無大國，雖更衰亂，或相攻伐併吞，然力不得盡肆，而誅討之義已明矣。桀、紂皆以王者身欲爲暴，湯、武尚滅除之，況小國乎！此諸侯所以能相恃而存也。天下滅亡，其漸有三：周既東遷，平王不君，舉宗周而棄之，秦人取奪無禁，一朝而開地八百，一也；楚起荆山，騁詐任力，漢陽諸侯噬食皆盡，東被舒、徐，北綿襄、鄧，自爲大邦，二也；晉以殘滅肇基，文公號名侯伯，實兼土地以自封殖，王畿之壤不免攻圍，遂至數圻，雄視天下，三也。然猶雜假禮義，旁出文告，互興迭廢，乍存乍没，未有全舉宇内之規也。及鞅入相於秦，盡壞帝王法程，挈關中而强諸夏，天下之勢始偏重於一隅。山東諸侯亦各自棄其國守，典章法度無一存者，朝從暮横，第與秦相軒輊而已，故鞅雖見殺於秦，不百年而天下爲秦矣。是故非三國廣大土宇，無以成戰國相雄强之勢，非商鞅破壞王制，無以爲暴秦一天下之資。嗚呼！豈天意耶？抑聖人之不作，其理自當然也？孟子曰：「不仁而得天下，未之有也。」鞅之不仁，足以亡天下爾，何足以得之！

古無力征天下之術，以得而天下自至則有之矣。故《康誥》曰「惟乃丕顯考文王，克明德慎罰，庸庸祇祇，威威顯民，用肇造我區夏，越我一二邦，以修我西土。惟時怙冒聞於上帝，帝休，天乃大命文王，殪戎殷」也。楚熊虔詬天之辭曰「余必自取之」【一】，雖有此志，固無此術也。衛鞅之後，蘇秦、張儀造爲從衡，爲從者抗秦以自存而已，爲衡者雖連諸侯以事秦，然服之而未有以取之也。既而謀詐鋒出，至韓非、李斯，卒並山東而取天下，於

【一】楚熊虔　「熊虔」原作「雄處」，據文淵閣本、黄本改。

是論天下始有勢，兼天下始有術。秦之亡，謀臣智士抵掌而議，運宇宙如丸泥，張良、陳平之徒，竟以空手輔佐其人，而攫取天下無不如志，自後相承，説客處士捨是則不談。然則王道之亡而人心轉易至此。嗟夫甚哉！學者貴於自反而已。

楚懷王信張儀，絶齊取商於地，此六國見破於秦最大之證。蓋楚不失計，則秦無自而施禽獮之策，左足舉而右臂見縶矣。是時楚蓋已亡，坐視秦並諸侯，已乃卒滅，與取商於相去八十餘年。始衛鞅欺公子卬得魏河西，及張儀絶齊於楚，秦之所以兼諸侯，其要在此二事。

「居彼欲其許我，妻我欲其罵人」，「賣僕妾售閭巷，出婦嫁鄉曲」，「誠思則將吴吟」，以上陳軫語也。凡辨士必先設説爲喻，以發其所欲言，皆此類。然而往往不出於人情之所近，是以詐諼横溢，攬存爲亡。若軫語，庶幾人情之所近矣，故其所出計畫猶可以救敗一時，不至有傾覆之禍。然則戰國至漢數百年，士以既失之性情而揣方來之事變，於國家其敗何疑，哀哉！

昔殷人自知將亡，微子作誥，父師少師，人自獻於先王。秦與六國，未識孰存也，而頓弱爲請萬金間其君臣，其後陳平之於項羽未用之。蓋失道而骨肉自知其不可合，得利使君臣欲合而不能，四海雖廣，何往而非危地哉！

古以桀紂爲監，戰國藉口則有夫差、智伯，當時説士亦有欲以此禁制秦者，非愛之也，乃求利之一塗耳。然秦人極暴肆横，陵蚩尤而出其上，何論夫差、智伯哉！蓋至二世而後驗爾。

戰國策齊

秦王使子楚誦，辭以少棄捐，無師傅，不習於誦，罷之。雖秦與戎狄同俗，其君亦未嘗不誦書。至楚不習誦，而始皇爲之子，李斯遂教以焚滅先聖典籍。然則人主之學不學，其利害之大關乎百世也。

鄒忌自知不如徐公美，因此勸其君受諫聞過。古人君臣之相與言也，以義理遠貪欲而治道立。忌之言也，以貪欲求義理而諫路開，異矣。豈治道義理固無往而不在耶？然其與幾何？

爲蛇畫足之論，世之庸人固多以爲口實。然戰勝而不知止，謂之畫足者也。如未爲蛇，則奚足之云。故凡操此論者，皆未嘗爲蛇者也。

蘇秦留楚太子求下東國，説士疏别其利十餘條。《春秋》謂「晏子一言，齊侯省刑」，曰：「仁人之言，其利溥哉！」自惜賢卿大夫，綱舉目張而論國家之計固多矣。傳説一見，其言數十。若夫揣摩利害，無非傾覆他人以自便，而筆之無媿色者，學者讀之【二】，當

【二】「摩利害」至「讀之」二十三字原脱，據文淵閣本、黄本補。

以惡惡臭爲比也。

齊威王、靖郭、孟嘗招致遊士，其言議風旨可見者，自淳于髡、夏侯章、田登以下略在，而馮諼事最著。顔斶學兼孔、老，而能自持其説，不屈其身。趙成后所言於陵仲子，蓋其人高潔獨立，塵垢富貴，萬物不足以説之，不惟嗜利行諼者以爲無用，亦自其所媿而惡也。説齊湣王無姓名，數千言，其要謂「名君察相，五兵不動而諸侯從【三】，辭讓而重賂至」。大抵陳用兵之害，雖雜亂，然當是時能爲此言者蓋少，而湣王亦卒以窮兵亡國殺身，非妄也。

田單立功，不旋踵而有九人之讒，幾死。自古功名之際，無得免者，可畏哉！貂勃一説，而殺九子，單以復安，誅佞臣何其易！古今事不同，或當信，然未可知也。

戰國策楚趙

智伯之難，趙襄子問張孟談，以爲董安于世治晉陽而尹鐸修之，至行城郭，按府庫，視倉廩，發矢於公宫之垣，取兵於公室之銅，蓋其備豫積實如此。而《晉語》乃言尹鐸「爲保障」，「爲繭絲」，損其户數，故沈竈産鼃而民不叛，余固疑所載之非實。蓋當是時，苟得所以受敵之地，上下相守以待變足矣，烏有能寬民而後求其不叛者乎？

豫讓言爲先知報後知，而故君賊新君，大亂君臣之義。此春秋時餘論未衰息者【四】，

【三】諸侯從　「從」原脱，據文淵閣本、黄本補。

【四】未衰息者　「息者」原脱，據文淵閣本、黄本補。

故孔子以琴張爲不當弔宗魯也。

「中國者，聰明睿智之所居也，財用之所聚也，聖賢之所教也，仁義之所施也，詩書禮樂之所用也，異敏技藝之所試也【五】，遠方之所觀赴也，蠻夷之所儀行也」。《戰國策》之陋甚矣。公子成不知何人，乃能爲此數十語【六】，然卒再拜而胡服，又可笑也。自荀吴變卒破狄，其兆已見。武靈王雖廣地闢國，無救於殺身，壞法亂紀，卒與六王相隨而滅。然則有國之要，信不在此也。

魯仲連不肯帝秦，是戰國一大節目事，蓋當是時士莫知恥，而仲連能恥之也。孟子曰：「如恥之，莫如師文王。」然則仲連之所恥，必有以處此乎！

戰國策趙魏韓

魏文侯講韓、趙而諸侯朝，身罷獵而國彊，此戰國初事也。其後不復有。不惟戰國，漢魏以後亦無矣，周世宗近之。

田子方言審於音者聾於官，魏文侯善之，豈有「在治忽」之遺思乎？而禹以爲未然，蓋古道遠矣，自後無傳焉，哀哉！

惠施妄稱文王出棺以弛葬日，當時誇其說。文王之義以示天下，彼獨未知孟軻所謂文王也耶！

【五】異敏技藝之所試　「異」原作「才」，「試」原作「成」，據文淵閣本、黄本及《戰國策·趙策二》原文改。

【六】乃能　「乃」原脱，據文淵閣本、黄本補。

齊魏戰於馬陵，齊大勝魏，殺太子申，復十萬之軍。魏王召惠施而告之曰：「夫齊，寡人之讎也，怨之至死不忘，國雖小，吾常欲悉起兵而攻之，何如【七】？」對曰：「不可。臣聞王者得度，而霸者知計。今王之所以告臣者，疏於度而遠於計。王固先屬怨於趙，而後與齊戰，今戰不勝，國無守戰之備，王又欲悉起兵而攻齊，此非臣之所謂也。王若欲報齊乎？則不如因變服折節而朝齊，楚王必怒矣，王遊人而合其鬭，則楚必伐齊，以休楚而伐罷齊，則必爲楚禽矣，是王以楚毁齊也。」魏王曰：「善。」乃使人報於齊，願臣畜而朝，田嬰許諾。張丑曰：「不可。戰不勝魏而得朝禮，與魏和而下楚，此可以大勝也。今戰勝魏，覆十萬之軍而禽太子申，臣萬乘之魏而卑秦、楚，此其暴戾定矣。且楚王之爲人也，好用兵而甚務名，終爲齊患者必楚也。」田嬰不聽，遂内魏王而與之並朝齊侯再三。趙氏醜之，楚王怒，自將而伐齊，趙應之，大敗齊於徐州。按《孟子》，梁惠王曰：「晉國，天下莫强焉，叟之所知也。及寡人之身，東敗於齊，長子死焉，西喪地於秦七百里，南辱於楚，寡人恥之。願比死者一灑之，如之何則可【八】？」孟子曰：「地方百里而可以王。如施仁政於民，省刑罰，薄税斂深耕易耨，壯者以暇日修其孝弟忠信，入則事其父兄，出以事其長上，可使制梃以撻秦、楚之堅甲利兵矣。彼奪其民時，使不得耕耨以養其父母，父母凍餓【九】，兄弟妻子離散，彼陷溺其民，王往而征之，夫誰與王敵！故曰仁者無敵，王請勿疑。」梁惠王之所以告惠施悉起兵攻齊者，即其所以告孟子願一灑之者也。而惠施之言

【七】何如 「如」原脱，據文淵閣本、黄本補。

【八】如之何 「之」原脱，據文淵閣本、黄本補。

【九】父母凍餓 「父母」原脱，據文淵閣本、黄本補。

如彼，其效如彼；孟子之言如此，梁王迂之不聽也。故具載之使學者擇焉。

范臺之宴，請魯君舉觴，魯君擇言四事。自伯禽以來，惟僖公稱賢君，猶未能及此言也。魯方百里者五，其君之賢若此而不能興其國，豈流傳之誤耶？抑偪側於暴强之間，雖爲善而不足以自立耶？

唐睢言「人有德於我不可忘，吾有德於人不可不忘」，此固人之常心當然【一〇】，進而至於不矜不伐，德之成名者也。

戰國之士聚於四豪，故其言論時有可稱，馮諼以下客市義，而唐睢能鉏信陵之驕，亦各以其資之所近歟。

秦王言「天子之怒，伏屍百萬，流血千里」，盡客氣也。故唐睢得以客氣勝之曰：「伏屍二人，流血五步，天下縞素。【一一】」挺劍而起，秦王色撓長跪而謝也。然荆軻事言「秦法群臣侍殿上者不得持尺寸兵」，或者他國使客不禁耶？孟子謂：文武一怒而安天下之民，《詩》稱「肆不殄厥愠，亦不隕厥問」，當與秦王、唐睢並看。

史疾治列禦寇之言曰「貴正」，楚王疑正不可以治國，不可以禦盗。春秋之末，此論已行，故孔子曰：「子率以正，孰敢不正。」又曰：「子爲政，焉用殺，子欲善而民善矣。」時人亦疑之，雖其高弟固不盡信也。

郭隗以古道説燕昭王，發其敬士之機，築宫尊師自其身始，非不讓也；四方聞風，皆

【一〇】常心當然　「當」原脱，據文淵閣本、黄本補。

【一一】天下縞素　「天下」原作「步」，據文淵閣本、黄本改。

以類至，非勝己也；破齊之功樂毅專之，已無與焉，非無能也；爲人主立致士法以示後世，非賴寵也。《書》稱「一個臣」，非好彦聖者能若是乎？三代以上帝者之佐，奇舉瑰行猶一二見於逸書，如隗殆庶幾【一二】，蓋非戰國策士所能爲也。

荆軻，論者多異，揚雄言「軻者謂孟軻，若荆軻，君子盗諸！」「三軻名偶同，奚因是進孟以黜荆？雄陋甚矣！孟子曰：「殘賊之人謂之一夫，聞誅一夫紂矣，未聞弑君也。」孟子特爲戰國之君立此義，蓋惡夫賊仁義者爾。始皇爲封豕長蛇薦食天下，天下之人得同起而誅之，軻功雖不成，其志壯矣！

墨子卑己尊人，以情媿之，論技考實，以能服之，用此輔其君，存其國。孟子責以大義是矣。然戰國之士固不可及也。

中山君好士，李庇請伐之，以爲「務名不存本，耕者惰，戰士懦」，此語本出於玩薄。然如齊稷下、四公子所禮士，其間豈爲無賢？而致用之道雜，乃受攻之本也。淳于髡身爲無用，姦人之雄，反自曰「無賢者，有則髡必識之」。然則人主以好士爲名，而不知士之賢否，無開治之實，何救於亡？

《戰國策》國別必列蘇【一三】、張從横，且載代、厲始末，意其宗蘇氏學者所次輯也。又韓趙魏皆載智伯求地爲首，而燕終之以高漸離刺始皇。使劉向未校以前已如此，則此書蚤經釐正矣，非殘缺也。

【一二】殆庶幾　「幾」原脱，據文淵閣本、黄本補。

【一三】國別必列　「別」原脱，據文淵閣本、黄本補。

司馬遷《史記》有取於《國語》、《戰國策》及他先秦書，皆一切用舊文，無竄定，是則述之而已，無作也。不知劉向、揚雄所謂「善敘事理，辨而無華，質而不俚」者安在？其指楚漢事言之乎？論世有三道【一四】，皆以人心爲本：三代以上，道德仁義，人心之所止也；春秋以來，人心漸失，然猶有義理之餘焉；至於戰國，人心無復存矣，先物而流，造勢爲傾【一五】，綿蕝爲出智巧，架漏以成事機【一六】，皆背心離性而行者也，故其禍至於使天下盡亡而後已。自漢及今，學者欲求復於人心之所止，則固有道矣。然其智者不能論世觀變，則當患於不知，其浮者不能順德執行，則撓而從之衆矣。故有以《戰國策》爲奇書者，學之大禁也。

【一四】世有三道　「有三」原脱，據文淵閣本、黄本補。

【一五】造勢　「勢」原作「世」，據文淵閣本、黄本改。

【一六】以成事機　「機」原脱，據文淵閣本、黄本補。

卷十九

史記五帝三代本紀

犧黄爲文字之始，聖治之先，不獨學者言之，孔子蓋言之矣。至於簡棄鴻荒，斷自堯舜，則何必孔子，自舜、禹以來固然也。何以知之？方禹、益、臯陶共明治道，祖述舊聞，其時去黄帝、顓頊不遠，所稱道德廣大，皆獨曰堯舜，未有上及其先者。推群聖賢之心，豈夸覼而輕祖哉！故余以爲神靈不常，非人道始，缺而不論，非掩之也。如遷所見《五帝德》、《帝繫姓》，雖曰起至黄帝，若夫稽古而陳之，君止堯、舜，臣止禹、臯陶，而羲農后牧之倫不預焉。遷未造古人之深旨，特於百家雜亂之中取其雅馴者而著之，然則《典》、《謨》大訓徒雅而已乎？況黄帝、堯、舜之後既數千年，長老所言不可信，審矣。不擇義而務廣意【一】，亦爲學之患也。孔子謂顔淵「行夏之時，乘殷之輅，服周之冕」，蓋爲邦之要略，漢儒之智未足以及此也。而遷紀夏商，言「孔子正夏時」，又曰「殷路車爲善」，近是矣。至「文王三分天下有其二，以服事殷，周之德，其可謂至德也已矣」，則遷不能知，故曰「受命稱王，改法度，制正朔」。當以孔子爲正也。

校勘記

【一】廣意 「意」原脱，據文淵閣本、黄本補。

以遷所紀五帝三代考之，堯舜以前固絶遠，而夏商殘缺無可證，雖孔子亦云。獨周享國最長，去漢未久，遷極力收拾，然亦不過《詩》、《書》、《國語》所記而已，他蓋不能有所增益也，是則古史法止於此矣。及孔子以諸侯之史，時比歲次，加以日月，以存世教，故最爲詳密。《左氏》因而作傳，羅絡諸國，備極妙巧，然尚未有變史法之意也。至遷窺見本末，勇不自制，於時無大人先哲爲道古人所以然者，史法遂大變，不復古人之舊。然則豈特天下空盡而爲秦，而斯文至是亦蕩然殊制，可歎也！

史記秦本紀

由余論治，類老子，偏駁不槩於道，然能行其意耳。

太史公言秦穆公作誓，「君子聞之皆爲垂涕」，不知此語何所據？果爾，其次於《書》，有以也。百里奚、蹇叔皆且百歲，故曰「番番良士，膂力既愆，我尚有之」，蓋深悔之也。

城周之役，晉執政不能記踐土之盟，既而晉亡。秦孝公出令，上距穆公二百五十年矣，穆公舊事，常鏡見之，宜其興也。人未有自求彊而不獲者，彼不幸而得商鞅，百餘年秦亦亡，遺患萬世，悲夫！

史記始皇本紀

始皇七年、九年、十三年、三十三年彗星從橫竟天，不獨告六國滅，亦告秦亡也。

商周以頌次樂告神明，始皇乃刻石自頌功德，其詞下俚。後之學古文者反並稱先秦，又用其體，雜以《雅》、《頌》語，欲復古文，不可得也。

始皇並天下，十年五巡行。

周得火德，秦從所不勝，以剛毅、戾深、刻削、毋仁思和義爲水德。按子產言：「火烈，人望而畏之；水弱，狎而玩之。」是周、秦用德皆失也。而老聃言「水善利萬物而不爭，處人之所惡，故幾於道」。蓋怪民奇論爲天下患，非特秦承其敝，至後世猶然。秦燒書六年，坑諸生五年而亡。

天下反秦，二世死在旦夕，方引韓非語，欲造千乘之駕，萬乘之屬，充其號名。亡國之君舉動如此，固不足怪。然參以《李斯傳》，恐先後差誤。

賈生論秦，專指險塞設攻守，殊不然。周在岐、邠，何嘗用險？自諸侯仰關攻秦不勝，漢人因之，遂衍爲百二之勢，亦以一時習尚言之耳。然西漢既亡之後，歷代所都亦未聞有能以全制天下者。至唐以後遂泯然無稱矣。司馬侯謂「九州之險不一姓」。賈生本用從橫之學，而並緣以仁義，固未能知其統也。

史記項羽本紀

古書之於聖賢皆因事以著其人，未嘗以人載事。項籍雖盜奪，然文字以來，以人著事，最信而詳，實始於此。如「初起時二十四」，「少學書不成，去學劒又不成」，「書足記姓名，劒一人敵，不足學，學萬人敵」，「乃教籍兵法，不肯竟學」。楚漢間頗用此例推觀。不知古人之材與後世之材何以教，何以成就？上世教法盡廢，而亡命草野之人出於雄强。遷欲以此接周、孔之統紀，恐未可也。

空諸侯之國而得天下者，秦也；歐天下之人而亡天下者，亦秦也。秦自以滅六國無與敵，其無敗也，雖名諸侯復立，其實黔首化爲盜賊，亡之如拾遺。自是以後未有不以群盜亡者，次則夷狄，次則卒伍，皆古所無有也。然則後之有天下者，謹備三者而已。

范增立楚懷王以亡秦，董公爲義帝發喪以擊楚，殆若徵祥厭勝，然非計利之實也。儒者因是謂取天下自有名義，當更細論。《詩》曰：「柞棫拔矣，行道兊矣，昆夷駾矣，唯其喙矣。」孟子曰：「爲淵敺魚者，獺也；爲叢敺爵者，鸇也；爲湯、武敺民者，桀與紂也。」却不如此疏闊，而儒者欲兼而言之，何也？

宋義用戰國遺智，策士排比，勝負之際，未爲迂謬。然不知項羽之剽悍，豈區區策畫所能當？不惟義見殺，而義帝之事亦不成矣。

太史公論「羽非有尺寸，乘勢起隴畝之中，三年將五諸侯滅秦，分列天下而封王侯，政由羽出，號爲霸王」，近古所無。不知古人之治，未嘗崇長不義之人。《左氏》載鄋瞞三人皆爲諸侯所誅，蓋是時先王之餘政猶存，負力桀悍者終不得自肆。如項羽，氣力不過長狄，而不幸遭世大壞，遂横行至此。遷以畏異之意加嗟惜之辭，史法散矣。

史記高惠文景本紀

述高祖神怪相術太煩而妄，豈以起閭巷爲天子必當有異耶？契、稷、仲衍皆上古事，不可考，闕之而已。班彪遂謂「體貌多奇異」，語尤陋矣。《書》曰：「慎徽五典，五典克從，納于百揆，百揆時敘。」《詩》曰：「惠于宗公，神罔時怨，神罔時恫。」若捨其德而以異震愚俗，則民之受患者衆矣，惜乎史筆之未精也！

沛公年餘四十，奮臂兵間，不致失人理，故懷王諸老將謂「更遣長者扶義而西」。義帝之事雖不成，而漢得天下至此始。然則范增徒能爲沛公之膏肓【二】，故高祖畏之，至於佐羽爲賊，則固敗亡之道也。

數項羽十罪，要是漢得算多。不然，則良、平之籌不必畫矣。滅楚後遂有失德，去羽無幾爾。

益贊於禹以「惟德動天」，伊尹言「暨湯，咸有一德」【三】，周人稱「文王之德至矣」。

【二】沛公　「公」原脱，據文淵閣本、黄本補。

【三】伊尹言　「言」原脱，據文淵閣本、黄本補。

有是德也，則有是政也。而太史公乃謂三代之政，忠、敬、文若循環，漢救以忠，爲得天統。是遷於禹、湯、文、武皆望其藩牆而不即者也。爲治既如彼，而言治復若此，世道所以有污無隆歟。哀哉！

吕氏可謂亂矣，而禍不及民，天下稱平，或者古人後世之治不同，故猶與褒、妲一間耶？

三代以後嗣子之美者，申生、太子晉、扶蘇、孝惠、孝文。彼皆夭閼不遂，而孝文獨推其仁心見於事業，徒得古人之一二，而後世賴之。使有孟軻之臣，則所開大矣，惜哉！

史記表

遷既以意别爲史，而設諸表，存古史法，又頗自損益之，古法之不絶者毫釐耳。義理所在，雖不以改作爲間，然其乖異不合，則學者不可以無考。

遷稱「孔子因史文次《春秋》，紀元年，正時日月，蓋其詳哉」。按《春秋》，諸侯之史，二百餘年之間，年時月日皆素具，非孔子特詳之。又稱「序《尚書》則略，無年月，或頗有，然多闕不可録」。按《尚書》載周事有書年者，有書月者，有書日者，有書明、書魄、書朏者，然不繼，他所不書，則寥遠曠絶，若不復省，亦古文之已然，孔子故闕之也。《春秋》有年時月日之可繼，此可以義斷者，孔子因之，可也。《尚書》有年時月日而不可繼，此不可以義斷者【四】，孔子亦因之，何哉？然則年月之有無，非二書之大指也。況《帝繫》、《世本》去二書之義尤遠，孔子將以垂道德之統於後，於是乎盡心【五】，而彼瑣瑣者烏用之【六】？遷欲以世表訖共和，下接春秋，失本意矣。

遷斷自共和，著周統既失，不待東遷，以《國語》黜宣王事推之，不爲無意。然謂《二南》、《小雅》盡周衰所作，既與師傳不合，且周人以文教自文王時，《七月》、《鴟鴞》、《常棣》，大抵周、召所筆也。然其盛也乃無詩，必衰而後有詩，且文武時君臣經營細微，芟撥煩亂而致盛大，乃無以勸戒諷道之，且待其衰而後有嗟歎刺譏，何哉？又《大雅》不言周衰，獨《小雅》言之，原此數意，皆非實也。

遷言孔子及左氏作《春秋》，徒仿像【七】，無的驗，余於二書論之詳矣。又言鐸椒、虞卿、吕不韋皆戰國時，孔子春秋，遷豈不知？《國語》孔子前自有，《春秋》非始作於此，特以董仲舒師授《公羊》，其語方爛漫於世，故不暇考詳也。

遷雖言「欲一觀諸要難」，其實既因《春秋》、《左氏》變舊史法，又以貳書無所置之，故用紀年聚其要語，前乎共和，後乎楚、漢，接續章次，略成一體以存舊文。然均之一事，《表》既譜之【八】，《紀》復紀之，《世家》、《列傳》又申明之，參互錯重十數見而猶未已，甚矣！遷之自勞而啓後世之煩且雜也。

「收功實者常於西北」，漢人因前世之跡爲此語，漢復不復驗矣。

【四】義斷者　「義」原脱，據文淵閣本、黄本補。

【五】於是乎盡心　「於」原脱，據文淵閣本、黄本補。

【六】而彼瑣瑣　「瑣」原脱，據文淵閣本、黄本補。

【七】徒仿像　「像」原脱，據文淵閣本、黄本補。

【八】表既譜之　「表既」原作「既表」，據文淵閣本、黄本乙正；並據以補「譜」。

先儒所謂法後王，猶後人言知典故。及今事也，後王可以言監，而不可以言法。「俗變相類，議卑易行」，此論尤不可。作丘甲、用田賦、初税畝，及秦之變法亂政，豈可謂後王已行者便爲法乎！明於道者，有是非而無今古。至學之則不然，不深於古，無以見後；不監於後，無以明前。古今並策，道可復興，聖人之志也。卓然謂王政可行者，孟子也；曉然見後世可爲者，荀卿也。然言之易者行之難，不可不審也。

舜禹之事且置。仲虺言「天生民有欲，無主乃亂」，所以興商也。武王言「亶聰明作元后，元后作民父母」，所以興周也。諸侯萬國奉於有德，堯、舜、湯、武得天下之難者，形也。四海無主，民急無歸，漢高得天下之易者，亦形也。遷若有所諱挹褒美，而不能明徵其義以警當時，訓後世，徒謂非大聖不能當天命，將使已得者據盛滿而驕，閭巷之奸妄擬非意而奪，其害大矣。

遷於《十二諸侯表》言「齊、晉、秦、楚在成周，微甚」，《漢諸侯表》又言「太公於齊兼五侯地」。按齊比三國，並吞最少，秦盡得宗周舊地，晉始封亦不微，後乃滋暴，楚本無封國，浸起蠻夷之雄耳。武王初意不在封子弟，余固論之。大要有德則興，無德則衰而亡。初不以形勢强弱，而周以宗室同姓多爲諸侯，雖卑不忍倍而强大者因相挾未敢取，故猶號名數百年，而周之實已亡矣。世儒以此論封建郡縣得失。蓋疏於事。而漢置諸侯王，於夾輔何取？徒使其謀臣策士忘食而憂，勢必盡絀削之而後已耳。

遷序次高祖至建元以來《王子侯者年表》，示當世得失之林，正應史職。蓋古法無可改，後有欲作，則從其時。且古人亦以其時言之爾，豈自意其爲古乎！今遠取載籍以來紛更之以就己法，使古今皆失，則文掩於前而道墜於後，其病於學者非小故也。

據《將相年表》，遷没後亡其書，則今所謂《大事記》者，後人依放諸表載之，非遷筆也。

禮樂律書

八書體既立，後有國者禮樂政刑皆聚此書，雖載事各從其時，而論治不可不一。《禮》、《樂》、《律》、《書》皆已亡，大意猶可見，往往飄忽草略，使後有願治之主無所據依。孔子曰：「行夏之時，乘殷之輅，服周之冕，樂則韶舞，放鄭聲，遠佞人。」此教顏淵以爲邦之目也。遷於夏、殷《本紀》言正夏時，善殷輅，固已得之。至論禮樂，則不能本孔氏，空泛然，華説而已。自春秋以來，儒者論禮樂【九】，何可勝數？雖無謬於道，而實知其意可以措之於治者絶少。孔子曰：「安上治民，莫善於禮；移風易俗，莫善于樂。」又曰：「道之以德，齊之以禮。」又曰：「其或繼周者，雖百世可知也。夫民不可以一日無其上，而亦不能一日以安其上。後世爲上之不能安也，摇手動足皆歸之於刑。夫民相依以生，而不相依以刑也。刑之而後安，非善治也，故安上治民，齊之以禮。」孔子以是爲善治，繼

【九】自上頁倒數第三行「忍倍」至「論禮」三百數十字原脱，據文淵閣本、黄本補。

周之後，雖遠而猶可知者，此意是也，不獨以其文也。若夫淫鄙暴慢，化導遷改，和親安樂，久而成性，則雖湯、武功成之樂，孔子猶以爲有憾於其間，而況於鄭聲乎？此禮樂之實意，致治之精説，不可以他求也。遷乃謂秦「尊君抑臣，朝廷濟濟」，方以太初之禮爲常典【一〇】，而鄭、衛之音所從來久，人情所感，遠俗則懷，何其雜於道而易於言乎！以六律言兵，既不可曉，又言咎犯、孫武「身寵君尊」，而羞薄世儒「猥云德化」，其意凡近。且是時儒者固無「不當用兵」之論【一一】，豈謂孔子俎豆、孟子仁政等語耶？若指後世俗儒，則又不足云也。

史記歷天官河渠書

太初歷始復夏正，蓋太史公之力。然漢武帝贊饗敬拜太一，則固用方士語耳。「璇璣玉衡以齊七政」，「爲政以德，譬如北辰，居其所而衆星拱之」；凡二十八星之常，五星之變，皆古羲和所司，聖人所祇畏也。至其他星文，占驗家所存，方術所眩，晏子、子産之所不道也。

封禪最無據。「舜二月東巡狩，至於岱宗，柴禮其所尊也【一二】。」「望秩於山川」，無不偏也。至於西南北猶是禮也。烏有所謂封禪者乎？周成王蓋未有言封禪者，遷殆誣之。《管子·封禪篇》，遊士所爲，謂其諫止齊桓，固妄矣。至秦始封禪【一三】，而漢武因

【一〇】太初之禮爲常典　「爲常」原作「與」，據文淵閣本、黄本改。

【一一】固無　「無」原脱，據文淵閣本、黄本補。

【一二】柴禮其　「柴」原脱，據文淵閣本、黄本補。

【一三】至秦始　「秦」原脱，據文淵閣本、黄本補。

之，皆用方士之説，虚引黄帝而推於神仙變詐，是以淫祀黷天也。遷亦知其非，不能論正，反傅會之，雖微見其意，而所徇已多矣，安能救乎！

《河渠書》稱禹「道河自積石，歷龍門，南到華陰，東下砥柱，及孟津雒汭，至于大邳。於是禹以爲河所從來者高，水湍悍，難以行平地，數爲敗，乃厮二渠以引其河，北載之高地，過降水至于大陸，播爲九河，同爲逆河，入於渤海」。按《禹貢》「導河積石，至於龍門，南至于華陰，東至于砥柱，又東至于孟津，東過洛汭，至于大邳，北過洚水，至于大陸，又北播爲九河，同爲逆河，入於海」；無所謂「厮二渠，引其河，北載之高地」者。然則二渠之功，非禹之所自以爲績者，他書不當特出而儳見也。遷豈以是著後世有渠之始乎？河者，水之道也；渠者，水之利也。治其道者，禹之事也；治其利者，後世之事也。後世雖百引渠，終不足以救水敗。遷以爲塞瓠子道河北行，二渠能復以舊跡。然而河復北決於館陶者，蓋雖知引渠通溝以治水之利，而未知去隄徹防以致水之道故也。

史記平準書

《平準書》直敘漢事，明載聚斂之罪，比諸書最簡直。然觀遷意，終以爲安寧變故，質文不同【一四】，山海輕重，有國之利。按《書》「懋遷有無化居」，周譏而不徵，春秋通商惠工，皆以國家之力扶持商賈【一五】，流通貨幣，故子産拒韓宣子一環不與，今其詞尚存也。

【一四】質文不同　「同」原作「通」，據文淵閣本、黄本改。

【一五】扶持商賈　「扶」原脱，據文淵閣本、黄本補。

漢高祖始行困辱商人之策，至武帝乃有算船告緡之令【一六】，鹽鐵榷酤之入，極於平準，取天下百貨自居之。夫四民交致其用而後治化興，抑末厚本，非正論也。使其果出於厚本而抑末，雖偏，尚有義。若後世但奪之以自利，則何名爲抑，恐此意遷亦未知也。

史記世家

子胥鞭楚平王尸，《左氏》不載，事之有無雖不足道，而義理所關最大。後世至有謂父不受誅，子復讎，斬首鞭尸爲得禮者【一七】。子産奉觴，韓厥獻飲，於敵國若知此，舊君當如何？

「陰謀修德以傾商政」，德非傾人之事，豈陰謀所能爲？信如此，則古之爲德，乃後之所以爲暴也。遷併言之，未可與論知德矣。

「客寢甚安，殆非就國」，此後世鄙語，而遷以施之周公、師尚父之間，是世無復有聖賢，何取於論載也！

遷言「曹沬以匕首劫齊桓公」，「遂與沬三敗所亡地」，此事《公羊》先見。按《左氏》魯莊公九年納糾，敗於乾時，幾獲；十年有長勺之勝，劌實主之，齊猶未已，與宋次乘丘，公子偃敗宋師，十三年北杏之會【一八】，齊將稱霸，其冬，魯乃會盟于柯。是魯國三戰而再勝，未嘗失地，三年不交兵，何用要劫？二十三年曹劌復諫觀社，詳其前後詞語，豈操匕

【一六】算船告緡　「船」原作「然」，據文淵閣本、黄本改。

【一七】爲得禮者　「禮」原作「體」，據文淵閣本、黄本改。

【一八】十三年　「十三」原脱，據文淵閣本、黄本補。

首於壇坫之間者耶？意當時處士謂劌自鄉人拔起有功業，宗主之，不以爲德而以爲刺，習俗之陋，何獨後世可哀也已！

「齊頃公欲尊王晉景公」，遷以數百年後事開跡數百年前，此等語皆不暇審也。

犂鉏知孔子相禮，遂使萊人以兵劫魯侯。是時已有慢儒侮賢之俗，忌名非聖之事，非莊、僖間比，亦以孔子驟起故也。

「周公奔楚」，是時楚未有國，公奚之焉？《詩》、《書》以爲居東，而異説以爲南奔，推此類，則亦當時史法不備之故。自遷、固爲史，其高者固不盡知，而卑者差弗誤爾。

遷言金縢事既錯謬，而繫以「得郊祭文王，有天子禮樂」，尤害義。《金縢》所謂「自以爲功代武王」，一時事也。舉周公所以造周者不足以用異禮，而以金縢故與之，是以天下之器而爲徇己之私物【一九】，將與逢丑父、紀信一等矣。

「成王既幼，周公攝政，當國踐祚，召公疑之，作《君奭》。」不知遷所謂疑者何事，必挾世俗之意。既稱伊尹、伊陟殷諸賢臣，使召公之智不足以知之，則周公一時之語，安能遽説其心？遷論聖賢之際，大抵率易如戲兒。

周人崇尚報應，遷所稱唐虞之際有功德臣十一人，舜後爲陳，田常建國，皆舊語也。然武王封先代，蓋褒有德，臧文仲歎臯陶不祀，謂德義之後不應絶爾。若陳氏篡盜，亦曰舜所致，則是不復論天德，但以利責報也。至孔子始改此論，曰「巍巍乎舜禹之有天下也

【一九】爲徇己　「徇」原脱，據文淵閣本、黄本補。

而不與焉」。夫以天下爲不與，則雖世位銷歇而道德自存，義理常尊而利欲退聽矣，此遷所未知也。

董狐書趙盾弑君以示於朝，義甚深。《左氏》載宣子自解之詞，止曰「不然」，蓋難之。《史記》遽言「弑者趙穿，我無罪」，恐如此下筆，亦了古人事未得。

「晉之宗家祁奚孫、叔向子相惡於君，六卿欲弱公室，乃遂以法盡滅其族而分其邑爲十縣，各令其子爲大夫，晉益弱，六卿皆大。」此雖以戰意書春秋事，得之矣。按《左氏》載叔向與晏子語，已著晉衰亂之跡，自憂其不長，但於此猶欲明魏舒之舉，載仲尼之論，不刻露事本，然不如《史記》正言之也。

序《楚世家》可觀。言其再自王，及隨請尊楚，周召數隨侯，意既疏闊，以管仲對詞考之，周之號令殆不復通於江漢間久矣。

「弱弓微繳，加歸鴈之上」，「虎肉臊而兵利身，人猶攻之」。二事皆《戰國策》所無，其文無異。意劉向所序，比遷時已有遺落也。

遷載范蠡，殊不足據。《越語》固言其去矣，而遷取雜説，既言其相齊，又去齊爲陶朱公，又子殺人於楚，又行千金書遺莊生，又莊生怒長子，卒敗其事。信如是，則蠡傴側亂世，以狡儈賈豎爲業，何異吕不韋之流，何必稱賢也。當遷去蠡時尚近，而不能斷其是非，使蠡蒙羞惜哉！

穆公「見西王母，樂之忘歸」，「日馳千里馬，攻徐偃王」，此方士語也。血脈不亂，夢之帝所，鈞天九奏，射中熊羆【二〇】，此醫師語也。遷皆載之，蕪妄甚矣。

按《左氏》晉趙嬰通於趙莊姬，原屏放諸齊，姬以爲討，武從姬氏，畜於公宮。韓厥言「成季之勳，宣孟之忠」，「乃立武而反其田」。遷乃言屠岸賈欲趙氏，乃治靈公之賊，遂及程嬰、杵臼，何其悖戾也。

武靈王胡服經營天下，困於吴娃。

卜子夏、田子方、段干木在魏文侯時風致不同，孔子之學行於世者，僅有此耳。上追文、武，閎散之徒，既不可繼，下傳戰國，至於後世，遂無復有此事。道之行，士遇合，夫豈易哉？

齊宣王爲稷下之學，而孟子至，齊君視之，無異瞽之於日月，聾之於雷霆也，而道卒賴以傳。悲夫，亦未可忽也！

陳完之占，前代此類甚多，孔子以爲不足以訓，故獨贊《易》以黜之。凡《左氏》所載，皆孔子所黜也。當其時，亦有知象數筮占爲非道者，但其智不能盡古今之變，故閔默終墮於卜師爾。而遷乃謂「孔子晚而喜《易》」，《易》幽明遠矣，非通人達材孰能注意」，反以陳完之占爲孔氏所盡心者，是遷未嘗知有孔氏之《易》。所識如此，蓋難語上也。

《孔子世家》所取甚雜，然比之載五帝、三代、周、召等事，猶不至於駁異。譬如以相

【二〇】射中熊羆　「羆」原脱，據文淵閣本、黄本補。

求人，雖非其真，然禹行舜趨，要無桀跖步履【二一】，學者深考之，亦足以成德也。

蕭何雖不逮古人，然漢非何不興也。遷既不能品第其人，而始但輕之爲刀筆吏，終遽與閎散爭烈。伊尹、傅説未嘗無賤微之誚，此固何足論。然又何閎散之易爲乎？漢高之德與力比，非有尺寸，而以何爲磐桓，故能建侯，未知勞苦，置衛繫獄者，發於褊宕而然耶，抑亦有流言之誤耶？遷殊不能辨，而後世因之，使人廢卷歎息而已。

曹參言「陛下垂拱，參等守職，遵而勿失」。此語持之甚難。然則歌呼應和，正爲永日計，非所謂盤樂怠傲以求禍者也【二二】。小人所見不遠，故以不能有所改作爲疑。雖然，以惠帝之仁，不幸而吕氏已執其柄，不然則參之所守當更別論。

以籌策算天下，於古無是，規國慮敵則有之矣。至從横人妄爲揣摩，而後世遂有取天下之術，然皆無以逾張良。方在其散亂中，如洪流一板，卒能合而爲一，異哉！然良因事開説，若不得已，未嘗爲成謀，開闔在手，信爾，則上世聖人之勤勞皆可廢【二三】，斯尤異矣！遷序良事無不足考，四皓之來，極其辨智，古今未嘗有，而後世儒者欲以空義斷其是非，何可當也！

《周勃傳》亦言「伊尹、周公何以加」，與論蕭何同意。遷之於聖賢，徒存其貌耳。

《河間王傳》「被服造次必於儒者，山東諸儒多從之遊」，甚得體，恨太略耳。

【二一】桀跖　「桀」原脱，據文淵閣本、黄本補。

【二二】求禍者　「者」原脱，據文淵閣本、黄本補。

【二三】皆可廢　「可」原脱，據文淵閣本、黄本補。

卷二十

史記列傳

遷本意取高讓不受禮樂者爲列傳首，是也。然許由、卞隨、務光空寓言，無事實，學者所共知。遷爲是故以六藝正百家之妄，正於其所不必正，一也。按冉有問於子貢曰：「夫子爲衛君乎？」子貢曰：「諾，吾將問之。」入曰：「伯夷、叔齊何人也？」曰：「古之賢人也。」曰：「怨乎？」曰：「求仁而得仁，又何怨！」出曰：「夫子不爲也。」子曰：「見善如不及，見不善如探湯，吾見其人矣，吾聞其語矣。隱居以求其志，行義以達其道，吾聞其語矣，未見其人也。齊景公有馬千駟，死之日民無得而稱焉，伯夷、叔齊餓於首陽之下，民到于今稱之，其斯之謂歟！」論夷、齊之事，無大於此者矣。以子臧、季札考之，未嘗有所怨，則夷、齊何怨焉？謂夷、齊爲怨者，傳遠而説訛爾。遷雖以孔子之言謂伯夷之非怨【一】，而又以妄人之詩疑伯夷之不能不怨，既正於其所不必正，復以所不必正者害其所正，二也。且負芻、吴光皆弑君竊國，子臧、季札尚不恥立於其朝，蓋其待之如糠粃外物，不寘是非於心，乃讓國之常節。況武王、周公以至仁大義滅商，夷、齊奚爲惡之？此特浮

【一】遷雖以「雖以」原脱，據文淵閣本、黄本補。

淺之詞，而遷信之，何哉？孔子謂「餓於首陽」者，言其甘於貧賤而難之也。遷遂以爲不食死，懟而不知命，豈仁人之意乎？三也。盜跖不軌之人，何足與夷、齊、顔子較賢否？聖賢之所自爲者，天之所不能爲。遷雖稱重輕清濁各有所在，而實理蓋未之知。四也。又遷所謂名者，顔子因孔子而彰，則固信矣。若夷、齊則在孔子之前五六百年，孔子所敬而畏者【二】，故曰「民到于今稱之」，是不待孔子而後彰也。稽古道，續先民，聖人之職當然也，豈以是爲軒輊於其間哉！遷雖定一尊於孔氏，而其陋若此者，非所以爲尊。五也。余觀孟子論伯夷，最爲精義。然猶推惡惡之心，有近隘之行，非所謂得仁求志也，必以孔子爲正。

遷載管仲稱鮑叔事甚鄙，不可以示後世，子思所謂信乎友、獲乎上者，豈若是哉！「論卑而易行」，此漢初語，非春秋時語也。俗之所欲否，未必是；因而予奪未必合，福未必因禍【三】，敗未必能功。如此等議論，無當於治，乃蠹術浮説誤後學，不可不審也。且管仲不能盡由禮，故孔子以三歸、具官、反坫、樹塞門明之，遂謂其「富擬公室」，亦非也。

序老子頗似鬼物，隱見不常，而其子孫乃有名數至漢可考。何也？其所著書具在，雖不合於聖人，要皆有指歸可見，所謂「虚無因應、變化無爲」「稱微妙難識」者，亦未然也。

【二】所敬而畏　「而畏」原脱，據文淵閣本、黄本補。

【三】未必因禍　「因」原脱，據文淵閣本、黄本補。

子路問事君，子曰：「勿欺也，而犯之。」然則説何難易之有！自春秋末，漸有要説之術，而盛行於戰國，故孟子亦曰：「説大人則藐之，勿視其巍巍然」，其終曰：「在彼者皆我所不爲也，在我者皆古之制也，吾何畏彼哉！」是説在藐，而不在畏也。韓非剽剥儒、墨以售其殘民蹙國之學，而其中弱自畏如此，説未行而身已隳裂，可悲也夫！

《左氏》前後載齊事甚詳，使有穰苴暴起立功，不應遺落也。況伐阿鄄，侵河上，皆景公時所無，大司馬亦非齊官，遷故稱「田乞豹由此怨高國」，若不考信於《左氏》者，蓋作書之人夸大其詞，而遷信之爾。

信如遷所稱，吴起能以吮疽使士，而不以險守西河，然則行之於楚，安得以刻暴少思忘其軀？蓋「要在彊兵，而破馳説之言從横者」，戰國腹心之疾也。雖欲治國家，保民人，終不可得而相隨以亡。起以是相楚，其所交貴戚大臣怨惡者衆矣，一日君死而難作耳。

白公如不自立爲君，功謀亦不可勝道，未知功謀何所能至！

《仲尼弟子列傳》以《論語》、《左氏》次之，不至甚謬。至子貢稍欲見其一二，遽爲辨士所扳引，浮鄙淫誕，殆不可洗濯。而遷亦載之，何耶？古文與俗説不並立，然遷意所喜，不能盡去也。

商鞅變法，大事也，遷不加疏别，淺深無次，而學者亦考之不詳。所謂「令民爲什伍而相收司連坐」者，此變法之本意也。古者爲比、閭、族、黨，使民相保相受相和親，有罪奇衺相及，是亦連坐，而非厲民者不相收司也。孟子教治滕，則曰「死徙無出鄉，鄉田同井，出入相友，守望相助，疾病相扶持」。蓋治小國，合散民，以親睦爲先，雖有罪奇衺亦未暇相及也。先王以公天下之法使民私其私，商鞅以私一國之法使民公其公，此其所以異也。不告姦者腰斬，告姦者與斬敵首同賞，匿姦者與降敵同罰。此因事積習致然，蓋有受是賞罰者，若遽立爲一成之法以齊秦俗，則民之叛秦不待勝、廣矣。不分異者，漸以倍賦法偪奪之。先王之法雖防民情，如成訟勿讎避讎，今民情有所出入。葉公曰：「吾黨有直躬者，其父攘羊而子證之。」孔子曰：「吾黨之直者異於是，父爲子隱，子爲父隱，直在其中矣。」今鞅使民一切不得私鬭相蔽隱，直情徑達以奉公上。又「事末利及怠而貧者」，先王雖有里布屋粟之罰，而閑民轉移，執事不舉而收孥之也。其設法抑民，輕重曲折，事不一端。而遷之所載，謂直若酒之鴆毒、藥之烏喙、疾之寒熱、匕首之濡縷【四】，立死者，亦未然也。至如集小鄉爲縣，開井邑爲阡陌之類，則固可遽行矣。蓋其禁民巧，察民事，沈鷙果敢，一施於上下而使其便於國，故雖殺其身，卒不能廢其法，數百年而禁制成，秦已亡而猶不可變。凡行於後世者【五】，增損厚薄微有不同，大抵皆鞅之遺術也，何獨彼之非乎？

以孟子、荀卿冠之諸子，雖於大體不差，而有可憾者，知不言利之爲是，而未知所以不

【四】毒藥之烏喙疾之寒熱匕首之濡縷　原作「藥烏喙疾之寒熱匕首之濡縷」，據黄本改。

【五】後世者　「者」原脱，據文淵閣本、黄本補。

言之意，且於騶衍分數終爲多耳。又言武王仁義，伯夷不食周粟。天下惟一理，武王果仁義，則伯夷何名死之？蓋傳者妄也。後世謂孔孟絶學，秦漢以後無人可到，亦非虚爾。

馮驩事與《戰國策》馮緩稍殊，《史記》蓋别有所本，其義爲勝也。如魏無忌不幸而立於頽俗，與諸公子同有致士之名，輕去宗國，不重千乘而爲節俠之雄，惜哉！不然以其精識至誠【六】，實得天下士於屠沽鄙賤之中，雖商、周之先民，何以尚兹！

余謂樂毅之詞，變化而能知本，流放而不失正，故曰「免身立功以明先王之跡，臣之上計」，雖不得於今君而無子胥、商鞅之僇，君子將有取焉。若夫蒯通、主父偃廢書而泣，何爲於此？遷豈謂二人之好惡亦足以重輕其間乎？殆毅書因是而傳耳。

藺相如持璧睨柱，進缻秦王。當是時，氣習之所激，有志者皆能自奮也。庸人所難，君子所易，雖非必易，而義不得止矣。若夫君子所易，則庸人固難之，故稱病讓頗，亦相如之所優爲也。遷論未盡，因著之。

樂毅雖已破齊而未能定齊，代以騎劫，燕之敗形已具。田單出萬死急計，僥幸而勝，理勢固然，謂之能以亡爲存可矣。「奇正還相生」，非所以施之於此，學者當細考。

文景時天下已定，取士有法，士可以求志反本，修飾隱約以待上用矣。而鄒陽之徒猶抱倀倀之空意，祖談客之餘説，波蕩客遊，雜襲讒諂污賤之間以罹困辱，所謂不貴其身而詘其德者，與董仲舒、揚雄異矣。

【六】精識至誠　「至誠」原脱，據文淵閣本、黄本補。

楚爲霸强數百餘年，前後君臣未嘗失計。至懷王愚而信讒，暗而自用，空墮張儀之諼，爲諸侯笑。秦楚雌雄既分，天下之勢始有所歸，而楚遂以亡，此其國之大變也。若屈原之明於治亂，智足以扶危定傾【七】，而疏斥不用，諫争莫行，《離騷》之詞當爲是起，蓋五子作歌，三仁自獻，文義詳略不同而大指可見矣。遷乃以爲困於上官大夫，故疾其君而作。夫一身之利害，少自好者不露芒刃，而況原乎？《國風》、《小雅》雖有其間取義狹者，若無「好色而不淫，怨誹而不亂」，則淺陋甚矣，聖人何取哉！遷誠貴原，然不足以知之【八】，又習見賈誼賦，詮次失序，本末顛倒。後世因相沿論議，至今不能明，可重嘆也！

呂不韋之賈，不特以貨爲貨，而又以國爲貨，卒遂其欲。士之有利心，左右化居，何止一不韋而已，哀哉！若遷所載范蠡爲陶朱公，是不以國爲貨而以身爲貨【九】，賢不肖雖異，要不免於貨也。

遷以刺客滑稽紀年，豈孟子「聞而知之」者耶？曹沫無其事，專諸、聶政盜也，世固多此人，遷所褒進，似不可曉也。或言荆軻乘人主不意，法不可長，以孟子法考之則不然。

按《李斯傳》，諸侯叛秦，李斯數欲請間諫，二世不許，而責問李斯以「肆志廣欲，長享天下」。李斯不知所出，乃以督責之術對，「税民深爲明吏」，「殺人衆爲忠臣」。而《二世紀》乃云李斯、馮劫等諫止作阿房宮，省四邊戍，二世欲造千乘之駕，萬乘之屬，遂殺李斯。是時去秦亡不過年歲間【一〇】，君臣雖欲各肆其志，何暇施行？且李斯既已阿意求

【七】智足以扶危定傾　「智」原作「至」，據文淵閣本、黄本改。

【八】然不足以知之　「知」原作「治」，據文淵閣本、黄本改。

【九】以身爲貨　「爲」原脱，據文淵閣本、黄本補。

【一〇】是時　「是」原脱，據文淵閣本、黄本補。

容，則又安能諫？恐亦各有錯誤，未必本事也。斯趣秦於滅【一一】，固不足道，然五帝三王數千年之治，一旦劃削無遺。斯自神其術【一二】，則當別有效驗，而國與其身亦相隨以盡，漢人猶謂忠而被極刑，而遷又責以不與周、召列也，何哉？

言魏豹、彭越「不死而虜囚無異，故獨患無身耳」【一三】，「雲蒸龍變，欲有所會其度」，言「季布爲人奴不死，欲有所用其未足，故終爲漢名將」。按管仲請囚，子路以爲未仁，孔子曰：「微管仲，吾其被髮左衽矣。」「豈若匹夫匹婦之爲諒也，自經於溝瀆而莫之知也。」孔子之所以與管仲者，以其一匡天下之功有大於死故也。季布不死，免高祖報怨之過，於義猶有所就。若魏豹、彭越徒爲身計，乘時伺間，蓋將奮其姦雄以毒螫生民，此法之所禁，義之所誅，不必逆探其心，許其因而惜其死也。

韓信自當與張良並看，漢所以得天下，開闔變化皆在其中。豈惟漢，蓋三代之後，天下雖大，徒手號令而以一夫智力取之，皆自是始。至蒯通掉舌縱橫，使已合者幾散，尤異也。孔子稱「惡利口之覆邦家」，堯、舜三代及春秋時所謂利口，猶未至是哉！遷責韓信不學道謙讓，伐功矜能，至於夷滅。信雖不及以知此，然當受此責矣。何也？當天下發難，與沛公先後起者，各有得鹿之心，固以其力自斃，無怪也。獨蕭何、張良與信，沛公之所須如左右手，然其君臣之分當素定也。若信猶欲自立，則漢誰與立功，是天下終不可得而定矣。信托身於人而市井之度不改，始則急迫以不得不與，終則徼幸於必不可爲，以

【一一】趣秦於滅　「滅」原作「械」，據文淵閣本、黄本改。

【一二】斯自神　「斯」原脱，據文淵閣本、黄本補。

【一三】異故　原作「故異」，據文淵閣本、黄本乙正。

黥、彭所以自處者而處周、召、太公之地，欲不亡，得乎？

蒯通論戰國權變爲八十一首，太史公記有《戰國策》所無者，豈取之於此乎？而班固不言。

按酈生、陸賈、叔孫通傳皆言高祖罵儒生，憎儒服，而漢所共事皆武人、刀筆吏，無有士人，獨張良非軍吏，不知何服也。然儒書儒服自春秋戰國時固已詬戾之矣。遊説法術之學行，道義既絶，至是陸賈始發其端，如陽氣復於大冬，學者蓋未可輕視之也。

揚雄稱齊魯有大臣，史失其名。蓋漢至中世，董仲舒之流出，頗見古人本末，而叔孫通以刓方希世爲儒者所貶。然豈知通於暴秦勝羽中，以其所學緜蕝自爲之爲難也！儒術賴以粗傳，真叔孫通、陸賈之力。觀兩生所言，殆亦未知者。昔公劉失其稷官，自竄戎狄，詩人追美之，與文武同詞，故曰「肆不殄厥愠，亦不隕厥問」，言有以致之也。安得以孫曾之文誚祖宗之質乎！

漢文帝令張釋之「卑之無甚高論，令今可行也」。舊稱《王制》乃文帝時博士諸生所爲，及記禮者大抵多漢初文字，信乎其爲高論矣。文帝接秦之敝，本欲有所爲，惜乎當時無知治明道之士，而其間既已空缺數百年，高則有慕古之迂【一四】，卑則有循俗之陋，故其事止於如此。後世去文帝時雖遠，然其君臣議論執礙不行處，亦不過如此，蓋未見有實能通知者。然則行之可否，百世一理，何論古今哉！

【一四】慕古之　「慕」原作「纂」，據文淵閣本、黄本改。

觀張釋之、馮唐、孟舒所論及周亞夫治兵，此做成文帝時一種治體，由秦漢以後未之有及也。即更有賢於此數人者，在弼違任政之地【一五】，未知當復何如。周、召力行，孔、孟知言，終要有歸宿處，世所講明，亦其粗爾。

扁鵲事浮稱濫引，不可根據，蓋爲醫者寓言以神其學，如黄帝、岐伯之流，無事實也。以術能見五臟，雖不爲異，然必有其人而後有其事，不考於實而信其妄，則遷過矣。

田蚡、灌夫不必論，竇嬰本以節行自喜，以功名自任，而其處廢興之際如此，可歎也！李廣自用之兵，人所不及，世或以常律論之，固非矣。然終不立大功名，未知其故安在。遷謂其「將兵數困辱」有由，殆亦未然也。

按帝王《詩》、《書》所以號名蠻夷戎狄者，以其無禮義忠信爲相別異之稱也。初不論遠近内外，蓋其百官氏族既皆以功德厚薄賜之，其不在此數，而部落衆强不率上命者【一六】，即爲夷狄，此山戎、獫狁、葷粥、蠻荆及《春秋》、《左氏》所載諸夷狄之名，所以爲多而不同也，皆在九州之内、諸侯之間。春秋以後，禮義壞而爲戰國，文教衰而專武事，先王之道盡廢，華戎無别，混爲一區。於是九州之内，但以地勢爲中夏，而在九州之外者，方起而爲敵國矣。如匈奴、東胡、月氏、樓煩之屬，蓋莫知所始。遷爲《匈奴傳》，不復詳考，徒雜取經傳所謂戎狄者論次之，而特以匈奴爲宗。又謂其爲夏之苗裔曰淳維，時大時小，别散分離，至冒頓而世傳官號始可得記，若一種姓者，疏略甚矣。

【一五】在弼 「在」原脱，據文淵閣本、黄本補。

【一六】而部落 「而」原脱，據黄本補。

遷言：「堯雖賢，興事業不成，得禹而九州寧，且欲興聖統，惟在擇任將相哉！」蓋歎衛、霍、公孫弘之事，微其詞也。漢武用妄人，殘民不已，幾亡天下，其不能興聖統固宜也。然未知遷所謂「擇人以興」者，又當如何？堯、舜三代之待夷狄，九州之内無禮義之俗也，故禮義修而夷狄服，不必盛兵力也。若秦漢以後中國無復夷狄，而外區異種盛衰小大不可預知，則中國所以待之者，又烏有定法？可知則和，可征則征，其要在於備守謹【一七】，邊陲固，不虚内以事外，使夷狄不能加而已。如以漢武爲建功未深，而異人間出，蓋將有功於此者，則余不能知矣。

漢武五十年用兵，獨嚴安一疏論事有本末，言秦失之强，譏病當世，有味。

遷傳倉公、司馬相如最詳【一八】，扁鵲事不可據，而倉公一家之方，非後世所宗本也。若相如之文，不則於義，不當於用，而盡載之，亦不可曉，槩之書法，自未應傳。

孫叔敖、子産、公儀休、石奢、李離事全似雜説，不經質正，學者安所效法？成王戒君陳曰：「毋依勢作威，毋倚法以削。」《甫刑》曰：「哀敬折獄。」禹、臯陶所以相傳，官伯族姓之所當戒，至詳悉矣。焉有不正其身而可以正人者乎！「奉職循理【一九】，亦可以治，何必威嚴」，此對慘酷者而言，非本論也。季康子曰：「如殺無道以就有道，何如？」孔子對曰：「子爲政，焉用殺？子欲善而民善矣。君子之德，風也；小人之德，草也。草上之風必偃。」蓋是時吏治已趨於酷矣，而孔子之論如此，既不以本對末，固不以末勝

【一七】備守謹　「謹」原脱，據黄本補。

【一八】相如最詳　「詳」原脱，據文淵閣本、黄本補。

【一九】奉職循理　「理」原作「法」，據黄本及《史記·循吏列傳》改。

本也。遷謂「奉職尋理亦可以治」，是以末勝本也。後世之治終不能反之正者，自遷之爲《循吏傳》始。

昔孔氏之門不許遊、夏以知道，《春秋》筆削，傳者又謂其不能措一辭。然後世顯重，大抵子夏之徒。公羊爲《春秋》，悖謬更甚。分門專業者，競於枝葉之末流，益遠益訛。而自周衰以文字爲教者，既已有訓詁、箋註之漸矣，是先王之道至於漢儒，非獨秦火能晦蝕之，蓋亦其勢然也。且燒書六年而秦遽亡，師友源流，耳目睹記，豈不尚在？俗師相授，屋壁獨藏，自不同耳。遊、夏本得道之辭華，而漢儒所聞，又詞華之分散零落者。遷用此作《儒林傳》上面分數目不能多也。

序酷吏，以世俗言之則美，以王道訂之則差。孔子所謂「導之以政，齊之以刑」者，是桓、文以上事，何暇及此輩？正謂如子文治楚、子産治鄭耳。人之材智，在所以導之。遷所序酷吏之流，上古何嘗乏少？先王所以力行，全要消彌服習如此等人，還於中道，不使平民受其無告。而遷謂之「在彼不在此」，是以末勝本之論愈熾，王道無時可回也。

怪民奇論不經之書，上世爲甚，非聖人之智不足以放而絀之也【二〇】。遷因張騫使還，始以《禹本紀》、《山海經》爲不可信，然則遷之所信者固多矣。推此意以經世，其得之寡，失之衆，學者當以爲戒，不當以爲法也。

淳于髡任己自賢，於當世無所敬，以《孟子》考之，其人可知也。至遷欲列於滑稽之

【二〇】非聖人　「非」原脱，據文淵閣本、黄本補。

首，遂使與二優同稱，斯太甚矣。又謂「不流世俗，不爭勢利，上下無所礙滯，以道之用」。夫以其居言之，則何所不流，而又何所爭？群居終日，言不及義，則焉往而不滯？孔子謂「柳下惠、少連降志辱身矣，言中倫，行中慮，其斯而已矣」；謂「虞仲、夷逸隱居放言，身中清，廢中權」。遷之所云，不亦異是乎？

古之聖人以民不能自衣食而教以衣食之方，及其敝也，上下無制，而因其所以衣食者鬬其力，專其利，爭奪而不媿，贍足而不止。老聃以是爲教者之過也，故曰「至治之極，民各甘其食，美其服，安其俗，樂其業」，彼以爲「不貴難得」、「不見可欲」，能使之然。雖非正論，尚有意也。今遷將以聖人之所教、老氏之所廢者同歸一途，所謂「善者因之，其次利道，其次教誨整齊」者，其權皆聽於姦猾不軌之細民而後可，則孰與爲治？兼失之矣。

史遷自序

太史公言《春秋》之義本於公羊、董仲舒，粗淺妄意，非其實也。然後世多以爲按據，雖自命精深者猶墮其説。與於《春秋》及《左氏傳》既頗著見之，今以遷所聞略疏其下。

「余聞董生曰：周道衰廢，孔子爲魯司寇，諸侯害之，大夫壅之。孔子知言之不用，道之不行也，是非二百四十二年之中，以爲天下儀表，貶天子，退諸侯，討大夫，以達王事而已矣。子曰：『我欲載之空言，不如見之於行事之深切著明也。』」孔子曰：「吾自衛反魯，然後樂正，《雅》、《頌》各得其所。」又曰：「小子何莫學夫《詩》？」又曰：「加我數年，五十以學《易》」，又曰：「夏禮吾能言之」，又曰：「文王既没，文不在兹乎？」孔子之於六藝，蓋樂而學之，謂斯文之在也。其所以修《春秋》者，史法未正，義理未一，舊章可續，近事當明，所以遺後世者大矣。若夫諸侯害，大夫壅，言不用，道之不行，而以是達王事者，是欲大孔子而反小之也。

「夫《春秋》上明三王之道，下辯人事之紀，别嫌疑，明是非，定猶豫，善善惡惡，賢賢賤不肖，存亡國，繼絶世，補敝起廢，王道之大者也。」若《春秋》如是而爲王道之大，則《詩》、《書》、《禮》、《易》豈其不如是而爲王道之小？此漢人專門之説，而後世學者信之，以爲孔子自殄最後之書，使其道不深也。

「《易》著天地陰陽四時五行，故長於變；《禮》經紀人倫，故長於行；《書》記先王之事，故長於政；《詩》記山川谿谷，禽獸草木，牝牡雌雄，故長於風；《樂》樂所以立，故長於和；《春秋》辨是非，故長於治人。是故《禮》以節人，《樂》以發和，《書》以通事，《詩》以達意，《易》以道化，《春秋》以道義。六經豈自爲分别，而各擅其長乎？漢人之陋，往往而是，其中亦有遷自出意者，不特董生語也。夫專門者既視他經爲無有，而能盡知《六經》者又之於如此，道何從而明哉！

「撥亂世反之正，莫近於《春秋》。」若《書》之《仲虺》、《湯誥》、《武成》，《論語》「堯曰咨爾舜」，至於「舉逸民」，所謂撥亂世反之正矣。《春秋》因事以明義，雖其大指歸於撥亂反正，然天子、諸侯、大夫之間節目甚多，未易言也。公羊區區執藩籬之見，開苛擾之門，已則不正，而何以反亂於正乎！

「《春秋》文成數萬，其指數千，萬物之散聚皆在《春秋》。《春秋》之中弒君三十六，亡國五十二，諸侯奔走不得保其社稷者，不可勝數，察其所以，皆失其本已。」湯武以仁義拯桀紂之暴戾，保諸侯之國家，一本而已，非各有本而失之也。如公羊、董生之説，銖寸以度之，則安能免此禍哉？

「故有國者不可以不知《春秋》，前有讒而弗見，後有賊而不知。」按周公作《鴟鴞》之詩以遺成王，而成王執《金縢》之書以泣，其君臣之際變而復正，不以能知《春秋》爲王也。「爲人臣者不可以不知《春秋》，守經事而不知其宜，遭變事而不知其權。」孔子曰：「未可與權。」可與權矣，則不論經事變事，惟其是而已，故孔子自謂「無可無不可」也。然經事、變事，上世固莫之分。雖《春秋》亦莫之分也。春秋之時，事之變故不可勝道。若以權合變，則道將愈散，何以反本？若居末世，不能反本而猶變之合，則奚取於聖人？《春秋》之學蓋不然也。

「其實皆以爲善，爲之不知其義，被之空言而不敢辭。」古無被人以空言而爲義者。春秋之時，家異意，人異説，而義有隨以異者，如趙盾許止及其他赴告書法，多一時立義。

《春秋》不能盡正而有因之者，非以是爲當然也。「法之所爲用者易見，而禮之所謂生者難知。」此尤非《春秋》本義以法對禮，乃漢儒語也。

學者必學乎孔孟，孔子之言約而盡其義，孟子之言詳而義不遺。今董生說《春秋》至數千百言，前後章義俱不盡，雜然漫載，遷之言亦然【二二】。學者以爲是與孔孟同，撓而從之，斯大患矣。古者《世系》、《訓典》、《故志》、《春秋》、《詩》、《禮》、《樂》各自爲書也，皆史官職之，舉以教人，則各爲設官，蓋皆可以懲勸也。孔子之於諸書，擇義精矣，可以爲世教者則用之，如《世系》之類，於教粗矣，不用也。至《左氏》爲《春秋》作傳，盡其巧思，包括諸國，參錯萬端，精粹研極，不可復加矣。遷欲出其上，別立新意而成此書，然無異故，盡取諸書而合之耳，如刻偶人，形質具而神明不存矣。書完而義鮮，道德性命益以散微，學者無所統紀，其勢不得不從事於無用之空文，然則人材何由而可成？嗚呼！孔子稱「天之未喪斯文」者，豈謂是耶？

【二二】遷之言 「遷」原脱，據文淵閣本、黄本補。

卷二十一

漢書帝紀

上世載籍之法，至《太史公記》而絶，班氏《漢書》以下，學者不得不别自爲法。蓋後人用世之學【一】，專指漢以來爲準的，於唐、虞、三代姑泛焉而已。古人以德爲言，以義爲事，言與事至簡，而猶不勝德義之多，此《詩》、《書》諸經所以雖約而能該貫二千年也。若夫世次日月，地名年號，文字工拙，本末纖悉，皆古人所略而爲後世所詳。如李翺之徒，亦號高世之材，所求尚不過如此，然則後人材日以淪溺，其勢必然。因是推之，使古人逆爲後世慮，以上世載籍而已用後世之法，則學者終不敢置於誕謾荒忽之地，其所成就當以稍殊矣，良使人撫遺編而浩歎也。

世變以積習爲難除，以身被爲可畏。高祖所以能約法三章者，處下流之勢，身被見殺之難，不如昔日之亂君，徒知自上殺人之易故也。其所以終不能輕刑者，内外前後積習使之也。然而後世要以此語爲論刑之祖。古人言恤刑慎罰多矣，至謂凡民自得罪及昏墨賊殺爲皐陶之刑，則不足以止後世濫殺之禍。蓋不如此語之簡直，無愚智皆可曉也。

校勘記

【一】後人用世　原作「後世因人」，據文淵閣本、黄本乙正，並改「因」爲「用」。

高帝言「鎮國家，撫百姓，給餉饋，不絕糧道，不如蕭何」，與張、韓分功，此言蕭何之粗者，實未知何也。漢得天下，專蕭何之力，不獨漢，乃與後世得天下者起樣子，蓋古人之經綸，至是已滅絕不復見矣。高祖又自謂「馬上得之」，使馬上果可得，烏得前困項羽，後困匈奴乎？司馬遷言「何依日月之末光」【二】，著實處豈可用贊頌常語？但何之材智自有所止爾。

班固習見近事，謂「高祖不修文學而性明達」【三】。固意當謂「加以文學則不止如此」矣。按與高祖同時者，如楚懷王仁義，成安君儒者，不免敗亡。天下大慮，帝王事業，非區區書生所能知，固所謂文學，恐未足以語王者之事也。

「其處者爲劉氏」，滅魏遷豐，皆民也，無族姓可論，與范宣子所言異矣。然則安得承堯運哉？叔孫穆子以爲無其德而有其禄者猶未足以不朽，而況匹夫單人乎！蓋向之陋，而固又甚矣。

取天下於群雄爭奪之時易，定社稷於母后專制之日難，此陳平當吕后時，所以銷縮不敢有所爲也。然平自審産、禄昏庸，不爲深患，但以吕后不可廷爭，故一切順聽。及吕后死，四十日間諸吕已滅，更數十日則孝文立，漢事定矣。後人徒見取之不難，便謂若戲劇，不知其處置精密，蓋能使外朝上下相合爲一，更無趨和吕氏之意。不然，不足爲燕居深念也。

【二】後困匈奴乎司馬遷　「乎司」原脱，據文淵閣本、黄本補。

【三】謂高祖　「謂」原脱，據文淵閣本、黄本補。

秦始皇始有制詔，而漢因之，蓋示人主夸大威服之勢，非古人所謂「言曰從」、「王言惟作命」之意也。王通曰：「詔其見王者之志」，通所謂詔者，以秦爲非耶，以爲是耶？若言不足以見志而必有待於詔【四】，則《盤庚》、《説命》徧矣。

漢文除肉刑，短喪，賜民租，除田租，皆以其予民者行之，不爲勉强，更有以上事亦可行，惜乎輔之者無其人也！班氏父子雖掎摭其善【五】，然亦止能言其儉及近裏做事，蓋其所知者如此而已。

漢武初即位，竇嬰、田蚡、趙綰等議立明堂，迎申公，坐請無奏事東宫，綰、臧見殺，諸所興爲皆廢。是時武帝纔年十六七，綰、臧不能養之以德，而爲希古慕名之虚事，施行急驟，操切宫庭，既以殺身，又使武帝血氣日剛，無所防節，終縱其欲，漢儒之用固至是也。

武帝策賢良詔，稱唐、虞、成、康上參堯、舜，下配三王，全指説在虚浮事。《詩》、《書》所謂「先古先民」者，皆恭儉敬畏，内行不息，去民之疾，成其利，致其身而不以身參之。孔子言仁者，「己欲立而立人」，「己欲達而達人」，能近取譬，蓋不特人主見道不實，當時言道者自不實也。汲黯雖能言，内多欲而外施仁義，然又不過一戇人，而所得者乃公孫弘之流耳。若使僅有晏子、子産輩，便自不同，蓋前世人材不復見矣。

班氏於武帝極稱其美，而於昭帝，乃謂「承奢侈餘敝，海内虚耗，問民疾苦」。古人「稽古禮文之事」本以養民，而武帝之稽古禮文者反以害民，班氏欲擇一以歸美，故其避

【四】若言不足　「言」原脱，據文淵閣本、黄本補。
【五】班氏父子　「父」原脱，據文淵閣本、黄本補。

就如此。然則稽古禮文，終以害民而後止也而可乎？

孝宣「五日一聽事，自丞相以下各奉職奏事，以傅奏其言，考試功能，侍中尚書功勞當遷及有異善，厚賜不易」。當時謂之「樞機周密，品式備具」。蓋自成、康以後，人主能以天下爲一家之治，始終無缺者，方有此耳。古人以天下爲公，非爲一家也，故曰【六】：「野無賢遺，萬邦咸寧。」宣帝以天下爲私，侍中、尚書終身不遷，賴其幹力足以任家事而已，雖遺賢不恤，雖有賢不用也。此事既遠，而風聲氣習所熏炙，此論亦不復有，哀哉！

爵王成詔稱【七】：「有功不賞，有罪不誅，雖唐、虞猶不能以化天下。」後世論治道，無所統一，只以刑罰爲極至，遂以私意板執古人。此等語言，傳誦既熟，極害義理。

「有大父母、父母喪，勿繇事」，是時猶存此意。

鳳凰、神雀、甘露、醴泉當時一時氣候所召。宣帝操殺罰如左契，而乃以此爲瑞應，何哉？然急吏而緩民，持刑而不亂，雖非古人之道，亦求治之心也。

匈奴在九州之外，與古夷狄不同。自中國爲一，而夷狄亦一大種爲對，自盛自衰，昔闕今服，非孝宣之力能致之也。惜哉孝武君臣不明，以此枉用民命，幾亡其國。

「諸儒講《五經》同異，蕭望之平奏，上稱制臨決，立梁丘《易》、大小夏侯《尚書》、《穀梁春秋》博士。」人主親經術，未論所知正僞深淺，而能使儒生風動，以其好惡予奪爲是非。如此等類，於學者義理無所增益，更令不分曉而已。

【六】故曰　「故」原脱，據文淵閣本、黄本補。

【七】爵王成　「爵」原脱，據文淵閣本、黄本補。

「上古之治，君臣同心，舉錯曲直各得其所。」此以自意極增考究，非如景、武但取古語之影響髣髴也。「務行寬大，順民疾苦」，而「吏或不禁姦邪，縱釋有罪」，是誠末世之獘。然古人以所有待所無，不以所無責所有，不能得其全也【八】。皋陶曰：「罪疑惟輕，功疑惟重，與其殺不辜，寧失不經。」故盤庚告遷都，周公待殷頑，多其歲月，別作意度，此寬大之實證也。若宣帝必欲使姦邪有罪皆無所失，而寬大自行於其中，則是所無責人所有，不可得矣。

「信賞必罰，綜核名實」，申、韓之法術兼用之矣。宣帝所以能稱治而無大患者，以其主於管民故也。然當時人主不能自名其爲何術，姑曰「雜用霸王」而已，至班氏父子正色言之，而百世之下皆以王道術緣飾申、韓之治，雖卓然豪傑者尚未能知，而況於改之乎！

孝元勸用儒生幾坐廢，而漢治亦終以不振，蓋俗儒不足委任，正中其用人之病也。然則孝元審不堪天下歟？成、康非上質，而以文、武、周、召之故，能致隆平爲百王法。使宣帝王道已明，擇人以遺其子，何遽不爲成、康？古人先後一揆，而後世父子異意，由操術殊也。

孝元非宣帝持刑深，而蕭望之以二年冬殞恭顯之手，君臣皆不悟，父之知子，其驗速矣。恭顯本宣帝所委信，史臣謂之「樞機周密」者，望之堪之死，宣帝爲之也。

【八】得其全　「全」原作「餘」，據文淵閣本、黄本改。

《舉陰陽詔》「言事者衆，或進擢召見，人人自以得上意」。孝元非無意於得天下者，若見臣下多，使品局有分而鑑照自遠，衆言並進，使異情無壅而思慮易中。古人所以貴於「明作哲，聰作謀」也。不然，則東西高下，惟物所使，外惑内眩，無以自知，而其害有甚於獨聽孤立者矣。如孝宣之牢關固拒，專守一智，蓋懼此也。

永光詔自咎不明，「無以知賢」。併考孝元諸詔，往往引過在己，不失君道，史以爲「號令温雅」，信矣。自三代誥誓既絶，至漢制詔，遂爲空文，然猶有其意與言也。又降而後世言與意皆失，但襞積故實矣。

王莽以孝平初秉政纔四月，越裳獻白雉，賜號安漢公，而篡事已成。蓋承諸父之舊，内外無非王氏之人，故速捷如此。自霍光以大司馬領尚書事，宰相失職，而外戚躡踵當國，所以致亡，不足論也。

漢書表

司馬遷、班固論堯、舜、三代、秦、漢興亡，謂「鐫金石者難爲功，摧枯朽者易爲力」。此古今至大事也，不得以金石枯朽爲比。且聖人躬行仁義，固無以漸鐫取之心，而事亦不然。況漢起布衣賤微，豈更有爲之枯朽者，而又安所摧折哉？孟子曰：「爲淵敺魚者獺也，爲叢敺爵者鸇也，爲湯、武敺民者桀與紂也。」秦暴强，不以道，雖曰興其國，其實敺民也。爲之毆者，必有能受之者，故孟子又曰：「當今之時，萬乘之國行仁政，民之悦之猶解倒懸也。」積毆不已，而天下終無能受之者，遂至迸溢潰裂，人自爲聚，家自爲受，而漢竟得之，自是以後無不毆天下而歸於一夫，與秦同一轍者，皆勢不得已，自爲之受，而非有能受之者也。

《諸侯王表》言諸吕時賴諸侯强而存，王莽時以諸侯弱而亡。此黏合論事，形似而實非也。如意鴆死，肥幾不脱死，友餓死，建死不嗣【九】，皆高帝親子，何足賴也。古人親賢並建，所以爲民也。夾輔一家，自爲久存之計，此後人以私意疑之也。秦雖廢其法，漢雖慕其名，存亡之實蓋不爲此。不考德而任私，後世之論大抵皆是矣。

孝武封公孫弘爲列侯，儒者歆艷。然欒大一見而封三千户，亦不必貴也【一〇】。《郊祀志》二千户。

元封初置部刺史，後世相因，謂監司不可少。文景時州縣號平治，未嘗有刺史也，《王嘉傳》乃頗其爲患。古人州牧侯伯，尊尊貴貴以相統承，而監司以賤繩貴，以卑臨尊，至怙威作氣勢，妄廢置，然後爲立風采勝任【一一】。然則用敝法求吏稱職，不可得矣。甚者至設法以防，監司又失之遠矣。

縣、鄉、亭之制本於商鞅。鞅雖改法，要是周衰，國大者難用舊制，齊、晉、楚裂地名官以自便，往往在商鞅之前矣。古者百里之狹自爲朝廷，由後世視之，疑若煩民。然三老、

【九】建死不嗣　「建」原作「友」，據黄本、敬鄉本改。

【一〇】不必貴也　「必」原脱，據文淵閣本、黄本補。

【一一】然後爲　「爲」原脱，據文淵閣本、黄本補。

嗇夫、遊徼猶各有職掌，近民而分其責任。若後世蕩然無復紀秩，而令長悍焉獨以徵取爲事，則又鞅之所不爲也。

品第人材，以示勸戒，古人之本意，史氏之常職也。名世之士無非以一二數，過熟惡積，是爲下愚。至於雜然中流，則不復論矣。故禹戒「無若丹朱傲」，周公謂「無若殷王受」【一二】，皆實指也。班固枚數銖稱，失本意矣，若其高下差繆，蓋未足究。

漢書志

王莽時通知鐘律者皆聚，所言聲數、度量、權衡，無不傅合於《易》，其説甚淺，似後世義疏之爲，何取於知物也！其傳伶倫取解谷之竹以定律本，而物皆由律起，斯又妄矣。自司馬遷言「王者物度軌則一本於六律，六律爲萬事根本」，漢人之論，蓋因之矣。《書》言「同律、度、量、衡」，又曰「予欲聞六律、五聲、八音，在治忽，以出納五言」。然則古人以度與律數同爲一物，未嘗言皆由律起。而孔子贊《易》，無以八卦合度、量、權衡之文。夫准平規矩，世用所須，粲然陳列，雖在夷狄荒遠，無不畢具，生民以來共之，但其精粗疏密不同耳。學者將求通乎物變，未明其本而先膠其末，有終身不得而至者，又從而爲説以徇之，多此類也。

《書》稱「命羲和曆象日月星辰」，而其法不可見，所可見者，四時昏旦之正而已。至

【一二】殷王受　「受」原脱，據文淵閣本、黄本補。

司馬遷造新曆，始以律之龠起，而劉歆又推《春秋》與《易》，參合爲曆書。按堯、舜時《易》道未備，三代以前未有《春秋》，然則古曆法蓋不起於律，《易》、《春秋》亦不兼曆數，此遷所謂律爲萬事根本者，而歆自謂有得於《左氏》，亦不過取之於曆耳。學者立乎百世之末，而律、曆皆難知之技，不以古文聖人爲正而眩後世一家之私説，以今逆古，以後准前，則窮年終老而學之者，皆無用之虚詞，其去道德義理遠矣。

春秋以來論禮樂數十家，未有能實知其意可以措之於治者，余固言之矣。觀班固取昔人已論，雜合爲意，綴織成辭，盛推賈誼、董仲舒、王吉、劉向而歎其不得用，雖無大戾，然愈不可據矣。八珍，美膳也，必有烹調之方；文錦，奇服也，要織裁製之實。不然，則委而棄之，不如布褐糲粱爲口體之適也。自有生民，而君之教治之道不一端，惟羲、農、堯、舜聖人相承，能摩以德化而使之興於仁義，習以禮樂，而使之遠於刑戮。文、武、周公既没，聖人不作，異君殊國各以私智爲治。至孔子時，刑政詐力，日趨於下，既不可返，而其言曰：「安上治民，莫善於禮；移風易俗，莫善於樂。」又曰：「道之以政，齊之以刑，民免而無恥。」夫孔子之所以善於禮樂而不善於政刑者，豈徒言之而已哉？必有爲之之道也。爲之之道，豈汗漫遲久而難成哉？必統理敏速而易效也。春秋之人才如管仲者，雖不知以禮樂善俗，猶未至以政刑劫民。若子産則以政刑劫民矣。子産自以政刑爲已至，刑而垂之，而叔向以爲不足以靖民【一三】，故直曰「議事以制，不爲刑辟」。夫不爲刑辟而

【一三】而叔向　「叔」原脱，據文淵閣本、黄本補。

後禮樂可爲，未有禮樂刑辟兼而爲之者也【一四】。而《樂記》乃曰「禮樂刑政，四達而不悖，則王道備矣」，豈古人之本旨乎？若賈誼以權勢法制爲人主斤斧，而乃服上黄，數用五。董仲舒明《公羊春秋》，深繩臣子不得容足，而乃設庠序，興太學，以至王吉、劉向皆欲於末世政刑刻急之内，暫興制古禮樂之虚文，以養人之毫髮而勝殺人之丘山，求王道之行，不可得也。夫捨泥塗趨几席，惡辛螫者服甘飴。誠使後世君臣有能深知政刑之不足以善世，明見道德教化之意，篤信安上易俗之實，擇其忠厚至誠力行之士，布在州縣，廢其所以爲鞭箠、刑戮、監臨、防制者，而一以父兄師友之道經紀其民，然則禮樂之效，不待歲月而變矣。卓茂曰：「今我以禮制汝，汝必無怨惡；以律治汝，汝何所措其手足。一門之内，小者可論，大者可殺也。」嗚呼！後世雖無三代之材，若茂者亦豈乏少乎？然而茂可以治一邑而不能推之於國，則亦未知其方耳。

六代之樂，春秋時尚存，諸侯大國固多有者，況魯素具乎！孔子在齊聞《韶》，說者以爲陳公子完奔齊、陳，舜之後，故有《韶》。謂孔子在齊【一五】，始考正《韶》樂，久而忘味則可，謂孔子至齊始得識《韶》樂，悦而忘味則不可。遂以公子完事意之，尤非也。「太師摯適齊」至「入於海」。司馬遷言「仲尼殁後，受業之徒沉湮而不舉，或適齊、楚，或入於海」。班固言「紂作淫聲，樂官師瞽抱其器而奔散，或適諸侯，或入河海」。按《論語》此章，其義可推，其時當闕。遷既逼近，而固太疏遠矣，解章句者自應難準也。

【一四】可爲未有禮樂　六字原脱，據文淵閣本、黄本補。

【一五】「在齊聞韶」至「謂孔子」二十四字原脱，據文淵閣本、黄本補。

自周衰，文字日以淪滅，至秦而盡，字畫變於徒隸，典册成於吏筆。漢興，大而朝廷，小而郡國，無非秦舊，蓋皆胥史漸磨之餘功，士子所學，流靡十九，雖間有豪傑好古者，猶未能追三代之髣髴也。最異者，《房中歌》、《郊祀歌》皆當時輕薄者所爲，極浮淺鄙俚，而郊廟燕饗常用之。匡衡以儒學用，有所更定，未知其孰愈也。後世反謂此乃西漢之文，當與三代並行，窮力模擬，或剽剥不厭。然則《清廟》、《維天之命》以下諸詩，未知學者竟以爲何如，而亦復誦説不已。嗚呼！斯文其終不可振乎？

卷二十二

漢書志

班固爲《兵志》而不詳著漢兵法，但言材官、南北軍、七校、樓船而已。後世方考漢兵制紛紛，此事恐當更審。蓋周政既壞，諸侯之小者患無兵可益，大者患無軍可增，是以簡練教募，廢置分合，其説甚衆。及戰國並吞，雖已各爲大國，而彼此相拒，故議兵亦益急。至秦一天下，繼以漢興，其事曠然大變，與古絶殊。民無非兵，兵無不可用，左右取之，惟意所欲，此所以無兵制可言也。且先王之法有可因於後世者，而獨兵爲不可因。蓋地大小、備衆寡不同耳。若夫以天下之大，無制服四海之實，而惟兵不足用之憂，禍甚於春秋、戰國，則漢之無制固未易可返，今將强揠以爲有制，則其論益難工矣。

《周官》「墨罪五百，劓罪五百，宫罪五百，刖罪五百，殺罪五百」。《吕刑》「墨罰千，劓罰千，剕罰五百，宫罰三百，大辟二百」。是《吕刑》輕罪多而重罪少，輕於《周官》之刑。而班固乃以爲「多五百章」，論其多少，而不論其輕重，遂謂重於《周官》，不知穆王所以哀敬作刑者，蓋將輕之，豈曰重之也。又刑亂邦，雖有重典之文，而亦不著爲常法，蓋將因事而制。而固以穆王平世致輕之法爲亂邦用重之書，誤後學矣。然則其多何也？世衰則文繁，故輕罪增【一】，穆王以訓贖救之，故重罪減。雖然《周官》與《吕刑》未知其果孰先後，隨書爲説而不知本，烏能識古人之治哉？

「禹自以德衰而制肉刑」，不知此語何所承？《吕刑》謂「蚩尤作亂【二】，苗民弗用靈，爰始淫爲劓、刵、椓、黥」，然則肉刑或非聖人所制也。古人以制刑爲政亂，蓋不求於德而求於刑也。後世則不然，非定令無以息民，蓋必輕刑而後可反之於德。班固所謂「詆欺文致悉蠲除」，其意是也。

班固言先王制土處民，富而教之，必世而後仁，其説甚美。然《詩》稱「彼有不獲穉，此有不斂穧，彼有遺秉，此有滯穗，伊寡婦之利」。古今難易之情亦何嘗不同？惟官養民與令民自養爲異耳。觀《七月》所陳，田野勤勞，公私共之，初未嘗以有餘爲泰。若但將王政説令好看而不求其實【三】，則是以空言譽古人，於治道無可進之理。

漢文帝用賈誼言開籍田，從鼂錯入粟除租，後遂三十一。孟子以二十取一爲貉道，謂有中國人倫，非苟輕之，此爲當時諸侯小國言之可也。若漢初制度已大異，必將反之於古而後能利民，相持紛紛，欲益反損。如錯等議論，雖甚拙陋簡率，而因時轉易，至於不貪，農末相安，積實自倍，卒成漢世之仁政，則雖聖賢復起，有不能廢矣。至後世全得天下，無異於漢，上下苦心勞力奉行刻剥之策，使仁人志士欲出其一二求以毫末利民而不可，且終

【一】輕罪增　「罪」原作「重」，據文淵閣本改。

【二】蚩尤作亂　「蚩」原作「雖」，據文淵閣本、黄本改。

【三】求其實　「求」原作「説」，據文淵閣本、黄本改。

莫知其所以受病者安在，是真可悲耳！

蕭望之言「加海租及官自漁，魚不出，復予民，魚迺出」。魚畏爲食，租輕重及分官民，於感應何所預？貢禹又言「悉罷錢無復爲幣」【四】。儒者見識多如此。《孟子》但言「數罟不入，不可勝食」而已。自非如桑弘羊一志以民爲壑。其他隨時建策，蓋猶未失布利上下之意。陋儒不曉，一切築垣而封之，反以不言利自錮，而言利者遂因緣以病民矣。班固以「孝武國用饒給，民不益賦爲次」。按司馬遷作《平準書》，意專誅均輸【五】，而固所言乃若此，何也？管氏視都邑大小，欲錢米並蓄。李悝、耿壽昌代農人斂散，皆所以通有無，備凶荒也。然吏不良，令不行，則雖有美政善意，尚爲民害。若盡籠百貨，自爲買賣，視民如髦蠻，此但令行而已，吏安得爲良乎？

張敞論方士美陽鼎及他議，一時能如其比者甚少，而不得預名流【六】，蕭望之以爲材輕。然則漢自武帝儒生尊用，宣、元以後尤重，士之臧否高下在其口矣。

《詩》、《書》古文，人主皆以有德王，無德亡。至騶衍妄造五德勝克，孔孟之徒未嘗言也。而秦漢以來號爲有識者，辯論不已。劉向父子乃言「帝出於震也，包羲爲木德而漢得火」，是何等見識！妄傳經義，希世媚上，昔之巫覡猶羞之，班固方依違而不敢明，蓋桓譚、鄭興之餘烈。悲夫！君臣之道降，一至是乎！「陰陽之精，本在地而上發於天」，後世天文術家固未有能言此者。然聖人敬天而不責，畏天而不求，天自有天道，人自有人

【四】無復爲幣　「復」原作「侵」，據文淵閣本、黃本及《漢書·貢禹傳》改。

【五】專誅均輸　「誅」原作「課」，據文淵閣本、黃本改。

【六】不得預名流　「名」原脫，據文淵閣本、黃本補。

道，曆象璇璣，順天行以受人，使不異而已。若不盡人道而求備於天以齊之，必如「景之象形，響之應聲」，求天甚詳，責天愈急，而人道盡廢矣。

按經星之傳，遠自堯、舜，而位置州分侯國始詳於周衰。然則唐、虞時諸侯尤多，而星吉凶所不主，占驗家固無其文也。《春秋》記星異，《左氏》頗載禍福，其後始爭以意推之，至秦漢一變，諸侯權輕，專地久，星官祖故書述舊事。今班氏所志，有其變而無其應者衆矣，况後世乎！天文、地理、人道，本皆人之所以自命，其是非得失，吉凶禍福，要當反之於身。若夫星文之多，氣候之雜，天不以命於人，而人皆以自命者求天，曰天有是命則人有是事，此亦古聖賢之所不道，而學爲君子者之所當闕也。顧乃學之以爲博，言之以爲奇，以疏而意密，則學者之所慎也。

按劉向爲王氏考災異，著《五行傳》，歸於切劘當世，而漢儒之言陰陽者，其學亦各有所主。然《洪範》之説由此隳裂，世亂不能救，其禍尚小，道壞不能復，其害尤大也。今略舉《洪範》本義以證《五行志》。

箕子爲武王陳《洪範》，曰：天之所以錫禹也，今尋《虞》、《夏》書，不載被錫之由。若舜、禹不自言其所得於先，而箕子乃獨明其所傳於後，以是爲唐、虞、三代之秘文，此後世學者之虚論也。《大禹謨》曰：「帝念哉！德惟善政，政在養民。水火金木土穀惟修，正德、利用、厚生惟和，九功惟敘【七】，九敘惟歌，戒之用休，董之用威，勸之以九歌，俾勿

【七】九功惟敘　四字原脱，據文淵閣本、黄本及《尚書·大禹謨》補。

壞。」帝曰：「俞！地平天成，六府、三事允治，萬世永賴，時乃功。」詳上文，則舜固盡以當時之治命禹，禹極心力以成天下之治，其功以水爲主，而其效非獨水也。水火金木土穀，則五行也；正德、利用、厚生則庶政群事也；戒之董之，則福極之分也。總而命之六府、三事爲九功，則與《洪範》九疇名異而實同也。禹之言略，箕子之言詳。然則天之所錫，非有甚異而不可知者，蓋事易惑而道難明，以情爲悖者多，而以理爲順者少耳。箕子勸武王修禹舊法，疏別條敘，粲然如指掌。學者失其指，方以爲奇計秘傳，流轉迷妄，淪於下俚，而非聖賢之所嘗言，使私智臆測，開鑿於後，既相與串習，而別於其間自爲中庸，此大道之所爲隱，而非有隱之者也。

使河出圖而爲《易》，果在伏羲之世，則雒出書而爲《洪範》，乃在禹之時，前後懸遠【八】，何昔經而今始緯乎？《易》不知有《書》，《書》不知有《易》。八卦取物之大者以義象九疇兼政之，細者以類行。當禹治六府、三事，不取諸八物，安在其相表裏也？且此特劉歆之言爾，後世學者尊奉之，無異於古文【九】，因而推於天人之際，以僞言僞，是烏能致其極也！五行無所不在，其功用所以成五味，味者，養人之本，政理之至精者也。古之聖人必先知此，故禹修六府，又併言穀。《益稷》曰：「烝民乃粒」，然則禹、稷以前，民蓋未盡粒食矣。周人起家於農，功最著，武王非不知，然箕子所以首告者，欲其順天行而萬物並育，不欲其私人力而一家獨利耳。今漢儒乃枚指人主一身之失德，致五行不得其性，

【八】前後懸遠　「遠」原作「還」，據文淵閣本、黃本改。

【九】之無異　三字原脱，據文淵閣本、黃本補。

又人主雖有德而智與力不具，則亦無以致五行之功，堯之洚水是也。若天僅救一身之闕以冀五行之順己，而不能順五行之理以修養民之常政，興利而害輒隨，除弊而利復壅，則漢儒之所以匡其君也末，而禹、箕子之道淪墜矣。

按古人於德未有枝葉，故《書》稱堯舜止於「聰明文思」、「恭讓明哲」，而臯陶以言爲謨。禹、湯之後，衍德漸廣，又後則不勝其繁矣。五事者，人君迪德之根源，生人之所同，自堯、舜以來所由成聖者也。以吾一身視聽言貌之正否而驗之於外物，則雨、暘、寒、燠皆爲之應，任人之責而當天之心，出治之要無大於此矣。漢儒不識箕子之指，方以五事配合五行，牽引周衰春秋以事往證，分剔附著，而使《洪範》經世之成法降爲災異陰陽之書，至今千餘年，終未有明者，殆可爲痛哭耳！「皇建其有極」者，本無底止而爲之底止。五福者，人之所同欲也；六極者，人之所同惡也【一〇】。嚮者福之，威者極之，古人之治止於是矣。人君有極，則能斂福以錫民，民亦能錫君以保極；人君不極，則與民同受六極之罰。此《洪範》之正義也，學者必學於古聖賢。亳有祥桑、穀共生於朝，伊陟贊於巫咸，作《咸乂》四篇，太戊贊于伊陟，作《伊陟》、《原命》，今不得見其詞矣。高宗祭成湯，有飛雉升鼎耳而雊，作《高宗肜日》。祖已曰：「惟先格王政厥事」，而其訓曰：「王司敬民，罔非天胤，典祀無豐于昵。」是古人因異以相警懼，先格王而以是正之，推之於《咸乂》、《原命》之書，猶是理也。若夫《洪範》，初不爲災異而作，庶徵所指，明有效驗。而學者乃以五行

【一〇】所同惡　「同」原脱，據文淵閣本、黄本補。

五事聯附爲一，春秋以來凡有變兆，離析剥解，門類而户分之。以是爲格王正事，則委巷小夫、巫瞽之説，夫豈不然？而謂以篤學好古自名，如仲舒、向、歆者亦當爾歟！

《六經》大指，文字源流，後世所據依者皆出劉向父子，雖未必是，然其時去先秦正二百餘歲，古人遺説往往尚有流傳，可以考見。由今視之，愈於鑿空不問户庭而妄謂入閫室者也。雖然，其言當時學者所習經藝次第，則或不遠，若諸書先後，先聖人所以經紀事變者，固非向、歆所能知，今略具之。

按虞夏史官稽古而有堯、舜、禹、皐陶，則《典》、《謨》者，經籍之祖也。世愈遠，言愈近，書彌古，道彌切，雖幽阻卑賤，皆可對語，後世學者未知此也。周衰道失，異端妄自爲説，而《書》最先廢，雖孔子之力不能盡存。漢人乃謂皆秦之罪。且秦燒書才六年而漢已興，《易》、《詩》、《春秋》尚具在，脱殘無幾，何獨於《書》以焚故簡脱至甚耶？然則伏生所教於民間者僅有此數，以孔氏壁藏校之，亦復不完，蓋《書》之散亡久矣，非秦能燒之也。自後世文學並興，獨於《書》多所不究，春秋戰國之遊士，務禄利【一二】、輕蔑樸學，使之微缺幾絶固宜爾。

《詩》有諸國事而歲月不詳，是《詩》爲《書》之次，而《春秋》又次之，孔氏之統紀畢矣。

先王以禮樂施於上下，自朝廷至鄉黨日用之物也，王政不作，則禮樂因以不舉，漫衰

【一二】務禄利　「務」原作「無」，據文淵閣本改。

漫息而遂亡。孔子以身習禮且正樂，考論雖多，然文字不可得而具，而亦非文字所能具，故《詩》、《書》、《春秋》可傳而禮樂不可傳者，治之興廢在人故也。然而因孔子之論，使後世知禮樂爲治在政刑之上，有王者起，必從之矣。

宓犧畫卦造字，雖古有其説，然考詳於《書》，聖人之道非待畫卦而後明者也。經國之用，堯、舜、禹、湯之所以勤勞其心力者，非因卦之次序而後立也。近自文王，《易》道始著，孔子盡心焉，凡三《易》怪異之説，象數淺末之義，黜而正之而後始得爲成書。而劉歆乃謂「五常之道相須而備，而《易》爲之原」，又謂「古者三年通一藝」，其浮妄不經如此，學者欲援是以至道，難矣哉！

《春秋》甫脱藁，遽爲陋儒迷執不置，孔子即死，又駕説以誣之，雖孟子不能辯也。故漢興最先行，而董仲舒自任以推明孔氏，尊奉一經，蓋抹諸書，故學者習用最深，而其道蒙蔽最甚，若無《左氏》，則終沉没矣。

司馬遷父子論六家，班固以爲「謬於聖人」，固與劉歆乃謂「合其要歸，亦《六經》之支與流裔」。孔子告子貢「非多學以識之，予一以貫之」。既無以貫之，未知觀此九家之言何以通萬方之略，其長孰美其短曷尤，則道愈駁而人材愈壞，尚何股肱之有，哀哉！

李左車謂「成安君有百戰百勝之計，一日而失之」，因其語思堯授舜，戒以「勿詢之謀，勿庸」，益、禹儆懼，稱「疑謀勿成」，聖賢用衆志之所共，而不用一夫之所獨者，惡其爲物害也。成安君自名儒者，不喜詐謀奇計，遂以此敗，信斯言不謬，則襲故安常，無所通變，適足死亡，是道德仁義真無施於亂世矣。然治理之成，謀無所設，天下安定，計亦不行。觀勝、廣初造時慮甚淺，張耳、陳餘進説則稍異，項梁、范增漸工，繼此策畫紛紛，而後張良、陳平始得極其智巧矣。蓋息狂心於未作，制猝變於横生，我雖無謀而使人之謀不得肆者，聖賢之所兢兢也。

自魏文侯好儒，燕昭王禮士，至竇嬰推轂趙綰、王臧，蕭望之、周堪、劉向同心輔政，是孔子後四節次。然綰、臧、望之、堪竟功業不建，又身與道俱僕者，不惟非魏文、燕昭之君，其人材固不逮子夏、田子方、郭隗、樂毅也。論綰、臧已見前篇。按許史自孝宣時心膂親信，魏相常因以白事，魏相，漢賢相也。弘恭、石顯職典樞機，孝宣常與謀議。孝宣雖君道偏駁，不能用儒，至於以天下爲家計，綢繆牖户，固非玩愒逸樂而偏溺佞邪者，而許史、恭顯亦未至於專蔽擅權，是非顛倒，如其他姦臣之比也。然則望之、堪、更生協贊初政，所宜調和先帝大臣，無廢故實，有當改作，同議施行，内外雍雍，不見間隙，是爲儒者作新之效矣。且以望之、堪師傅忠正，向博敏俊材，孝元雅厚時賢，意向方篤，乃欲行踽踽孤潔之意，治理政效未有以大過於昔人，而明示異同，期不爾立，則是許史、恭顯姦邪忌娼之未至者，四人反激而成之也。及其分流背馳，散壞狼藉，雖屢出危言，深陳古事，要以動寤人主，祇益其禍，而何所云救乎？古人輔世之道遠矣，不可盡考。學者所遵式莫如孔孟。

孔子獨於陽虎謹避固拒之。若三桓既與魯君共國，政之廢舉必意合而後行，不合者致其去就之義，非能殘破三桓而後可以張大公室也【一二】。如恭顯雖掃除隸人，然先君所置，猶未應以陽虎待之。況許史親戚素貴，於其國家亦有肺腑之義，何至便不可容忍乎？惜乎望之與向，見道不明於此未有處也！

班固録劉氏，向、歆無殊。向，孤忠，志在抑絶王氏以存劉氏，而歆乃與王莽共篡劉氏，何同學而異操也？孟子曰：「天下無道，以身狥道，未聞以道狥乎人者也。」人之患在爲殉人之學，向幸無此。然亦其父子講學所不到，而歆遂狼狽不可救，悲哉！

三代各有正朔，鄒衍緣此著《終始五德》，而秦用十月，漢因之。按堯命羲和，若天授人必因四仲，舜正月受終，四嶽巡狩亦用仲月，是堯、舜以來固未嘗迭改。而孔子獨言「行夏之時」，豈以三代之近者折衷之歟？自五德之説行，更相爲盛衰，迄今不已。若正朔無孔子之論，則後世流轉謬妄，無有定極，不止於秦漢用十月也。

班固言「《書》放四罪，《詩》歌青蠅」【一三】，自小覆大，繇疏陷親，雖皆讒邪之罪，然「震驚朕師」，乃舜所畏也。中材庸主皆甘心焉。故《鴟鴞》所以貽成王，而《離騷》怨流及上。今固之論嚴於臣而略於君若是，則人主不復知懼矣。

屈原《騷》意，余於前章見之。後世愛《騷》本司馬遷，遷本賈誼，揚雄亦因誼。誼更事少，慮變不深，如古聖賢身履憂患，所以垂於文字者，未能知也。直以己能形人不能，已

【一二】自上頁第二行「所設」至「非能」四百八十餘字原脱，據文淵閣本、黄本補。

【一三】詩歌青蠅　「詩」原作「書」，據文淵閣本、黄本改。

賢掎人之不肖耳。果止是，則事何其易論也。君子於己所不足，則有之矣，而過不在我，謂過在於不去，尤非也。柳下惠三黜，未嘗一言，人猶譏其不去，獨孔子知之。屈原方叫呼號於天，愬於人，宜乎？誼以爲當去，此豈足以知原哉！遷又謂「讀《服鳥賦》，爽然自失」，此又不然。《風》、《騷》之迫隘，《莊》、《列》之曠達，皆未有能行順正者。誼功名之心久而無所遇，因欲推墮眇莽不可知之間，以此自廣，亦烏能見道也！每見古今文人材士，於屈原、賈誼、司馬遷便留住，志意開展不前，如《離騷》、《吊屈原》、《服鳥賦》，是大歇止處，及謂「孔、顔自有樂地」，史不論此，又全是正墻面而立，此後世問學所以難也。「樂與今同」，古無此語。「計數得於外，佚遊恣於内」，所傳管仲如此，其實非也，申、韓蓋然。

誼所論建，「日中必熭，操刀必割」，輕重適宜，無疏闊者。獨三表五餌未經試用，且匈奴事難測，故班固以爲術疏。雖然，固則不敢耳，使誼用之，未必疏也。劉惔以爲桓温善博者，不勝則不爲，博猶可必勝，而況此乎？孔子言「樂則《韶》舞」而「《武》未盡善」。使誼果能以此勝匈奴，蓋非盛德事。人材與治道，自勝負以下更有多少重數。如秦築長城逐北，冒頓畏之，遠徙，豈爲不能勝也。

棄故謀，就新畫，以計數取天下，莫如張良。復以計數守之，莫如賈誼。禮義教化實無所用，但爲觀美之具耳。此皆古人所無有，伊、傅、周、召虚費心力者也。

誼所言殷周古事，極與《詩》、《書》不類，豈習其教者分流異門，相承爲説。或誼聰明自以意言之，然後世學者以誼常論，遂謂古人事誠然。其間淺駁甚多，當細考。

卷二十三

漢書傳

漢人對策稱鼂【一】、董、公孫。孝文之問，義雖未至，其意甚美，非武帝比也。錯對乃絶無義，弘尤窘矣當時太常第弘居下，是也。而謂「賈誼已死，惟錯爲高第」，則是除誼無在錯上者，材難，自古然歟？固於弘、錯策，自不足備載。

河間獻王「得《周官》、《尚書》、《儀禮》、《禮記》、《孟子》、《老子》，經傳説記，七十子之徒所論，立《毛詩》、《左氏》博士」。先王孔子之道賴以復傳於今，其功大矣。賈誼、董仲舒之流不能望其十一也。當時陋儒莫識其意已，得之書不能講明，使再有散失，訛缺甚多，尤可痛惜！班固言王「答詔策三十餘事，推道術而對，得事之中，文約指明」，此亦過誼、仲舒之流遠矣。遷、固曾不載其緒言以開後學，徒區區於《服鳥》、《大人賦》、《聖主得賢臣頌》等，何所損益哉！

「寡人生深宮之中，長婦人之手，未嘗知憂，未嘗知懼」，此非魯哀公語也。哀公寄食三桓，不能及死，何喜樂足云？儒生褒人以己推之，殆當然爾【二】，而固援此褒美河間。

校勘記

【一】對策稱鼂　「鼂」原作「鼀」，據文淵閣本、黄本改。下文徑改不注。

【二】殆當然　「當」原作「猶」，據文淵閣本、黄本改。

孟子謂東西夷之人「得志行乎中國，若合符節」。固以獻王所爲賢於漢諸侯王而已，可謂淺知之矣。

董仲舒首推明孔氏，觀劉向一家之論，其爲儒者重輕可知矣。後世學者指意亦多本之仲舒。故略爲分别精粗離合之際，歸于統一，毋由絶潢而自謂宗海也。

詔策「欲聞大道之要，至論之極」，此雖常語，然大道必有要，至論必有極。詳觀堯、舜、禹、湯、文、武，由其身始以善天下，豈非要道？皋陶、益、伊尹、傅説、周、召謀議勸警，語近事切，常在目前，豈非極論？仲舒不能知，所能知者，《春秋》災異而已。此類者非要非極也。當武帝世有二語：申公曰「治道不在多言，顧力行如何耳」，一也；汲黯曰「陛下内多欲而外施仁義，奈何欲效唐【三】、虞之治乎」，二也。申公可以恥躬不逮矣，而不能中武帝之病。汲黯雖中武帝之病，然不能治武帝之病【四】，有以治之而不能受，罪在病者不然則未也。帝所好者文也，申公之言必使有文者不得過，而或庶幾於行矣，可也，無以治之而徒中之，所謂戇矣。仲舒負能言之智，任治病之責，今也前以災異禁之，後以强勉開之，所禁者爲難信無用之迂説，所開者爲可喜還至之立效。然則堯、舜、禹、湯之所爲兢惕畏慎者終於不存，而唐、虞之所以歆羡矜侈者四面而至矣。是于武帝之病方將紊而深之，豈能治哉！

武帝論治以《韶》、《勺》爲斷，彼亦以其盛者推言之爾，論治如此可也。若求治而以

【三】欲效唐　「效」原作「要」，據文淵閣本、黄本及《漢書·汲黯傳》改。

【四】武帝之病　「病」原作「文」，據文淵閣本、黄本改。

樂爲先，則失之矣，鐘鼓莞絃之存，何救於德之敗乎？五百年之間，其臣雖有欲則其法，其君固未有能象其德者，是以推之於大衰而後息，而仲舒亦以樂爲先，則局於彌文，困於虛論【五】，而躬行之實廢矣。又終於祥瑞，此尤躬行者之諱也。

三代受命，見於《詩》、《書》甚詳。白魚、流火，怪妄之説，古人未之言也。災異之起，其變雖殊，人君必引而歸之於身，益自改焉以銷去之，蓋惟治世而後能，非待其衰微而後有也。性命之情，或夭或壽，或仁或鄙，《洪範》所謂陰隲下民【六】，五福、六極皆君所爲也。如孝武動民於干戈，習俗於姦詐，去壽而夭，去仁而鄙，仲舒雖能泛然諷導其外，固不能戚然救止其内也。

路温舒言「秦有十失，其一尚存」，此意雖狹，然宣帝入其語，擇吏輕刑，助成安民之治。仲舒勸武帝以更化，張而大之，武帝之所欲也，然其酷反甚於秦也。

舜未嘗逸，勞者王道也；周未嘗奢，儉者王制也；殷未嘗嚴，寛者王政也。耕籍勸學，使者四出，苟非實有爲民之意，實任爲民之臣，民猶受其害也，安得陰陽和而百姓安乎？

居君子位，爲庶人行，誠後世通患。然師友議論以此自責則可，以此教人主責士大夫則不可。蓋人主當化小人以有恥，不當疑君子以無恥也。疑君子以無恥，則人才掃地，不可振矣。仲舒比鼂錯、公孫弘雖無刻薄從諛之失，然不見武帝受病處，不能統一聖人之道

【五】困於虛論　「虛」原作「盧」，據文淵閣本、黄本改。

【六】陰隲下民　「隲」原作「陽」，據文淵閣本、黄本改。

以切其身。武帝非不能受盡言者，亦非有人臣至論而不足以識之者，惜其四顧無所聽受，而卒以其自用耳。「仁人正誼不謀利，明道不計功」。此語初看極好，細看全疏闊。古人以利與人而不自居其功，故道義光明。後世儒者行仲舒之論，既無功利，則道義者乃無用之虚語爾。然舉者不能勝，行者不能至，而反以爲詬於天下矣。

凡正言之理無不具，而隱顯上下交相明者，古人所以爲經也。旁言之必酌於理，使是非得失有所考者，後人所以爲文也。若夫窮慮殫思，以無爲有，自處於妄而後反之正，此違於經而謬於文者也。《上林》、《大人賦》是也。司馬遷之言，殆不可解，豈相如以文自溺，其自許儻或在是乎？

先王用人以興天下之治，武、宣用人以赴一己之欲，班固以版築爲比，未知《説命》當如何讀也。是時人材品目，須不逢君者方可稱，其間不過一二數耳，安得如此之多？惟能治民者爲庶幾也。

張湯「推質揚善」，自兒寬外，他名自未因湯以進者，其所排陷則有明證矣。蓋湯造請結納以欺當世，正、監、掾、史大抵皆小人田甲、魯謁居之流也【七】。湯本用此得名譽，故遷表出之，班固便謂緣此「固宜有後」，而後世因其説【八】，遂使湯有薦賢名，斯大誤矣。邪、正、賢、不肖要歸一途，未有小人酷吏而爲君子之事，既排陷人而又能薦進人者。滔滔宇宙間，若此類甚衆，曷足數哉！

【七】魯謁居　「居」原脱，據文淵閣本、黄本補。
【八】而後世　「而後」原脱，據文淵閣本、黄本補。

孝成委政外家而荒耽於色，蓋其棄天下久矣，杜欽乃欲依王氏以弼主違，是藉其斧柯而使之長養者也。班固謂「庶幾《關雎》見微」，更須細論。高、惠、文、景時，事歸宰相。孝文雖欲自行其意，孝景雖或任喜怒，然皆不奪宰相權。至孝武自用一種，私人與宰相相抗衡，而群臣不聞新進疏遠更進用事，享國既久，遂以成俗，末年尤甚。至宣帝，魏丙號爲名相，亦因左右近習，不能有所爲【九】，其後侍中、待詔之流，毁譽成敗在其口，大臣束手退聽，比其垂亡，遂有王嘉之事。而班固以爲一簣障江河，故孔光舉國而授王莽。追觀陳平，經營吕氏，卒以存漢，其衰乃如此，習之移人，可不畏哉！

終軍詰徐偃，雖少年刻薄，然異乎漢經生言《春秋》者，董仲舒不能及也。

王褒《聖主得賢臣頌》，宣帝本以俳優戲劇視之，固無足論，然可惜一好題目只作臣主相得説了。舜、皐陶賡歌，君臣相遜，明良之歌，或敷暢此義，未知宣帝能動心否？不然，亦足以警後世也。世論畏於日下，蓋謂此類。

孝武一生駕馭人才，暮年文武皆盡，而田千秋立談至丞相，且以霍光爲周公。蓋自古無此法，所謂「誠不以富，亦祇以異」也。後世因之，遂謂任重者須是不識字人，此尤爲異論，何翕狗天下之甚耶！

趙充國方還春秋時將帥風槩，出塞遠征，雖秦漢始有此事，然至是見聞已熟，而罷兵屯田方爲創智，故會議者初未能從也，蓋戰國以來，「率土地食人肉」，「善戰服上刑」，孟

【九】不能有所爲　此句原脱，據文淵閣本、敬鄉本補。

子所言，後世猶未深悟爾。

孝元召用王吉、貢禹，出於至誠，後世人主能如此者極少。二人在宣帝時擯不得逞，帝所任又不足以厭服人心，故孝元首用之，不可謂無意於天下，以此益知蕭望之、劉向疏率，使治功不舉，反成闇君，可爲恨惜也！《石顯傳》言「望之死，顯事貢禹，禮敬甚備」。然則禹雖年過八十，亦未免迎承上下非止於直情經行者也。然禹言文、景、武、宣間事，皆有根柢，與王吉不同。

貢禹、匡衡郊廟議，其禮可言，而其時不可言【一〇】。何也？事天與奉先，有進而無退，故先王之禮嚴於初，既定則敬守而不敢易。秦漢以來，其始大抵草創苟且，出於一時之意，及後世文物議論既盛，方據禮以抑俗，損其已隆，而欲反之於古，無怪其難也。至劉歆阿徇人情，多設疑慮，依違其説，破壞禮經，以彌縫時好，蓋猶在禹、衡之下，而班氏父子乃以爲博而篤，學者所當詳考也。

魏、丙所以俱稱名相者，蓋革去霍氏父子武吏專國事，君臣俱自力以擇吏安民爲本，而吉又特寬厚，人情所向故也。相因許伯白去副封，及言當與平昌、樂昌、平恩侯詳議，皆其所深結者，此固庸人。然霍光初不與朝廷一體，僅得其身不反爾，遂致族滅。是三人既非倚權利與漢爲異，將相間無獨立之理，自宜和親，學者可無疑也。

「天地以順動，故日月不過，四時不忒；聖人以順動，故刑罰清而民服」。豈可如魏

【一〇】其時不可言　「其」原脱，據文淵閣本、黄本補。

相粗解耶？然猶足以致漢之治。若能細解，則治當不止此矣。

夏侯勝言武帝無德澤，不宜立廟樂，而劉歆以武帝有功德，宜爲宗。勝經生固不可以望歆，然每用文墨佐佑時論者，亦奚取於通博也。勝又能言「堯言布天下」，此殊不類漢人語。漢君臣相與語，外人不得聞，漏言之禁甚者至死。今在史家者，蓋皆波聽流聞崇飾而成，豈足信哉！

翼奉雖挾術而求進之心薄。言「當徙都以正禮」，雖不合事宜，然無俯仰希世之病也，賢於京房、李尋矣。

李尋言「闒茸佞讇，抱虛求進，及用殘賊酷虐聞者，皆疾善憎忠，壞天文，敗地理，涌趯邪陰，湛溺太陽，爲主結怨於民」，以理知之耶？以術意之耶？究觀古今，無不一揆，誠有味其語！然怪尋爲王根論此，何也？班固言「根輔政，數虛己問尋」。五侯亡國之臣，猶知虛己，後世興王之佐有不能矣。

漢世以術數操縱爲吏有聲績者，韓延壽、張敞、尹翁歸之流，而趙廣漢尤獨爲民所稱思。然强家巨姓，盜賊縱横，自古皆有，必待有以勝之而後能使小民得職，則周公之教康叔，成王之命君陳，皆無用矣。若後世吏術不明，妄以廉明自許，但欲其下重足一跡而善惡顛倒者，又廣漢之徒所不爲，論政者宜當詳也。

孝宣於儒生無所用，獨用蕭望之，觀其始終方拙，非能自撓以求合者，特以其於霍氏立同異故爾。士君子之經世，非曰委蛇曲從，爲終始牢固之術。然而變化屈伸，自當兼通義命。望之當孝元初，天下事在掌握，既不能輔贊裁成，同歸於道，及其潰敗，又不知推委興廢，以禮而止，隄壞防決，無所措躬，卒就死地，而陷孝元爲不辨菽麥之主，班固乃哀其爲便嬖宦豎所圖。不知自古小人，何嘗一日不欲勝君子？豳詩歌周公，固殆未之學也。故何武雖能立節，而先乃狼狽至此，以是知平時有所憑藉而成其名位者，蓋未可信也。

漢世每事必議，王通因此續書有議，遂謂議能盡天下之心。然執論不回，獨有夏侯勝廟樂事爾。如議王嘉，尤可痛心。蓋庸衆人之情，未有不視上所好惡即譁然爲向背，古今皆然。安得盡常心而合公論乎【一二】？爲治顧道得失何如耳。故孔子言「天下有道，庶人不議」，不以必議爲是也。

揚雄自序：「默而好深沉之思」。庸人之思，病乎浮淺，故雄有此論。然古人論理，至思而止，理之所不至者，非思也，更不計深淺，今於思上更有沉深工用，即是思之所不至者而後爲理。如《太玄》乃理之過，學者所不當法也。

又言「不修廉隅以徼名當世」。雄清靜恬淡，不汩没於欲利，則世俗淫夸垢污之賤，豈復有之，固不待修飾矣。然士之厲志，操明好惡，言必信，行必果，皦然以自號於世而爲户庭者，此其所謂廉隅而可以取名者也。雖然，止於是而已矣。故子貢曰：「譬之宫牆，賜之牆也及肩。」雄自以爲不止於是，故其言如此。然學者或不解，因雄之言而以爲小廉

【一二】盡常心　「常」原脱，據文淵閣本、黄本補。

小行皆不足修，淫夸垢污無害於道也，則其誤大矣。

文詞之變始于屈原，衍於相如，文士之所慕效也。至揚雄闢而廣之，將一變至道，故爲《反離騷》。然原之本指，雄或未達也。余既數言之矣。自立於淺而不足以知人之深，固學者之大患。自處於深而不知人之未易以淺量也，則其患蓋有甚矣。

王莽以文章制作成篡，雄居其間，既不爲用，復不見忌，優遊散職，終老其身，著書立言，名垂於後。然世之論雄者多異説。孔子不作，而賢不肖莫知所定，此豈所爲雄重輕哉！如其浮雲富貴，敝屣廢興，以莽賢爲虚舟，視尤歆如土梗，伯夷之不降志，柳下惠之不去，蘧伯玉之愚，顔淵之樂，兼有之矣。

「政平訟理」四字是孝宣一生受用爲治處。三代以還，人主有意於此不過十數，而效成功立者一人而已。民生其間，豈不艱哉！然是時已罷鹽鐵榷酤，利門不開，故擇吏安民，政平訟理，即受其賜。雖不足以興禮樂，行道化，至於富而教之，則庶幾矣。後世所以終不能望孝宣者，以求利既密，人無爲生之地，雖輕刑息爭，而劫假苟活，僅救溝壑，願爲天子之齊民不可得也。

班固以司馬遷序遊俠，述貨殖【一二】，是非悖謬，信如此，便不合登載。而仍用遷條例，因其舊文，無所更易，是不知遷之所以爲傳者，即固之所謂謬也。固舉管子言「四民不得雜處」，此非先王舊法，亦非管仲治齊法也。以《左氏》考之，彊宗大姓，富民豪賈，三

【一二】述貨殖　「述」原脱，據文淵閣本、黄本補。

代固已有之，固所謂「列其行事以傳世變」，自范蠡起者，亦未然也。遷之所以取於遊俠者，止謂其布衣匹夫，趨人之急，以此立名，樓護陳遵已爲列侯二千石，則安取於俠乎？原涉二千石子，閭里少年宗之，因而睚眥殺人，何足列也！

嚴尤稱：「獫狁内侵，至于涇陽，命將征之，盡境而還其視戎狄之侵，譬猶蟁蝱之螫，毆之而已。」班固言「《春秋》内諸夏而外夷狄【一三】」，「政教不及其人，正朔不加其國，來則懲而御之，去則備而守之，其慕義貢獻，則接以禮讓，羈縻不絶」。此謂三代以前制御蠻夷之常文也。堯、舜雖屬士官，亦皆常文，至於三苗、鬼方、獫狁、淮夷，何嘗不以爲大患，又況匈奴之强乎！舜、禹治天下皆服，獨以苗爲終身憂。高宗伐鬼方，著於爻象。自文王畏獫狁，及淮夷横南方，一能征伐，便作歌頌，使更有如匈奴者侵寇，宜何以待之？安得持虚文空義，自取困辱！固徒知秦漢之難，而未知堯、舜、三代之不易也。

孝文《遺尉佗書》，孝武《罷輪臺詔》，萬里外作家人父子對面言語，此心既發，隨輒受驗，雖古人責治不至如此之急。然與夫隱蔽夸飾、中外不相應者，去治亂安危之機遠矣。乃知《盤庚》所謂「播告之修，不匿厥指，王用丕欽，罔有逸言，民用丕變」，雖先王臨下之道，當如此，然亦未嘗不以爲難也。

李延年《佳人歌》，漢武《傷李夫人詞》，司馬相如詞賦，郊祀樂章皆一體以此被於聲歌，而欲慕《韶》、《勺》之盛，哀哉！孔子曰「吾未見好德如好色者也」。

【一三】而外夷狄　「而」原脱，據黄本、《漢書·匈奴傳》補。

觀成帝采賢良方正之語以報後宮，豈所謂側身修行欲銷去之者耶？然適逢許、班寵將衰，遂以經義移其愛心，至白玉堦、黄金釭、藍田明珠翠羽爲飾，則不復計矣。宜許后謂「端遇竟寧前」也。成帝既無保家之心，而谷永、杜欽佐佑權臣，徒使《詩》、《書》格言流轉閨闥，爲宫妾宦女嗟怨訴病之本，悲夫！

周衰之後，秦人雖滅聖法，長苛刻，然猶是情性之流失者，譬如染習緅玄，蓋自素來也。至王莽變天下以謟僞，所謂加蘇合於糞丸，好惡向背失本質矣。如符命、圖讖之類，人心皆轉易而不自覺，雖東漢有節義之俗，然内而朝廷，外而邑里，千載相師。莽習故在，不復能自還，可哀也。至於文章，亦是張竦餘筆，「珠珥在耳，首飾猶存」，豈復漢語？魏、晉、齊、梁之體已見矣。

班嗣《報桓生書》，班彪《王命論》，卑隘淺俗，遂成魏晉之文，無復春秋、秦漢髣髴。蓋學者大患，溺於耳目之所是而忘其宗。則道德日以淪墜而不可反，魯臧文仲、漢仲舒、劉向父子是也。至彪、固無可言矣。

「故雖堯舜之盛，必有《典》、《謨》之篇，然後揚名於後世，冠德於百王」。此爲文耶？質耶？固未知古人之質，而徒以爲文此文之所以益陋也。

自《詩》、《書》之作，皆有敘，所以繫事紀變，明去取也。司馬遷變古法，惟敘己意，既已失之。然包括上古，收拾遺散，操縱在心，猶時有高遠之意，常人所不能測之者。及班固效之，而淺近複重，往往不過常人之識之所能及，至其後史官則又甚矣。是遷之法一傳而壞，曾不足以行遠，非復古史法不可也。

卷二十四

後漢書帝紀

光武匹夫，徒手得天下，其難有甚於高祖。然西漢初，天下謀臣畫策起而並馳者甚衆，久猶不已。東漢乃無之，雖有鄧禹參計謀，亦不過常議論，士大夫皆奉繩墨從事，以力用取之，求如良、平不可得矣。興王同而人材異，何也？王莽雖篡奪而政已亂，天下固期漢以復興。向若劉伯升遂立，誅盜反正，還手即定矣，偶爲更始凡庸敗。

尊事急迫時常作休民調度用【一】，能親致太平，前史稱其「身濟大業，兢兢如不及」。高祖在章邯、項羽時，椎鈍奔北，及得志後，矜其功伐，屢以勝氣加物，反者四起，終身不定，求其與民息肩，固無時矣。論者或謂高祖英豪大略，非光武所能及，是事吾未知其孰賢。若以民爲貴，則光武之得多也。

東漢至孝和八十年間，上無敗政，天下乂安，鄧后臨朝，災變備矣。后約己爲民，撫以至誠，復用寧息。世多譏其留權擅事，不肯明辟，禍釁逮宗。然迄於永康，上接興元，四十年紀綱扶持，未甚濁亂，后之力也。不然，以孝安昏穢之資，俾親政事，極其所欲，則漢之

【一】常作休民調度用　「度用」原作「用度」，據黄本、敬鄉本乙正。

亡不待桓、靈而見矣。以三代盛德，羿、幽王承之，猶即壞滅，况後世乎！然則桓、靈之亡晚矣。

「名冠天下，當受天下重賞」；「天下重器，常恐不任，日復一日，安敢遠期十歲」；「方今上無天子，下無方伯，若涉淵水而無舟楫」；「夫萬乘至重而莊者慮輕」；「胤子無成、康之質，群臣無吕、旦之謀」；「尊事三老，兄弟五更，朕親袒割，執爵而酳」；「但患不能脱粟瓢飲耳」；「襄城令劉方，吏人同聲謂之不煩，雖未有他異，斯亦殆近之矣」；「車可以引避，引避之；騑馬可以輟解，輟解之」。此東漢詔令語言近古可稱者也。魏、晉以後無此體矣。

後漢書志

「知之者欲教而無從，心達者體知而無師」，張光論律準，蓋數術家語也。豈惟數術，而道何不然？心悟獨見，與庸衆異耳。且既得者無傳，未得者無教，古人所以嘆絶學之難繼，微言之難識也。然而精不極不爲思，物不驗不爲理。三代以前，用力於是道者多矣。觀周、孔所以教，不可言無傳；顔、曾所以學，不可言無師。秦漢雖殘滅，士猶欲思而不得，欲求而不至也。其後益下，怠而不思，棄而不求，其道廢絶，故有此論。自是以後，偶然得者，誇而無傳，泛然迷者傲而無師，則此論乃爲障道之面牆，而心悟獨見者至理之蟊賊也。學者可以懼矣。

曆象之説具於《堯典》，詳于《左氏》，至司馬遷、劉歆始，有曆書而法術備焉。東漢又改用四分，自此議論蜂起，前後相非，各出己意，執天愈急。其時惟蔡邕最爲通達，以爲「三光之行，遲速進退不必若一，術家以算追而求之，取合當時而已，故有古今之術，今之不能上通於古，亦猶古之術不能下通於今也」。其後杜預亦言「當順天以求合，非爲合以驗天」。此二言者，皆古人所未發，後世所當遵也。若《孟子》謂「苟求其故，千歲之日可坐致」，則不過指其大歸而已。雖然，不當用昔之疏議今之密，則邕之論誠中爲術之膏肓。若夫不求詳於未差之前而爲合於已差之後，則預猶未免以己意論曆者也。

漢上陵儀，胡廣所言，蔡邕所記，以爲可以寓人子悲哀之心，其意固未失也。然古人之於禮，貴魂而賤魄，捨降而求升，將以其氣爲無所不在，則悲哀無所不至也。若孝明戀戀焉致誠極孝，不過朽骨之間，則哀之所及者狹矣。君臣所見既皆若此，故後世無不厚墓而薄廟，以形爲實，以神爲誣，此委巷野人之事，奚取於禮哉！

孝明行養老禮，意既篤實，文亦丁寧，可謂三代之後，曠千載而一遇也。

東漢相承有巡狩之禮。自人主而言，固無獨坐深宫不觀省風俗之理。然自後世行之，則以爲厲民。觀章帝詔書，蓋庶幾焉。《孟子》載晏子語曰：「吾王不豫，吾何以助！吾王不遊，吾何以休！」豈古人之舉遂不可復見耶！

按《堯典》「歲二月東巡狩，至于岱宗，柴，望秩于山川，徧於群神」，西南北皆然。必若以柴爲升中告天，封禪之盛禮，則西南北皆然，不得獨於泰山也。至成周巡狩之詩，雖曰「陟其高山」，而序但言「祀四嶽河海」，不主於告天，則是登與不登皆未可知也。後世獨始皇、漢武封禪，而其説出於《管子》，蓋戰國諸子遊士之言，又雜以方士之狂誕，雖司馬遷博通，不能明也。至後漢又以讖文封禪，益無據矣。

《漢晉春秋》載鍾離意治孔子廟室，有古文策書，言「亂吾書，董仲舒」，事既怪，學者所不道，而《别傳》又言「修吾書，董仲舒」，語參錯不能明也。然自漢以來，仲舒首爲推明孔氏，後世咸從之，宜若修其業者。然而以《春秋》爲宗，以《公羊》爲師，以刻薄爲義，以操切爲法，顛錯倫紀，迷惑統緒，學者莫之或正，是則亂孔氏之書亦不無也。嗟夫！尊聖人而不足以知其道，若之何可哉！

應劭言「郡國罷財官騎士，馴致張角之變」，或又謂「誅中官，引董卓以亡漢，過在銷兵」。按光武自以精鋭多，而郡國兵懦怯，坐廢糧廪，故還之民，未爲失策。大亂以來，父子不相保，休其疲弊，未爲失義。承平之後，因而不復，後世之失也。若謂以此致亡，則不然。材官、騎士自秦而有，散爲群盜，何救於亡？王莽講肄尤密，天下亦盡化爲賊，漢以再興。董卓雖桀逆，而四方牧守未嘗無兵，興亡在道得失，不在材官、騎士也。龔遂教民棄弓弩而持鉤鋤，故能郡治。要之，漢、晉、南北，兵農不分，施置之間，小小同異，未足害大體，唐以來則不然矣。

後漢書傳

光武兄弟跨牛舉事，初馘阜賜，再梟尋邑，所謂「海内豪傑殺其牧守，自稱將軍，用漢年號以待詔命，旬月之間遍於天下」者，席兩勝之威也，蓋大事以就矣。昔高祖乘虚入關，赴懷王之約，然虜王離，燒涉間，降章邯，收天下權者，乃在項羽，固非光武比也。不幸落群盜手，更始立，伯升死，俯首受役，事柄索然，豈如高祖尚得蜀漢以爲資乎！其難一也。仗空節而旅燕、趙，王郎倡號，顛沛垂死，僅依二郡，苟活旦暮，猶張拳轉鬬，卒滅邯鄲。然而謝躬、苗曾陰伺逆拒，劇寇名賊，交刃軍門，一壘之外無復安地。若高祖劫五諸侯兵，收項羽美人、珍寶，置酒高會以致敗北則爲自取矣。其難二也。昔高祖已殺項籍，天下爲一，從容固請，然後即位。而更始被禽，四方蠭起，光武君臣，危事機之去，倉猝野次，遽正尊名，既數月後，方收朱鮪，立都邑，漂摇客寄，未知所止，故當時謂洛陽地如掌耳。其難三也。稱帝之後，劉永、張步、董憲、李憲方各割據，立名字，初籍幽、燕以爲根本，而彭寵反叛，朱浮敗走，輿地所披，十無一二，五六年間草鉏櫛理，寸攘尺取，然後漁陽復平，董憲、李憲、張步、劉紆皆獲，而齊、梁、山東江淮甫定矣。其餘盜賊不根土地，身所誅降，赤眉、同馬以下蓋數百萬人。徒見高祖得項籍之逸，不思光武復漢業之勞。其難四也。若夫隗囂改圖合從，公孫述決計自立，其憑恃巢窟【二】，經略面勢，群下用命，衆士齊心，非脆敵也，曠歲竭力，僅乃勝之。而盧芳結連匈奴，侵擾代北，十餘年未已，使韓信因冒頓，致高祖困白登，得無匆匆乎【三】！蓋光武勇怯不逾矩，沈慮精詳，先勝後戰，不試成敗於一擲，不然，則自投高岸者，何止一事而已。或者乃謂使當高帝之時，群雄角逐，光武必有不能辨者。不知使當光武時，群盜力爭，高祖亦豈易辨哉！石勒又言「當並驅爭先，未知鹿死誰手」。嗟夫！使天下至於勒能稱豪者，魏晉積亂也。高祖、光武何預高下，而學者遂信之歟。故馬援謂「天下反復，盜名字不可勝數」，「才明勇略非人敵」，「經學博覽，政事文辨，前世無比」，「動如節度，不喜飲酒」。援雖狂率【四】，爲光武所忌，然皆實録也。夫才略勇智，後世人主所恃，以獨過天下而取之者也，未有皆不及天下而可以取也。以有爲無，聖賢之事也；以無爲無而以爲足以勝有，此學者之虚論，不可以强同也。

劉伯昇慷慨大略，忠信仁厚，無媿興王之材。然知以己從人而不知以人從己，招合群盜，與之共事，急於苟成，所謂大兵聚會，强者爲雄，宜其足以殺身而不能成功也。

鄧禹所以爲元功者，始贊光武自爲政。君臣之交合也。然天下事謀之若易，而行之實難，其披輿地圖始得其一，而禹以爲「古之興者在德薄厚，不以大小」。若光武收成業於百戰夷傷之後【五】，謂之以德不可也。禹中分麾下，數年終不就功，蓋用力之難而使人以德自歸者不驗矣。彼湯武無意於天下而天下從之，戰伐少而戡定多，及伊尹、周公一以

【二】其憑恃　「恃」原作「視」，據文淵閣本、黄本改。

【三】得無匆匆　「得」原作「時」，據文淵閣本、黄本改。

【四】援雖狂率　「率」原作「卒」，據文淵閣本、黄本改。

【五】若光武　「武」原脱，據文淵閣本、黄本補。

德輔而猶且不易，況用力乎？然則禹之論，謂之人思漢未衰，有所憑藉而可以用力，用力而終歸於德則可矣。謂之在德而不在力，則與書生迂闊之常談無異也。

鄧隲兄弟之寃不旋踵而獲伸者，有朱寵之直也。漢中世以後常有此事，主德雖昏，猶賴以未亡也。

觀《寇恂傳》，光武創業之初根本單薄可知矣。高祖偶因其厚，故得與項羽相持耳。若光武於朝菌求歲寒之功，所謂難也。

馮異集關中，岑彭定南方，耿弇平齊，漢事以成，三將之功大矣。昔絳、灌鄉曲，以首級定功，而糾合元勳，乃付于韓、彭等，故不得不割裂大國以王之。賈誼謂「諸公幸者迺爲中涓，其次僅得舍人」，以此待信、布之倫可乎？功大而賞小，厚力而薄望，惟雲臺諸將爲然。論者不貴其謙讓易足之近道，而反以頡頏難制者爲雄傑，蓋未深考也。

光武處敗能勇，處勝能怯，雖以兵定天下，一念未嘗不在息兵，能身享太平，非偶然也。平生雅言，切中機會，笑談戲劇，必有可稱，自三代以後，齊桓、晉文之賢莫能望也。高祖《大風歌》尚爲談者所誇，與《答臧宫詔》相去何如哉！若會聚觀之，自當有益於學者。

王霸在上谷二十餘年，祭彤在遼東三十年，匈奴、烏桓、鮮卑不能爲患，邊方撤備，惠及内地，此任人之效也。漢法雖嚴，而光武顯宗能寬以待臣，使各盡力，其臣亦自檢飭，赴功不撓，法度過高祖文景時遠矣。

袁安、任隗同心，和帝初【六】，安自當然，而隗可謂賢矣。史稱「隗義行内修，不求名譽，而以沈正見重於世」。東漢有此一等人，以職分自致，不爲名怵，不爲利誘，不可不知。

史家謂邳彤近於一言興邦。按光武以王郎猝起，其下不知所措。若扳兩郡兵自送長安，長安固不可得至【七】，就使得至，光武豈復有容身之地哉！然遂謂如此即是成業，則亦不然。蓋幸而兩郡猶可假力，何遽言成也。

光武以繩墨待諸將，諸將亦能以繩墨從之，千里外如對面，無蹉跌者。惟彭寵、龐萌、鄧奉反叛，賈復任氣，後亦收拾矣。功名不自矜，一難也；爵位不過望，二難也；奉身及家皆自勤約，三難也。凡此，高帝時不能及也。大抵光武材過諸將而以氣柔之，高祖材不及諸將而以氣挫之。韓、彭、黥布亦輕視高祖而使然耳，使遇光武，殆未必爾。雖石勒之流，不盡心於展布，正復何損？而況勒語自不然，後人往往承誤，蓋疏略矣。

西北夷狄之區，自堯、舜、三代載籍莫能知其有無，《山海經》稱大章、豎亥步之，蓋諸子之怪妄，不待辨矣。燕、趙及秦並吞益大，乃有限域，然姑使之無踰超於我，而未暇求深入於彼也。至漢武肆其雄心，始絶幕收陰山，封狼居胥，禪姑衍，臨瀚海，烏孫城郭盡爲臣妾，而司馬遷以爲既窮河源，不觀崑崙，然猶不能極其分際。及竇憲、班固登燕然山勒銘，

【六】和帝初　「和」原作「何」，據文淵閣本、黄本改。

【七】長安固不　「長安」原脱，據文淵閣本、黄本補。

去塞三千餘里，師行如過枕席，蓋開闢所未有，則中國攘却之盛極於此，而夷狄之區略具矣。憲雖驕凶無取，而承光武、明、章三世，邊政有紀，其初尚資業盧芳，驅車烏桓、鮮卑爲並涼患。自南北庭復分，匈奴奔走仇伐日深，而祭彤、吴棠之流，功烈未究。至是南匈奴力請鄉導，胡、漢雜集，夷、夏同心，遂能爲漢武所不及，衛、霍所不能，亦其時勢積累所致，非偶然也。學者忽其成功之意，又以爲出於憲童騃外戚，因棄之不道，亦已疏矣。其後漢政日衰，鮮卑强盛，檀石槐盡有匈奴故地，南部遺種，流毒中原，竟爲劉、石、慕容之禍，數百年不已。然則秦漢相因，既披抉戎狄之閫奥，錯其常序於前。而魏、晉以來，胡羌異類亦交亂中國，倒持華夏之柄於後，其理之必然矣。如光武令南匈奴入居内地，竇憲欲再立北單于，或者皆以爲譏，而不知事變激逐，明智所不及慮，猶言《春秋》者稱溴梁盟爲大夫張。所謂見微豈在是乎！

馬援先持尺度裁量光武，而後定君臣之分，光武内外之不發也，初不徵，後未用，與待杜林、申屠剛等異矣。援不過以才自見，而欲以鑒識高物，其所以取者，乃其所以失。光武未嘗忘人之功，然終不續封，蓋素所不平至是而見爾。

卓茂爲吏，三代以後所無，司馬遷、班固所記，蓋不能髣髴。孔子言「爲政以德，譬如北辰」，然春秋時無能以德者【八】，如茂可謂近之。光武言「名冠天下，當受重賞」，大哉言乎！亦三代以後所未有！所謂「周有大賚，善人是富，雖周親，不如仁人」也。光武初

【八】無能以德者　「無能」原作「能無」，據文淵閣本、黄本乙正。

立而茂爲首相，若茂有周、召之材，而光武能受其輔導，未知當如何？惜其賢止是而已。後乎茂則無論矣。

魯恭政理不及卓茂，而以物應爲效，蓋君子未之言。如「太王重人命而去邠，故獲上天之祐，戎狄者，四方之異氣」，「有孚盈缶」，「中國不爲中國，豈徒匈奴」，則漢儒之深於經者也。

按前漢宰相，自蕭何外，皆武臣軍功，或外戚崛起，武帝始時用儒生，終西京可稱者不數人。而光武、明帝雖以吏職自任，號爲嚴察，然舉相任重，必望實相符，德器自過。伏湛、侯霸、宋弘、蔡茂、任林、張湛、張純、牟融皆當時選，郭丹、范遷、清儉絶人，馮勤、趙熹，雖文俗而幹正經遠，非偶然致身，不厭衆論者，宣秉、王良有高世節，亦本以輔相待之，此其所以上下自厲，操行成俗，人材之盛十倍前漢也。創業垂統，爲子孫程式，而能柱石不撓，後世效之，推致其位，使典刑有繼，雖成周作人，亦不過此矣。

卷二十五

後漢書傳

讀《桓譚傳》，諫光武吝爵賞，以其行事考之，良然。此於人主常法當失，而竟以得之，豈光武别自有其道，抑俗儒所陳，不中事情，更須細論。然觀光武規略，大抵與前後人主不同，論治者蓋未深考也。譚與揚雄、劉歆並時，低徊亂亡，無所阿徇，雖稍疏闊，要爲名世，光武不能容於列大夫間，而推折之致死，可謂褊而嚴矣。

馮衍自言「據位食禄二十餘年」者三，按衍爲鮑永偏佐，歲月無幾，其誤如此，殆不可曉。況一時假號，何足比數。而衍稱述不置，量亦狹矣。以桓譚博通，猶不得志，衍區區文字間，宜其見棄。然在建武、永平時，不幸有失士之名，故可歎也。若後有興王之君，招致詞墨，待以卿相，流風所被，遂爲故實，斯百世之一遇矣。

郅惲、鄭敬同郡相友，材品志節皆同，惲以不出違道，敬以不出全性，皆人豪也。

申屠剛、鍾離意傳載光武、明帝有捶朴牽曳群臣之患。三代後以其國自治者，稱韓昭侯、秦孝公、始皇，至漢文帝，時有所親，及武帝分奪外朝，别置私人，宣帝繼之，國政始移，所謂「尚書樞機，人主躬聽斷」者，及光武、明帝，真若一吏，乃代有司行事，所以與群臣日鬪其聰明也。自是以後，三公頓爲虚器，而尚書遂成朝廷，不可復還矣。光武父子雖役役煩勞，然猶能與天下賢者共之，當時小民得職，天下欣欣，頌聲興起，不特小康而已【一】。但其本性察慧嚴急，過取不優之誚耳，蓋異乎宣帝執定不通，以爲自有制度者也。視六七聖人弘裕任下，使物各自盡，則不可望。比其他人主忽寬驟猛，任數猜刻，則過之遠矣。學者未可隨聲譏議而不考其實也。

《蘇竟傳》所言鄧仲況據陰縣爲寇，劉龔爲謀主，竟説降之，即班固贊董仲舒所謂「篤論君子，以歆之言爲然」者也。龔問學論議深博，予奪古今，爲班氏父子所敬，而其出處蹤跡，汨没可憐。蓋天下喪亂，賢者無地自容，其南陽故人附隨立功名者【二】，特際遇之幸耳，豈可謂當時賢俊盡於是乎？

郎顗言「今選舉皆歸三司，非有周、召之才而當則哲之重」，不如還屬尚書，此實「遠近之論，當今之宜」。用人之柄不歸宰相，誠非治世事也。及專選舉，又曰非周召之材。然則必擇其人而後與之以是權耶？苟非其人而姑任之【三】，則寧損其權而不與耶？此亦當細論也。顗又言黄瓊、李固雖「伊尹、傅説不足爲比」，亦可以想見二人風流也。蘇竟、楊厚、郎顗、襄楷雖陰陽星文之學，然貞固守道，言不詭世【四】，急時之病，惟賢是與，而利心不存焉，異乎京房谷永、李尋之流矣。

【一】小康而已　「已」原脱，據文淵閣本、黄本補。
【二】立功名者　「名者」原作「者名」，據文淵閣本、黄本乙正。
【三】姑任之　「姑」原作「始」，據文淵閣本、黄本改。
【四】言不詭世　「詭」原作「盡」，「世」原作「甚」，據文淵閣本、黄本改。

杜詩欲辭南陽以處功臣，而光武不許，於是用兵十三年矣。按光武以征討付將帥，民事任文吏，已定之規，雖有齟齬，未嘗更易，夷難爲效，歲月磨揉，觀詩此疏可驗矣。詩言「將帥和睦，士卒皃藻」，知光武功臣能親介胄而無觖望，又其使材官、騎士長休，專以見兵督戰而不怨。蓋光武定天下，賞薄衆整，内外分明，近於古人所謂以律者，戰國、秦、漢所不能到也。

蘇不韋報仇，郭泰論之，爲議者所貴。泰臧否滿天下而析理不精，如此等見識施之一時，取悦俗人可也。

樊准述建武永平事，言「經術見優，布在廊廟」，「論難衎衎，共求政化，詳覽群言，響如振玉，朝者進而思政，罷者退而備問」，與申屠剛、鍾離意諫語何其殊絶！按光武、明帝非苟以儒學飾吏事，心誠好之，要爲本質克治不盡而然。其一時臣佐，材有所止，未能迪德，過不專在人主也。準又言今「儒者競論浮麗」，「文吏則去法律而學詆欺」，此語誠然。俗之壞，雖法吏用法亦不得其正，所謂三尺安出也。

梁統言「元、哀二帝輕殊死刑」，《東觀記》稱「手殺人減死者四十二事」，當如後世「殺人無證，情理可憫」之類也。統「表其尤害於體者傅奏於左」，而史不傳，無以考其是非。若今傳所載，但欲循舊重刑，則固已謬妄矣。

自孝安昏德，漢業已衰，順帝用梁商父子相繼秉政，亡由此始。及冀被誅而亡形遂成，雖竇武賢戚，救之不能，反受大戮。人主以位爲樂而無志於天下，則禍敗立至，如幽王繼宣中興之後，十年間遽亡周，豈更論先德，亦不復有漸次也。桓、靈正賴衆賢共爭之，故尚延耳。

光武用張純、朱浮議，始自孝宣而下並立廟祭以代四親，是時建武十九年也，不然則不足爲紹漢矣。純不惟明習典禮，而正論不諱，自非西京諸儒所能及。然光武能變知改，不私其親，蓋有人主之道焉。

曹褒制漢禮雖不行，然恨當時史官疏闊，不能略序其所以制作之意，後世無所質證。如云「雜以《五經》讖記之文」，則疑諸儒沮壞者固非，而褒之自爲亦未必是也。

每念堯、舜、三代間文字，須不待訓義解説而自明，方爲得之。然自周以來，必設學而教，而孔氏亦以教門人子弟，故有起予興、觀、群、怨之論，則所謂訓義解説殆不可已也。若《左氏》所載，固已蔓延，遠於正道，而《公》、《穀》尤甚。及漢初各守一師，因師爲門，其説不勝其異，後世乃以爲遭秦而然，誤矣。蓋訓義解説出於俗儒，勢自當然爾【五】。鄭玄雖曰「囊括大典，網羅衆家，删裁繁誣，刊改漏失」，然不過能折衷衆俗儒之是非爾，何曾望見聖賢藩牆耶！況更數千年，無不如此，就有高下，何所損益。其不待訓義解説者，固粲如日星，學者不以自明而輒以自蔽，是真可歎也！

《古文尚書》、《左氏》、《國語》、《周官》、《毛詩》，學者藉此數書以知古人統紀源流。

【五】勢自當然　「自當」原作「爾鄭」，據文淵閣本、黄本改。

而西京湮塞不行，至東漢乃卒傳之，豈杜林、鄭興、陳元、賈逵輩智識實能過於西京諸儒耶？特其門户偶相承爾，孟子所謂「巫匠亦然」也。賈逵以《左氏》獨有明文證圖讖，劉氏爲堯後，此尤可笑矣。

班彪言定、哀之間，左丘明作《傳》、《國語》，「由是《乘》、《檮杌》之事遂闇，而《左氏》、《國語》獨章【六】」。不知彪此語何所本，若止據《孟子》文遂爲之説則不可。孟子此言自未爲準定，緣《楚語》自稱以「《春秋》教世子」，孟子蓋未必見《國語》也。韓宣子聘魯，見《易象》與《魯春秋》，不自言其國史當何名。《乘》、《檮杌》之是非固不足辨。然言其所不存者未審，則其所存者亦非的矣。惟言司馬遷「文重思煩，刊落不盡，尚有盈辭」，彪去遷時未遠，其理或然。今學者乃以爲遷之文體如此，反以其不盡不齊者爲意義深遠之所寄，則亦未必然也。

班彪仕不求達，光武亦不用，止於司徒掾，固最寵幸，位不過郎，蓋於時公卿貴人不由文墨登也。自戰國以來無不然，至唐始變矣。彪静約得古人之節，而固不免爲竇憲死，然則言果不可以信行也。

彪言「司馬遷漢事止據陸賈，無别書」。彪及固自著，亦不言所承何書，但云「繼採前史遺事，傍貫異聞」而已。今史家用官文書比次日月，猶尚錯謬，則遷、固綴集所聞而成者，安得傳信？故余爲李燾序，以爲《春秋》後財有燾書也。

【六】國語獨章　「國語」原脱，據黄本、《後漢書·班彪傳》補。

固以「相如《封禪》靡而不典，揚雄《美新》，典而不實」，故作《典引》。其意言自兩儀分，莫崇乎堯，「越成湯、武，股肱既周，天乃歸功元首，將授漢劉」，先命孔子撰赤制，而高祖、光武興。謂漢特承堯，是何道理？與今世塲屋架綴作經義者無異。固又以此著之《漢書》而欲垂中正不刊之義，可乎？詳其始，撰讖者妄稱劉秀爲天子，光武宗室單寡，援之立極，如童謡幸中，遂以自神，正與王莽同耳。故桓譚、鄭興皆莫肯信，而固希世傅會，曾無慚恥，蓋自昔文士往往不足憑也。

第五倫以建武末年自淮陽醫工長得再三見，通語至夕，至道其行事爲戲，光武誘進人才之度固無窮也。如倫廉正寬厚，得百姓心，立朝盡言【七】，遂相肅宗，其詒謀子孫多矣。鍾離意《疏》「百姓可以德勝，難以力服」，「《鹿鳴》之詩必言宴樂者，以人神之心洽，然後天氣和」。有味哉其言之也！推其所行，措之三代不難矣。兩世雖不盡用，然未嘗不知敬也。

馬援擊武陵蠻，乘高守險，兵不能進，遂以獲罪。然援既死，宋均即矯制降之，訖無後患。以均事觀之，援但志於翦滅而已，自負鑒識，而賈勇奮鋭乃與臧宫、馬武等同，不逮均矣。均馴虎禁巫，其言「吏能弘厚，雖貪污放縱，猶無所害，至於苛察之人，身或廉法，而巧黠刻削【八】，毒加百姓，災害流亡所由而作」，旨意宏雅【九】，如援固不足望也。《援傳》稱，遣梁松乘驛責問，代監軍，當是均還代之耳。

【七】立朝盡言　「立」原作「力」，據文淵閣本、黄本改。

【八】巧黠刻削　「巧黠」原作「考默」，據黄本、敬鄉本《後漢書·宋均傳》改。

【九】旨意宏雅　「宏」原作「法」，據文淵閣本改。

明帝始終獨楚獄一事可恨，與始皇坑戮、孝武巫蠱、武后羅織略不相遠矣。然明帝處兄弟間，大抵天性不失，無淮南、陳思猜暴之禍。英母妻子猶在，楚殿悲泣相對，豈必遷怒天下士大夫耶？明德后寒朗納説感動【一〇】，夜起傍徨，出於至誠，然則明帝固以褊憤自損，而治獄者亦不肖甚矣。

郭后太子彊之廢，蓋亦有説。陰后本嫡也，光武特以河北艱危，畏憚劉、楊之故，别納其甥，出於權宜，非緣色奪。事會遷改，遂有更易，終歸於正，而無愛憎之嫌，故夫婦、父子、兄弟情愛不至破壞，視前後帝王差爲愈耳。

朱暉爲東平王蒼取陰就璧，蒼既罷，謂暉「屬者掾自視孰與藺相如？」《蒼傳》稱蒼多智思，觀此語可以想見光武父子皆博學多雅言，一時士大不能及，而蒼之寬博過顯宗矣。

暉與張林爭議均輸榷鹽。按漢世取於民薄，遇天災或用侈輒闕經費，至東京而其患屢見。如肅宗欲加賦，蓋非得已也。故仲長統歸過於斂輕，以爲二十取一，猶曰貊道，況三十而取一乎！夫三十取一，雖非中道，不猶愈於後世既苛取本税，復盡較末利【一一】，錙算銖計，常竭天下以爲市而猶不足哉！然則古人據正駁論，如暉之以死守而猶以爲易。後人雖通經學古，思欲輕賦予民，而暴征横斂，其説已成，徒悲傷歎息，不敢出口，而自信其難也。

【一〇】明德后　「德」原作「太」，據文淵閣本、黄本改。

【一一】復盡較末利　「復」原脱，據文淵閣本、黄本補。

杜安罷宛令家居，因章帝過潁川，上書得御史，遷巴郡守，與樂恢書，恢不答而告吏曰：謝，且誚之曰：「爲宛令不合志，病去可也。干人主以闚逾，非也。違平生操，故不報。」闚逾二字，《孟子》所謂龍斷、穿窬以利心，希世而不以正進退者也。自孟子以後至西漢未有達此理者，漢末節士始漸知之。王良之友所謂「往來屑屑不憚煩」，所以成東漢之俗，有真退之風，三代以還不能及也。

何敞言「異鳥翔於殿屋，怪草生於庭際」，自有鳳凰、芝草以來，未有爲此言者。蓋天下自有迥脱議論，不必待聖賢而後能之，然敞固不可謂非聖者也。古人以德言物，不以物爲德，故九成致鳳凰，麟趾如公子，騶虞離罝弋，皆以德言物也，若後世所謂瑞，則以物爲德矣。

敞傳稱：臘賜自郎官以上，公卿王侯以下，空竭帑藏，耗損國儲，注載其目，今《漢官儀》不存。按《東方朔傳》亦有伏日受賜之文。若節輒有賜，則過正禄矣。是於人臣不爲薄，國家待遇之義亦當然也。後世自當更考。

楚獄用馬后、寒朗言，理出千餘人，及袁安覆考，得出者四百餘家，是終於昭雪而不至寃死，視淮南、衡山巫蠱之濫殺者有間矣。然以天下四方之遠，顔忠、王平二人之妄，一旦無故陷而入者數千人，豈不爲大異！明帝以欽恤自許，而謬誤至此，豈先王明德慎罰之義歟！然本無殺心，則學者不可不知。

袁氏貴盛不以道，而基隗遇夷滅之禍，紹、術爲叛亂之宗，閎及忠、弘恥之，至於避名匿跡，佯狂遠遁，其畏禍審而潔身至矣。《孟子》謂於陵仲子齊士之巨擘而不能充其類，然則必充其類而後可，則三人者，無異於常公子，而世論所不貴矣。此《中庸》所以難行也。郭泰嘗從閎，不宿而去，以爲「譬諸汎濫，雖清而易挹」，豈亦有《孟子》之意乎！按奉高，袁閬字，非閎也。恐誤【一二】。

張酺爲東郡，初不願出，而自劾歸去十五年，章帝雖遇之厚而終不召，後外遷亦不屑意。然則是時君臣之間，樸質不事形跡，蓋有古意，與蕭望之數月復徵入者若不同也。況以後世視之，益難言矣。

漢世尚書掌詔令。陳忠謂：臣等既愚闇，而諸郎多文俗吏，鮮有雅材，每爲詔文，轉相求請，或以不能而專己自由，辭多鄙固。古今之敝未嘗不同也，然則其存於策者，尚多可稱。而末世專以詞命取貴仕，乃反不及，豈惟不及，而失其旨歸，僅在俳優之下，又不止於鄙固而已，是真可歎也！

郭躬論秦彭得專殺，孫章爲誤詔，且言「周道如砥」、「君子不逆詐」。躬習《小杜律》，杜周以深刻著，而其學乃與經同意，何也？豈延年行寬厚，能改父說乎？漢儒用《春秋》甚於法吏，如躬父子所言，雖未及皋陶、周公，視董仲舒、公孫弘則賢矣【一三】。明帝以人主之尊而疑人爲故，遂以察察成名，此孟子所以慎擇術也。

【一二】字非閎也恐誤　「字」、「恐誤」原脱，據文淵閣本、黄本補。

【一三】公孫弘　「弘」原作「洪」，據文淵閣本、黄本改。

郭躬、陳寵爲廷尉，在元和、永元間，史稱「深文刻弊於此少衰」。寵欲删大辟、耐、贖爲三千，以應《甫刑》。班固亦有此言，豈聞之於寵耶？寵引堯、周公、伯夷，稱「聖賢之政以刑罰爲首」，得古人本意矣。然孝元改宣帝政事，章、和亦鑒明帝苛察，而漢業皆由此不振。《左氏》載仲尼之言曰：「寬以濟猛，猛以濟寬，政是以和。」蓋人主之德不至而以口爲寬，宜其有弛緩之弊也。

班超以三十六人開西域，不費漢兵，積三十年，事成功立，古所未有也。古之人材必在分限之内，上自禹、稷，下至周、召，勤智慮，糜歲月，至於能成天地不及之功，然未有踰分越限者，雖春秋時尚然。及蘇、張資揣摩之學，韓、彭起飄揚之思，張騫、陳湯鑿空外國，而後世乃有分外人材。劉向云：「千里之鎬猶以爲遠，况萬里之外，其勤至矣。」然不知千里之鎬爲分限之内，而欲與陳湯、甘延壽較其短長，向之論蓋失正矣。其後愈降，分内者枯竭不繼，如濟水之絶，分外者誕慢不酬【一四】，如幻人之奏，二俱無用，名實隳損，未知安所戾止。

李法「譏史官紀事不實，後世尋功計德，必不明法信」。漢初無史，明、章之後，記録漸布，而法之言如此【一五】，然則爲史者未嘗不佞，而所稱建武永平事，蓋未可憑也。若是而《詩》、《書》之傳亦何可遽信？當以其心平而理明耳。

王符《潛夫論》，其《愛日篇》言：「化國之日舒以長，亂國之日促以短。」舒長者，非謂

【一四】「郭躬陳寵」至「誕漫不」三百餘字原脱，據黄本、敬鄉本補。

【一五】「漢初無史」至「言如此」十八字原脱，據文淵閣本、黄本補。

義和安行，乃君明民靜而力有餘也；促短者，非謂分度損減，乃上闇下亂力不足也。」此語誠然。夫上有明闇之殊，而下有勞佚之異，甚者死生存亡系焉。余在金陵，每聞民間語，謂「待辨於庭者，歸可及朝飯」。蓋上下紛紜，務爲昏惰以自煩苦，而不知日月之失，未嘗不安之以爲當然也，何暇及禮義乎？化本治字，唐人避諱改之爾。

仲長統二詩，放棄規檢以適己情，視漢末拘士曲儒以夫瑣瑣自縛者有異矣。然自是風雅大壞【一六】，而建安、黄初之體出，曹氏父子爲之倡，文士相與效之，而韋孟、張衡之作蕩爲灰塵，不可復求也。

統言「君子居位爲士民之長，固宜重肉累帛，朱輪駟馬，今反謂薄屋者爲高，藿食者爲清」，又曰「善士富者少而貧者多」，此與董仲舒、公孫弘指意不同【一七】。又言「賈誼開自裁之端，遂以成俗」，是所謂「右手刎其喉」。人主所以處士大夫與士大夫所以自處不同，統之言，施之人主可也；賈誼、仲舒之言，施之士大夫可也。子思曰「敬大臣則不眩，體群臣則士之報禮重」。又曰「官盛任使，所以勸大臣也，忠信重禄，所以勸士也」。然則董仲舒之薄，仲長統之放，當考而不當法也。

崔寔《政論》絶無義，漢人以爲能言，莫曉其故。其大意不過病季世寬弛，欲以威刑肅之，不知亂亡之證元不在此，正坐易置之耳。蓋威刑未嘗不加於君子，寬弛未嘗不行於小人。是時李固、杜喬已死，梁冀主斷，更無救法，寔立此論，欲以何施？天下本無治世，

【一六】自是風雅大壞　此句原脱，據文淵閣本、黄本補。

【一七】此與董仲舒公孫弘指意不同　此句原脱，據文淵閣本、黄本補。

亦無壞俗，寔謂「孝文重刑非輕刑，以嚴致平非以寬致平」，是何等見識！又謂「刑罰者，亂世之藥石；德教者，興平之粱肉」。不知亂世何嘗有不可食粱肉之理？寔以此論誤當時，其禍猶小，遂誤後世，其禍大也。

卷二十六

後漢書傳

黄叔度爲後世顔子，其論已成，不可改。東漢人材本有程品，繩墨在身，如影答形，污潔判然。至憲能不逾巨，而融明深厚，無異人之操，此其所以能伏一世，而陳蕃、郭泰之流自以爲不及也。然觀孔子所以許顔子者，皆言其學，不專以質，曾子亦曰：「以能問於不能，以多問於寡，有若無，實若虚，犯而不校，昔者吾友常從事於斯矣。」漢人不知學，而叔度以質爲道，遂使老、莊之説與孔、顔並行，後世學者方步趨以求之，重道而輕學，未見其德所從也。

范曄序閔仲叔、荀恁、魏桓、周燮、黄憲、徐穉、姜肱、申屠蟠，皆必於而隅以此怨詡。隅，鄧禹之孫，約畏廉儉，辟用賢俊，亦有可稱，而既爲外戚，所見卑下，故其謀謨於上者如此。所謂「衣服附在吾身，我知而慎之」，真棟撓之凶，斗筲之算也，漢業由此遂隳。大臣爲國家盛衰，其效豈不著明乎！後崔烈欲棄涼州，傅燮論亦同。

圖讖事至張衡論始定。桓譚雖極言讖之非經，而《傳》不載其所以極言之説。班固方父子以折衷古今自任，而於讖特多所附合，非其智不足以知之也。蓋以時主好尚方盛【一】，遂不敢嬰其鋒，亦理勢之常。至於雷同趨和，比之經典，則希世太甚矣。張衡適值其衰，故得展布言之，然後世亦有當其已衰而猶諱避不敢論者【二】，此又在衡之下也。

董卓族滅而蔡邕不知，大抵事機之際，厚薄淺深便有榮悴，自春秋時已然，而況於不知者乎？邕之取死，自其宜也。然王允戆愎如此，觀其規爲，直以誅卓之外更無一事，乃欲於弱主賊臣之時，任扶顛持危之責，國雖欲不亡，不可得矣。

左雄言漢至今三百餘載，「下飾其詐，上肆其殘」，「謂殺害不幸爲威風，聚斂整辦爲賢能，以理已安民爲劣弱【三】，奉法循理爲不化【四】」。末世風俗漸靡，往往如此。自雄在納言，明達政體，修察選法，崇尚學校，順、桓以後多知名士，雄之力也。論者不考實，但徇崔寔輩私意偏説，爲後世言治之害，外彊中幹，與食烏喙何異？

議褒梁冀，黄瓊比之鄧禹、霍光，胡廣謂宜如周公。當時稱廣者謂「雖無謇諤之風，屢有補闕之益」。如此等論議，以爲有補闕之益，亦未可也。夫正議而不能力爭，故謂之無謇諤者，自初回邪，無復齊限，則無可言矣。瓊臨死之疏，三代何遠！如周舉、黄瓊父子，「六二之動直以方」矣。

范曄《左雄論》序順、桓人材，當詳看。曄謂使時獲用，「武、宣之軌，其豈遠而？」武、宣何足道哉？未可並語也。

【一】時主好尚　「主」原作「至」，據文淵閣本、黄本改。

【二】當其已衰　「已」原作「矣」，據文淵閣本、黄本改。

【三】以理已安民　「理已」原脱，據黄本、敬鄉本及《後漢書·左雄傳》補。

【四】循理爲不化　「化」原作「法」，據黄本、敬鄉本及《後漢書·左雄傳》改。

陳寔以善下人，爲一世所伏，而許劭以爲「太丘道廣，廣則難周」。劭之言蓋未可輕，非故爲裁量者也。昔顏淵「願無伐善，無施勞」，若是隱身自約，終不以世利爲己益，故以蹈行堯、舜之道，必將有此焉。今夫燭已不盡，照物不哲，而借寔之美以行於天下者，未見其成德也。

李固斟酌義理，熟於世故，深識根本，始末順正，無疏婞直前之氣。然而不幸再當立君之際，權不在已【五】，而聽命於奸凶，欲以正道回之，率公議以塞其衝，此天下至危之舉，萬無一成。固與杜喬既以身當禍，而漢由此亡，此天命，非人謀，乃可痛哭流涕也。學者或輕論固事，幾於不識罪福矣。悲夫！悲夫！若固所謂任伊、周之道而不得成伊周之功者歟！

吴祐、延篤進不求名，自行其志。凡人於應物之材，自當無不周徧，至若所願於世者能澹薄而厚以自處，則寡怨而遠罪矣。如祐與篤未嘗不正其言行而卒免於亂世，率是道也。恃伐而求多，計施而望報，其全鮮矣。傳載篤《上李文德書》自當時傳誦，蓋士之爲人者常多，而爲己者少故也，與馬援所稱馬少遊又不同。學者能不以有用求必用，庶幾云爾【六】。

張奂見賣王甫，已而病之，山西士人士性固然歟。

段熲殺東羌幾盡，以此爲靖難之術，固前代所無有。至其言「先零作寇，趙充國徙令

【五】「之氣」至「際權」十三字原脱，據文淵閣本、黄本補。

【六】「學者能」至「庶幾云爾」十四字原脱，據文淵閣本、黄本補。

居内，前當亂邊，馬援遷之三輔，始服終叛，至今爲鯁」，則爲之有概於心。然則人之慮患不在數百年之後者，不可以處事。蓋始以爲德，而不知其種性終不可合，既而屢服屢叛，馴弭無策，而潁之術用矣。以周人化商，猶歷三紀，而況於羌乎！

今世學者論陳蕃，只舉後一節，更不記以前事。「有事社稷者，社稷是爲；有事人君人者，容悦是爲」。「不愆不忘，率由舊章，臣不如太常胡廣；齊七政，訓五典，臣不如議郎王暢；聰明亮達，文武兼資，臣不如弛刑徒李膺」。「若受爵不讓，掩面就之，使皇天震怒，災流下民，於臣之身，亦何所寄？惟陛下哀臣朽老，戒之在得」。觀其正己正物，終始以天下之重自任，歷數二漢，自李固之外更無人也。然既有竇后父子，天下掌握，自古得時未有如此，却是蕃自蹙迫壞之，哀哉！哀哉！夫以蕃終身自治，尚不做德後一節，其不如蕃者，豈復能有爲！事功難易，人材品目，真未易言。有志於古人者，其可不深淵薄冰，日慎一日乎！

王允氣驕量狹，慮挫謀乖，前後粗魯非一事，最不曉臨死猶努力謝關東諸公【七】。彼謂起兵誅卓者皆忠臣善類邪？卓固當族，若族卓而卒繼以亂，如脱陷穽之匕首而飲腐腸之鴆毒爾，何所損益？允以爲當是時天下所患者，唯一董卓而已乎？可謂愚矣。

黨錮之禍，雖曰宦竪暴横，桓、靈昏虐，然所以致此，實由太學，蓋是時諸生三萬餘人矣。唐、虞、三代之爲學，其君皆聖賢，以身所行與士相長，取材任官又與相治。後世不

【七】猶努力　「猶」原作「有」，據文淵閣本、黄本改。

然，但立表置舍以存其名，如賈誼、董仲舒之流，尚不知人主當自化，而徒欲立學以化人。如武、宣固不足預此。獨明帝始終能以學爲重，然褊察無弘裕之益，其意謂不遷怒、不二過，惟用之諸生而已。此自漢以來知勸學而不知明義之過也。況翟酺、左雄止要盖千百間好屋，使四方遊士自來自去，於人主好尚，國家教養，了無交涉。師門徒者踵陋習，希辟召者養虛聲，賢否相蒙，名實相冒，激成大難，皆太學爲之。及靈帝末年，更爲鴻都學，以詞賦小技掩盖經術，不遑趨利者爭從之，士心益蠹而漢亡矣。後世不深考，歸咎於士大夫，不知群聚天下學者使之極盛【八】。而人主庸騃，視爲贅疣身外之物，其勢固必至此。《齊語》謂「令士群萃而州處，故士之子恒爲士」。《詩》云：「攸介攸止，烝我髦士」，人材何常而必欲群萃州處之？故余以爲非管仲語。若人主不自爲學，徒設學以教人，欣厭不同，忿心欻起，小則爲然明之毀，大必爲東漢之誅矣。

李膺一時士子所宗，而指趣無聞，但有「荀君清識難尚，鍾君至德可歸」二語而已。若魏、晉以還，則有可言矣，亦史家之陋也，亦其他書不存，無以參考。惜哉！孔子謂洩冶，「民之多辟，無自立辟」。然陳、蔡之難，師弟子去死如一髮，出處之際，聖賢難之。如膺言中倫，行中慮，而能稍自降辱以免亂世，意者或庶幾乎。

郭泰、符融皆定聲名於一日，東漢尚名之俗至是而極，然至於久而不踣，則固有其實也。史稱李膺「每見融，輒絕他賓客，聽其言論。融幅巾奮袖，談辭如雲，膺每捧手歎

【八】使之極盛　「極」原作「傑」，據文淵閣本、黃本改。

息」。不知所道何語，使人想見而不得，殆欲飛動。豈亦洙泗之流裔，田子方、段干木之後復有此耶！

許子將鄙曹操，不肯爲用【九】，而荀彧乃以其可存匡正，遂托身焉。或雖有材謀，然與劭相去何遠也！劭之高亮雅遠，漢人僅以一二數。光武亦能清言，使劭生其時，未知有所遇否。

竇武經生儒者，爲后父，執朝權，天下善士無非腹心，萬世一時，雖伊尹、周公何以加此。若雍容坐鎮，何事不成，雖還季漢於三代可也。惜乎漢人忿毒宦官深久，只有誅殺一路，更無他門。陳蕃以蕭望之、李固爲前鑒，欲以殺止殺，朝不及夕，而受禍之酷乃更過之。豈其制變之術不素講耶？

鄭太號有才略，其勸何進無召董卓，是也。至於用袁紹以發山東之謀，使卓懼而西遷，則何其明於前而暗於後！豈與紹素厚，且以其世胄所歸，遂不悟其能爲亂乎？然扶興者易爲策，救亡者難爲謀，事之初基，斷以獨智可矣。及其崩壞，扶左而失右，東就而西傾，盖未易工也。

孔融高懷逸度，與奸賊詭詐之人不並立，自無可言。然王莽、董卓、曹操與前世亂臣賊子差不同。若臧文仲、晏子、孔子處廢興之際，蓋有成法，未知融何所本。其進不能持危而但足以殺身，事已決矣。儻以退免乎？任意而行，明隨禍機，可悲也已！

【九】不肯爲用　「用」原作「目」，據文淵閣本改。

荀彧既佐曹操成霸業，而復爲漢死節。若以匡佐爲急，則聽漢之自亡可也。知不可廢漢而授操以柄，可乎？兩無所據，以比管仲則非倫，方之宗魯僅有成爾。或謂才似張良，道似伯夷。伯夷中固無張良，況良亦豈易擬！此論恐誤學者。

皇甫嵩功高一世，處之若無，爲董卓所擠，不敢愛死，可謂恭上命，盡臣節矣。閻忠之説何足以介其慮乎！世以郭子儀爲難，視此殊不足道。

漢末所置牧伯，無不相挺爲大賊，獨劉虞一人力守忠欵。然仁而不智，自毀翰垣，宜漢室之遂亡也。

王景修汴渠，從滎陽東至千乘海口千餘里【一〇】，鑿山阜，破砥磧，直截溝澗，防遏衝要，疏決壅積，十里一水門，更相洄注，無復潰漏，自此終東漢不言有河患。惟《晉志》稱「河泛數千里」，乃桓帝永興初，不言壞決也。按司馬遷悲《瓠子之歌》，作《河渠書》，班固因之爲《溝洫志》，載王延世竹落及賈讓三策。觀景成功，知西京立事苟且，不及後漢遠矣。固復不記景能盡智備法，沉慮獨成，故其美晻鬱，傳者不章。然則遷、固二史之華，不如《後漢書》之實也。

郅都雖廉直而助殺臨江王，故司馬遷以酷吏載之。董宣以湖陽公主奴事激悟光武，知天子不與白衣同，有補治道多矣。陽球始謝司隸，即誅王甫，遂報陳、竇之怨，自請一月，「令豺狼梟鴟，各服其辜」，其壯烈如此，豈應入《酷吏傳》也？以球事考之，漢世人臣

【一〇】千餘里　「里」原脱，據文淵閣本、黄本及《後漢書·王景傳》補。

苟得事柄，無問高卑，專殺立斷，以爲常俗。如蕃、武及一時名士，養懦蓄疑，遲留不決，自陷大禍，曾不如竟付一陽球輩也。或者尚尤，其猖狂冤獄，殆讀漢事不詳爾。

吕强語可記者：「實願陛下損改既謬【一一】，從此一止」；「《易》曰：『悦以使民，民亡其勞；說以犯難，民忘其死』。儲君副主，宜諷誦斯言；南面當國，宜履行其事」；「天下之財莫不生之陰陽，歸之陛下。歸之陛下，豈有公私？」「夫立言無顯過之咎，明鏡無見玼之尤，如惡立言以記過，則不當學也，不欲明鏡之見玼，則不當照也」。果强所自筆，則巷伯、孟子立下風矣。又「舊典選舉委任三府」，「若無可察，然後付之尚書」，「今但任尚書，或復敕用」，乃見於强疏。或謂如强如張承業，人主豈可冀一二於千萬以儌必亡之禍？此甚不然，强在宦官中出類拔萃，正不自容，竟以讒死，但可哀爾。始皇、漢宣雖英主，至於簡棄賢哲，任用閹豎，豈於是間求吕强耶【一二】？

尹敏言「臣見前人增損圖書，敢不自量，竊幸萬一」。可謂及諫矣，而人主不悟，蓋蔽蠛蠓者不見日月也。《傳》載其「與班彪親善，每相遇，輒日旰忘食，夜分不寢」，可以相見二人風致。

孔僖自訟，辨而不憤，激而不訐，戮辱在前，懼不失正。與張俊「歐刀在前【一三】，棺絮在後」，爲世所悲者異矣。

任末奔師喪道死，曰「必致我屍于師門」。古人事君，以尸將事，而事師之嚴，至漢始

【一一】實願陛下　「願」原脱，據文淵閣本、黄本補。

【一二】豈於是間　「豈」原脱，據文淵閣本、黄本補。

【一三】與張俊　「張俊」原作「俊張」，據文淵閣本、黄本乙正。

然。彼不過章句訓詁而已，胡爲兢兢於此哉？若夫性命道德，其何以處之？然得之深未若守之固也。

杜篤《論都賦》，於相如揚雄之外別出思致，語峻而潔，意切而明，節短勢險，無曼衍之病，詞賦之傑，班固方之弱矣，衆作不能及也。兩處淵囿字必誤。

崔琦、禰衡異操同情，揚己矜華，終以殺身。

余每讀范式、張劭事，未嘗不潸然涕墮，夫一至之善，兩心相求，通幽達明，不疾而速。又王忳還馬及繡被【一四】，天之於物，疏而不失，監之在旁，其驗如此。聖賢論道，何嘗不兼禍福報應而言。然至於所爲小善小行者，顧使學者無溺焉，何耶？豈以是數數然者爲不足以彌滿充塞於其間耶？

李固駁發兵之議：夫交趾九真反，而欲以兖、豫、揚州人赴之，不待智者而知其不可用矣。然當時士大夫所見皆如此者，蓋有寇即發兵，發近不能勝則發遠，乃目前常行之事故也。余頃在金陵，考按建炎以來守江者，皆用民兵，鹿角戰船，布列口岸，分寨而禦，虜至江北，聲言欲涉，我輒棄之而潰，虜因以南渡，遂至顛覆。然前後施行，無不如此。余始疑昔人但守不定耳，亦莫敢捨此策，意欲激厲而用之。比虜既至，則已與之共水險，地散心摇，幾欲退去。余急别募兵渡江劫寨，頗得俘馘而歸，城郭間聞捷奏係踵，人意始安，虜亦北遁。而向之民兵，鹿角之類，盡爲無用，然其耗動根本已不少矣。觀固歷數利害，毫

【一四】王忳還馬　「還」原脱，據黄本及《後漢書·王忳傳》補。

髮無遺，借箹而籌，蓋不足道，信如者之英傑也。

班彪奏酬答北匈奴事宜，真西漢文章，可接太史公。今《漢書》文體大率類此，蓋班固所取法也。若固所自作，質弱而文靡，魏、晉先驅，失古意矣。彪不特文字，而策謀沉深，明習故事。應變有方，可施廊廟。雖光武漢業已成，不以無彪而有所闕，然如彪者不得盡其用，光武不得無棄材之過也。

前漢雖有太史公司馬遷，以爲百年之間遺文古事，靡不畢集，紬石室金匱，自成一家，然朝廷之上【一五】，本無史官可考。班固亦不過綴緝所聞爲書，賴其時天下一家，風俗稍質，流傳不至甚謬。要之，兩書之不可盡信者亦多矣。至後漢始有史官，東觀著記，前後相承，范曄所以能述史於二百年之後，由有諸家舊書也。然東漢雖有著記，而當時風俗之質則不如前漢，而所載多溢詞。又胡廣、蔡邕父子竟不能成書，故一代典章終以放失。范曄類次齊整，用律精深，但見識有限，體致局弱，爲可恨耳。其序論欲於班固之上增華積靡，縷貼綺繡以就篇帙，而自謂「筆勢縱放，實天下之奇作」。蓋宋、齊以來文字，自應如此，不足怪也。

【一五】朝廷之上　「廷」原作「遷」，據文淵閣本、黄本改。

圖書在版編目(CIP)數據

全宋筆記. 第9編. 9／上海師範大學古籍整理研究所編.— 鄭州 ：大象出版社，2018. 3
ISBN 978-7-5347-9443-8

Ⅰ.①全…　Ⅱ.①上…　Ⅲ.①中國歷史—史料—宋代
Ⅳ. ①K244. 066

中國版本圖書館 CIP 數據核字(2017)第162719號

全宋筆記　第九編　九

出版人　王劉純
特約編輯　陳　新
責任編輯　郭一凡
整體設計　張　勝
出版發行　大象出版社
鄭州市開元路16號(450044)
製　　版　上海杰申電腦排版有限公司
印　　刷　北京匯林印務有限公司
版　　次　2018年3月第1版2018年3月第1次印刷
開　　本　640mm×960mm　1/16　20.75印張
字　　數　226千字
印　　數　1—1000册
定　　價　75.00元